6

THÉATRE

II

PARIS. — IMPRIMERIE SIMON RAÇON ET COMP., 1, RUE D'ERFURTH.

VICTOR HUGO

THÉATRE

HERNANI
LE ROI S'AMUSE — LES BURGRAVES

II

PARIS

VICTOR LECOU | J. HETZEL ET Cie
10, RUE DU BOULOI | RUE RICHELIEU, 78

1853

HERNANI

L'auteur de ce drame écrivait il y a peu de semaines à propos d'un poëte mort avant l'âge :

« ..... Dans ce moment de mêlée et de tourmente litté-
« raire, qui faut-il plaindre, ceux qui meurent ou ceux qui
« combattent? Sans doute, il est triste de voir un poëte de
« vingt ans qui s'en va, une lyre qui se brise, un avenir
« qui s'évanouit; mais n'est-ce pas quelque chose aussi que
« le repos? N'est-il pas permis à ceux autour desquels s'a-
« massent incessamment calomnies, injures, haines, jalou-
« sies, sourdes menées, basses trahisons; hommes loyaux
« auxquels on fait une guerre déloyale; hommes dévoués
« qui ne voudraient enfin que doter le pays d'une liberté
« de plus, celle de l'art, celle de l'intelligence; hommes la-
« borieux qui poursuivent paisiblement leur œuvre de con-

« science, en proie d'un côté à de viles machinations de
« censure et de police, en butte de l'autre, trop souvent, à
« l'ingratitude des esprits mêmes pour lesquels ils travail-
« lent; ne leur est-il pas permis de retourner quelquefois
« la tête avec envie vers ceux qui sont tombés derrière eux
« et qui dorment dans le tombeau ! *Invideo*, disait Luther
« dans le cimetière de Worms, *invideo, quia quiescunt.*

« Qu'importe toutefois? Jeunes gens, ayons bon cou-
« rage ! si rude qu'on nous veuille faire le présent, l'ave-
« nir sera beau. Le romantisme, tant de fois mal défini,
« n'est, à tout prendre, et c'est là sa définition réelle, si
« l'on ne l'envisage que sous son côté militant, que le *li-
« béralisme* en littérature. Cette vérité est déjà comprise
« à peu près de tous les bons esprits, et le nombre en est
« grand; et bientôt, car l'œuvre est déjà bien avancée, le
« libéralisme littéraire ne sera pas moins populaire que le
« libéralisme politique. La liberté dans l'art, la liberté
« dans la société, voilà le double but auquel doivent ten-
« dre d'un même pas tous les esprits conséquents et logi-
« ques; voilà la double bannière qui rallie, à bien peu
« d'intelligences près (lesquelles s'éclaireront), toute la
« jeunesse si forte et si patiente aujourd'hui; puis, avec la
« jeunesse et à sa tête, l'élite de la génération qui nous a
« précédés, tous ces sages vieillards qui, après le premier
« moment de défiance et d'examen, ont reconnu que ce
« que font leurs fils est une conséquence de ce qu'ils ont
« fait eux-mêmes, et que la liberté littéraire est fille de la
« liberté politique. Ce principe est celui du siècle et pré-
« vaudra. Les *ultras* de tout genre, classiques ou monar-
« chiques, auront beau se prêter secours pour refaire l'an-
« cien régime de toutes pièces, société et littérature; cha-

« que progrès du pays, chaque développement des intelli-
« gences, chaque pas de la liberté fera crouler tout ce
« qu'ils auront échafaudé. Et, en définitive, leurs efforts
« de réaction auront été utiles. En révolution, tout mouve-
« ment fait avancer. La vérité et la liberté ont cela d'ex-
« cellent que tout ce qu'on fait pour elles et tout ce qu'on
« fait contre elles les sert également. Or, après tant de
« grandes choses que nos pères ont faites et que nous avons
« vues, nous voilà sortis de la vieille forme sociale; com-
« ment ne sortirions-nous pas de la vieille forme poétique?
« A peuple nouveau, art nouveau. Tout en admirant la lit-
« térature de Louis XIV si bien adaptée à sa monarchie,
« elle saura bien avoir sa littérature propre et personnelle
« et nationale, cette France actuelle, cette France du dix-
« neuvième siècle à qui Mirabeau a fait sa liberté et Napo-
« léon sa puissance (1). »

Qu'on pardonne à l'auteur de ce drame de se citer ici
lui-même; ses paroles ont si peu le don de se graver dans
les esprits, qu'il aurait souvent besoin de les rappeler.
D'ailleurs, aujourd'hui, il n'est peut-être point hors de propos de remettre sous les yeux des lecteurs les deux pages
qu'on vient de transcrire. Ce n'est pas que ce drame puisse
en rien mériter le beau nom d'*art nouveau*, de *poésie nouvelle*, loin de là; mais c'est que le principe de la liberté en
littérature vient de faire un pas; c'est qu'un progrès vient
de s'accomplir, non dans l'art, ce drame est trop peu de
chose, mais dans le public; c'est que, sous ce rapport du
moins, une partie des pronostics hasardés plus haut viennent de se réaliser.

(1) Lettre aux éditeurs des poésies de M. Dovalle.

Il y avait péril, en effet, à changer ainsi brusquement d'auditoire, à risquer sur le théâtre des tentatives confiées jusqu'ici seulement au papier *qui souffre tout;* le public des livres est bien différent du public des spectacles, et l'on pouvait craindre de voir le second repousser ce que le premier avait accepté. Il n'en a rien été. Le principe de la liberté littéraire, déjà compris par le monde qui lit et qui médite, n'a pas été moins complétement adopté par cette immense foule, avide des pures émotions de l'art, qui inonde chaque soir les théâtres de Paris. Cette voix haute et puissante du peuple, qui ressemble à celle de Dieu, veut désormais que la poésie ait la même devise que la politique : TOLÉRANCE ET LIBERTÉ.

Maintenant vienne le poëte! il y a un public.

Et cette liberté, le public la veut telle qu'elle doit être, se conciliant avec l'ordre, dans l'Etat, avec l'art, dans la littérature. La liberté a une sagesse qui lui est propre, et sans laquelle elle n'est pas complète. Que les vieilles règles de d'Aubignac meurent avec les vieilles coutumes de Cujas, cela est bien; qu'à une littérature de cour succède une littérature de peuple, cela est mieux encore; mais surtout qu'une raison intérieure se rencontre au fond de toutes ces nouveautés. Que le principe de liberté fasse son affaire, mais qu'il la fasse bien. Dans les lettres, comme dans la société, point d'étiquette, point d'anarchie : des lois. Ni talons rouges, ni bonnets rouges.

Voilà ce que veut le public, et il veut bien. Quant à nous, par déférence pour ce public qui a accueilli avec tant d'indulgence un essai qui en méritait si peu, nous lui donnons ce drame aujourd'hui tel qu'il a été représenté. Le jour viendra peut-être de le publier tel qu'il a été conçu par l'auteur (1), en indiquant et en discutant les modifications que la scène lui a fait subir. Ces détails de critique peuvent ne pas être sans intérêt ni sans enseignements, mais ils sembleraient minutieux aujourd'hui; la liberté de l'art est admise, la question principale est résolue; à quoi bon s'arrêter aux questions secondaires? nous y reviendrons du reste quelque jour, et nous parlerons aussi, bien en détail, en la ruinant par les raisonnements et par les faits, de cette censure dramatique qui est le seul obstacle à la liberté du théâtre, maintenant qu'il n'y en a plus dans le public. Nous essayerons, à nos risques et périls et par dévouement aux choses de l'art, de caractériser les mille abus de cette petite inquisition de l'esprit, qui a, comme l'autre saint-office, ses juges secrets, ses bourreaux masqués, ses tortures, ses mutilations, et sa peine de mort. Nous déchirerons, s'il se peut, ces langes de police dont il est honteux que le théâtre soit encore emmaillotté au dix-neuvième siècle.

Aujourd'hui il ne doit y avoir place que pour la reconnaissance et les remerciments. C'est au public que l'auteur de ce drame adresse les siens, et du fond du cœur.

(1) Ce jour, prédit par l'auteur, est venu. Nous donnons dans cette édition *Hernani* tout entier, tel que le poëte l'avait écrit, avec les développements de passion, les détails de mœurs et les saillies de caractères que la représentation avait retranchés. Quant à la discussion critique que l'auteur indique, elle sortira d'elle-même, pour tous les lecteurs, de la comparaison qu'ils pourront faire entre l'*Hernani* tronqué du théâtre et l'*Hernani* de cette édition. Espérons tout des progrès que le public des théâtres fait chaque jour.

Mai 1836.

— *Note de l'Éditeur.* —

Cette œuvre, non de talent, mais de conscience et de liberté, a été généreusement protégée contre bien des inimitiés par le public, parce que le public est toujours, aussi lui, consciencieux et libre. Grâces lui soient donc rendues, ainsi qu'à cette jeunesse puissante qui a porté aide et faveur à l'ouvrage d'un jeune homme sincère et indépendant comme elle! C'est pour elle surtout qu'il travaille, parce que ce serait une gloire bien haute que l'applaudissement de cette élite de jeunes hommes, intelligente, logique, conséquente, vraiment libérale en littérature comme en politique, noble génération qui ne se refuse pas à ouvrir les deux yeux à la vérité et à recevoir la lumière des deux côtés.

Quant à son œuvre en elle-même, il n'en parlera pas. Il accepte les critiques qui en ont été faites, les plus sévères comme les plus bienveillantes, parce qu'on peut profiter à toutes. Il n'ose se flatter que tout le monde ait compris du premier coup ce drame, dont le *Romancero general* est la véritable clef. Il prierait volontiers les personnes que cet ouvrage a pu choquer de relire *le Cid, Don Sanche, Nicomède,* ou plutôt tout Corneille et tout Molière, ces grands et admirables poëtes. Cette lecture, si pourtant elles veulent bien faire d'abord la part de l'immense infériorité de l'auteur d'*Hernani,* les rendra peut-être moins sévères pour certaines choses qui ont pu les blesser dans la forme ou dans le fond de ce drame. En somme, le moment n'est peut-être pas encore venu de le juger. *Hernani* n'est jusqu'ici que la première pierre d'un édifice qui existe tout construit dans la tête de son auteur, mais dont l'ensemble peut seul donner quelque valeur à ce drame. Peut-être ne trouvera-t-on pas mauvaise un jour la fantaisie qui lui a pris de mettre, comme l'architecte de Bourges, une porte presque moresque à sa cathédrale gothique.

En attendant, ce qu'il a fait est bien peu de chose, il le sait. Puissent le temps et la force ne pas lui manquer pour achever son œuvre! Elle ne vaudra qu'autant qu'elle sera terminée. Il n'est pas de ces poëtes privilégiés qui peuvent mourir ou s'interrompre avant d'avoir fini, sans péril pour leur mémoire; il n'est pas de ceux qui restent grands, même sans avoir complété leur ouvrage, heureux hommes dont on peut dire ce que Virgile disait de Carthage ébauchée :

Pendent opera interrupta, minæque
Murorum ingentes!

9 mars 1830.

PERSONNAGES.

HERNANI.
DON CARLOS.
DON RUY GOMEZ DE SILVA.
DONA SOL DE SILVA.
LE ROI DE BOHÊME.
LE DUC DE BAVIÈRE.
LE DUC DE GOTHA.
LE BARON DE HOHENBOURG.
LE DUC DE LUTZELBOURG.
IAQUEZ.
DON SANCHO.
DON MATIAS.
DON RICARDO.
DON GARCI SUAREZ.
DON FRANCISCO.
DON JUAN DE HARO.
DON PEDRO GUZMAN DE LARA.
DON GIL TELLEZ GIRON.
DONA JOSEFA DUARTE.
Un Montagnard.
Une Dame.
Premier Conjuré.
Deuxième Conjuré.
Troisième Conjuré.
Conjurés de la ligue sacro-sainte,
　(allemands et espagnols).
Montagnards.
Seigneurs.
Soldats, Pages.
Peuple, etc.

Espagne, 1519.

I
LE ROI

SARAGOSSE.

ACTE PREMIER

Une chambre à coucher. La nuit. Une lampe sur une table.

SCÈNE PREMIÈRE.

DONA JOSEFA DUARTE, vieille; en noir, avec le corps de sa jupe cousu de jais, à la mode d'Isabelle la Catholique; DON CARLOS.

DONA JOSEFA, *seule.*

Elle ferme les rideaux cramoisis de la fenêtre et met en ordre quelques fauteuils. On frappe à une petite porte dérobée à droite. Elle écoute. On frappe un second coup.

Serait-ce déjà lui?

Un nouveau coup.

C'est bien à l'escalier
Dérobé.

Un quatrième coup.

Vite, ouvrons!

Elle ouvre la petite porte masquée. Entre don Carlos, le manteau sur le nez et le chapeau sur les yeux.

Bonjour, beau cavalier.

Elle l'introduit. Il écarte son manteau et laisse voir un riche costume de velours et de soie, à la mode castillane de 1519. Elle le regarde sous le nez et recule étonnée.

Quoi, seigneur Hernani, ce n'est pas vous! — Main-forte!
Au feu!

DON CARLOS, *lui saisissant le bras.*

Deux mots de plus, duègne, vous êtes morte!

Il la regarde fixement. Elle se tait, effrayée.

Suis-je chez doña Sol? fiancée au vieux duc
De Pastrana, son oncle, un bon seigneur, caduc,
Vénérable et jaloux? Dites? La belle adore
Un cavalier sans barbe et sans moustache encore,
Et reçoit tous les soirs, malgré les envieux,
Le jeune amant sans barbe à la barbe du vieux.
Suis-je bien informé?

Elle se tait. Il la secoue par le bras.

Vous répondrez peut-être?

DONA JOSEFA.

Vous m'avez défendu de dire deux mots, maître.

DON CARLOS.

Aussi n'en veux-je qu'un.— Oui,— non.—Ta dame est bien
Doña Sol de Silva? parle.

DONA JOSEFA.

Oui. — Pourquoi?

DON CARLOS.

Pour rien.

Le duc, son vieux futur, est absent à cette heure?

DONA JOSEFA.

Oui.

DON CARLOS.

Sans doute elle attend son jeune?

DONA JOSEFA.

Oui.

ACTE I, SCÈNE I.

DON CARLOS.

Que je meure !

DONA JOSEFA.

Oui.

DON CARLOS.

Duègne ! c'est ici qu'aura lieu l'entretien ?

DONA JOSEFA.

Oui.

DON CARLOS.

Cache-moi céans !

DONA JOSEFA.

Vous !

DON CARLOS.

Moi.

DONA JOSEFA.

Pourquoi ?

DON CARLOS.

Pour rien.

DONA JOSEFA.

Moi vous cacher !

DON CARLOS.

Ici.

DONA JOSEFA.

Jamais !

DON CARLOS, *tirant de sa ceinture une bourse et un poignard.*

Daignez, madame,
Choisir de cette bourse ou bien de cette lame.

DONA JOSEFA, *prenant la bourse.*

Vous êtes donc le diable ?

DON CARLOS.

Oui, duègne.

DONA JOSEFA, *ouvrant une armoire étroite dans le mur.*

Entrez ici.

DON CARLOS, *examinant l'armoire.*

Cette boîte !

DONA JOSEFA, *la refermant.*

Va-t'en si tu n'en veux pas !

DON CARLOS, *rouvrant l'armoire.*

Si !

L'examinant encore.

Serait-ce l'écurie où tu mets, d'aventure,
Le manche du balai qui te sert de monture ?

Il s'y blottit avec peine.

Ouf !

DONA JOSEFA, *joignant les mains avec scandale.*

Un homme ici !

DON CARLOS, *dans l'armoire restée ouverte.*

C'est une femme, — est-ce pas, —
Qu'attendait ta maîtresse ?

DONA JOSEFA.

O ciel ! j'entends le pas
De doña Sol. — Seigneur, fermez vite la porte.

Elle pousse la porte de l'armoire, qui se referme.

DON CARLOS, *de l'intérieur de l'armoire.*

Si vous dites un mot, duègne, vous êtes morte !

DONA JOSEFA, *seule.*

Qu'est cet homme ? Jésus mon Dieu ! si j'appelais ?...
Qui ? — Hors madame et moi tout dort dans le palais.
— Bah ! l'autre va venir ; la chose le regarde.
Il a sa bonne épée, et que le ciel nous garde
De l'enfer !

Pesant la bourse.

Après tout, ce n'est pas un voleur.

Entre doña Sol, en blanc. Doña Josefa cache la bourse.

SCÈNE II.

DONA JOSEFA, DON CARLOS, caché, DONA SOL,
puis HERNANI.

DONA SOL.

Josefa !

DONA JOSEFA.

Madame !

DONA SOL.

Ah ! je crains quelque malheur.
Hernani devrait être ici !

Bruit de pas à la petite porte.

Voici qu'il monte !
Ouvre avant qu'il ne frappe, et fais vite, et sois prompte !

Josefa ouvre la petite porte. Entre Hernani. Grand manteau, grand chapeau. Dessous, un costume de montagnard d'Aragon, gris, avec une cuirasse de cuir ; une épée, un poignard et un cor à sa ceinture.

DONA SOL, *courant à lui.*

Hernani !

HERNANI.

Doña Sol ! ah ! c'est vous que je vois
Enfin ! et cette voix qui parle est votre voix !
Pourquoi le sort mit-il mes jours si loin des vôtres ?
J'ai tant besoin de vous pour oublier les autres !

DONA SOL, *touchant ses vêtements.*

Jésus ! votre manteau ruisselle ! il pleut donc bien ?

HERNANI.

Je ne sais.

DONA SOL.

Vous devez avoir froid ?

HERNANI,

    Ce n'est rien.

DONA SOL.

Otez donc ce manteau!

HERNANI.

    Doña Sol, mon amie!
Dites-moi, quand la nuit vous êtes endormie,
Calme, innocente et pure, et qu'un sommeil joyeux
Entr'ouvre votre bouche et du doigt clôt vos yeux,
Un ange vous dit-il combien vous êtes douce
Au malheureux que tout abandonne et repousse?

DONA SOL.

Vous avez bien tardé, seigneur! mais dites-moi
Si vous avez froid?

HERNANI.

    Moi! je brûle près de toi!
Ah! quand l'amour jaloux bouillonne dans nos têtes,
Quand notre cœur se gonfle et s'emplit de tempêtes,
Qu'importe ce que peut un nuage des airs
Nous jeter en passant de tempête et d'éclairs!

DONA SOL, *lui défaisant son manteau.*

Allons! donnez la cape et l'épée avec elle!

HERNANI, *la main sur son épée.*

Non. C'est mon autre amie, innocente et fidèle. —
Doña Sol, le vieux duc, votre futur époux,
Votre oncle, est donc absent?

DONA SOL.

    Oui, cette heure est à nous.

HERNANI.

Cette heure! et voilà tout. Pour nous, plus rien qu'une heure,
Après, qu'importe! Il faut qu'on oublie ou qu'on meure
Ange! une heure avec vous! une heure, en vérité,
A qui voudrait la vie, et puis l'éternité!

DONA SOL.

Hernani !

HERNANI, *amèrement.*

Que je suis heureux que le duc sorte !
Comme un larron qui tremble et qui force une porte,
Vite, j'entre, et vous vois, et dérobe au vieillard
Une heure de vos chants et de votre regard,
Et je suis bien heureux, et sans doute on m'envie
De lui voler une heure, et lui me prend ma vie !

DONA SOL.

Calmez-vous !

Remettant le manteau à la duègne.

Josefa, fais sécher le manteau.

Josefa sort.

Elle s'assied et fait signe à Hernani de venir près d'elle.

Venez là.

HERNANI, *sans l'entendre.*

Donc le duc est absent du château !

DONA SOL, *souriant.*

Comme vous êtes grand !

HERNANI.

Il est absent !

DONA SOL.

Chère âme !
Ne pensons plus au duc.

HERNANI.

Ah ! pensons-y, madame !
Ce vieillard ! il vous aime, il va vous épouser !
Quoi donc ! vous prit-il pas l'autre jour un baiser ?
N'y plus penser !

DONA SOL, *riant.*

C'est là ce qui vous désespère !
Un baiser d'oncle ! au front ! presque un baiser de père !

HERNANI.

Non. Un baiser d'amant, de mari, de jaloux.
Ah ! vous serez à lui, madame, y pensez-vous ?
O l'insensé vieillard, qui, la tête inclinée,
Pour achever sa route et finir sa journée,
A besoin d'une femme, et va, spectre glacé,
Prendre une jeune fille ! O vieillard insensé !
Pendant que d'une main il s'attache à la vôtre,
Ne voit-il pas la mort qui l'épouse de l'autre ?
Il vient dans nos amours se jeter sans frayeur !
Vieillard, va-t'en donner mesure au fossoyeur !
— Qui fait ce mariage ? On vous force, j'espère !

DONA SOL.

Le roi, dit-on, le veut.

HERNANI.

Le roi ! le roi ! Mon père
Est mort sur l'échafaud, condamné par le sien.
Or, quoiqu'on ait vieilli depuis ce fait ancien,
Pour l'ombre du feu roi, pour son fils, pour sa veuve,
Pour tous les siens, ma haine est encor toute neuve !
Lui, mort, ne compte plus. Et, tout enfant, je fis
Le serment de venger mon père sur son fils.
Je te cherchais partout, Carlos, roi des Castilles !
Car la haine est vivace entre nos deux familles.
Les pères ont lutté sans pitié, sans remords,
Trente ans ! Or, c'est en vain que les pères sont morts,
Leur haine vit. Pour eux la paix n'est point venue,
Car les fils sont debout, et le duel continue.
Ah ! c'est donc toi qui veux cet exécrable hymen !
Tant mieux. Je te cherchais, tu viens dans mon chemin !

DONA SOL.

Vous m'effrayez !

HERNANI.

Chargé d'un mandat d'anathème,

Il faut que j'en arrive à m'effrayer moi-même !
Ecoutez ; l'homme auquel, jeune, on vous destina,
Ruy de Silva, votre oncle, est duc de Pastrana,
Riche homme d'Aragon, comte et grand de Castille.
A défaut de jeunesse, il peut, ô jeune fille,
Vous apporter tant d'or, de bijoux, de joyaux,
Que votre front reluise entre des fronts royaux,
Et pour le rang, l'orgueil, la gloire et la richesse,
Mainte reine peut-être envira sa duchesse !
Voilà donc ce qu'il est. Moi, je suis pauvre, et n'eus,
Tout enfant, que les bois, où je fuyais pieds nus.
Peut-être aurais-je aussi quelque blason illustre
Qu'une rouille de sang à cette heure délustre ;
Peut-être ai-je des droits, dans l'ombre ensevelis,
Qu'un drap d'échafaud noir cache encor sous ses plis,
Et qui, si mon attente un jour n'est pas trompée,
Pourront de ce fourreau sortir avec l'épée.
En attendant, je n'ai reçu du ciel jaloux
Que l'air, le jour et l'eau, la dot qu'il donne à tous.
Or du duc ou de moi souffrez qu'on vous délivre.
Il faut choisir des deux : l'épouser ou me suivre.

DONA SOL.

Je vous suivrai.

HERNANI.

Parmi nos rudes compagnons,
Proscrits dont le bourreau sait d'avance les noms,
Gens dont jamais le fer ni le cœur ne s'émousse,
Ayant tous quelque sang à venger qui les pousse,
Vous viendrez commander ma bande, comme on dit ?
Car, vous ne savez pas, moi, je suis un bandit !
Quand tout me poursuivait dans toutes les Espagnes,
Seule, dans ses forêts, dans ses hautes montagnes,
Dans ses rocs, où l'on n'est que de l'aigle aperçu,
La vieille Catalogne en mère m'a reçu.

Parmi ses montagnards, libres, pauvres et graves,
Je grandis, et demain, trois mille de ses braves,
Si ma voix dans leurs monts fait résonner ce cor,
Viendront... — Vous frissonnez ! réfléchissez encor.
Me suivre dans les bois, dans les monts, sur les grèves,
Chez des hommes pareils aux démons de vos rêves.
Soupçonner tout, les yeux, les voix, les pas, le bruit,
Dormir sur l'herbe, boire au torrent, et la nuit
Entendre, en allaitant quelque enfant qui s'éveille,
Les balles des mousquets siffler à votre oreille.
Etre errante avec moi, proscrite, et s'il le faut
Me suivre où je suivrai mon père, — à l'échafaud !

DOÑA SOL.

Je vous suivrai.

HERNANI.

        Le duc est riche, grand, prospère.
Le duc n'a pas de tache au vieux nom de son père.
Le duc peut tout, le duc vous offre avec sa main
Trésors, titres, bonheur...

DOÑA SOL.

        Nous partirons demain,
Hernani, n'allez pas sur mon audace étrange
Me blâmer. Etes-vous mon démon ou mon ange ?
Je ne sais. Mais je suis votre esclave. Ecoutez,
Allez où vous voudrez, j'irai. Restez, partez,
Je suis à vous. Pourquoi fais-je ainsi ? je l'ignore.
J'ai besoin de vous voir et de vous voir encore
Et de vous voir toujours. Quand le bruit de vos pas
S'efface, alors je crois que mon cœur ne bat pas,
Vous me manquez, je suis absente de moi-même ;
Mais, dès qu'enfin ce pas, que j'attends et que j'aime
Vient frapper mon oreille, alors il me souvient
Que je vis, et je sens mon âme qui revient.

ACTE I, SCÈNE II.

HERNANI, *la serrant dans ses bras.*

Ange!

DOÑA SOL.

A minuit. Demain. Amenez votre escorte
Sous ma fenêtre. Allez, je serai brave et forte.
Vous frapperez trois coups.

HERNANI.

Savez-vous qui je suis,
Maintenant?

DOÑA SOL.

Monseigneur, qu'importe! je vous suis.

HERNANI.

Non. Puisque vous voulez me suivre, faible femme,
Il faut que vous sachiez quel nom, quel rang, quelle âme,
Quel destin est caché dans le pâtre Hernani.
Vous vouliez d'un brigand, voulez-vous d'un banni?

DON CARLOS, *ouvrant avec fracas la porte de l'armoire.*

Quand aurez-vous fini de conter votre histoire?
Croyez-vous donc qu'on soit à l'aise en cette armoire?

Hernani recule étonné. Doña Sol pousse un cri et se réfugie dans ses bras en fixant sur don Carlos des yeux effarés.

HERNANI, *la main sur la garde de son épée.*

Quel est cet homme?

DOÑA SOL.

O ciel! au secours!

HERNANI.

Taisez-vous,
Doña Sol! vous donnez l'éveil aux yeux jaloux.
Quand je suis près de vous, veuillez, quoi qu'il advienne,
Ne réclamer jamais d'autre aide que la mienne.

A don Carlos.

Que faisiez-vous là?

DON CARLOS.

Moi? — Mais, à ce qu'il paraît,

Je ne chevauchais pas à travers la forêt.

HERNANI.

Qui raille après l'affront s'expose à faire rire
Aussi son héritier.

DON CARLOS.

    Chacun son tour. — Messire,
Parlons franc. Vous aimez madame et ses yeux noirs,
Vous y venez mirer les vôtres tous les soirs,
C'est fort bien. J'aime aussi madame, et veux connaître
Qui j'ai vu tant de fois entrer par la fenêtre,
Tandis que je restais à la porte.

HERNANI.

      En honneur,
Je vous ferai sortir par où j'entre, seigneur.

DON CARLOS.

Nous verrons. J'offre donc mon amour à madame.
Partageons. Voulez-vous? J'ai vu dans sa belle âme
Tant d'amour, de bonté, de tendres sentiments,
Que madame, à coup sûr, en a pour deux amants.
— Or, ce soir, voulant mettre à fin mon entreprise,
Pris, je pense, pour vous, j'entre ici par surprise,
Je me cache, j'écoute, à ne vous celer rien,
Mais j'entendais très-mal et j'étouffais très-bien.
Et puis, je chiffonnais ma veste à la française;
Ma foi, je sors!

HERNANI.

   Ma dague aussi n'est pas à l'aise
Et veut sortir!

DON CARLOS, *le saluant*.

   Monsieur, c'est comme il vous plaira.

HERNANI, *tirant son épée*.

En garde!

Don Carlos tire son épée.

DONA SOL, *se jetant entre eux deux.*

Hernani ! Ciel !

DON CARLOS.

Calmez-vous, señora.

HERNANI, *à don Carlos.*

Dites-moi votre nom.

DON CARLOS.

Hé ! dites-moi le vôtre !

HERNANI.

Je le garde, secret et fatal, pour un autre
Qui doit un jour sentir, sous mon genou vainqueur,
Mon nom à son oreille, et ma dague à son cœur !

DON CARLOS.

Alors quel est le nom de l'autre ?

HERNANI.

Que t'importe !
En garde ! défends-toi !

Ils croisent leurs épées. Doña Sol tombe tremblante sur un fauteuil. On entend des coups à la porte.

DONA SOL, *se levant avec effroi.*

Ciel ! on frappe à la porte !

Les champions s'arrêtent. Entre Josefa par la petite porte, et tout effarée.

HERNANI, *à Josefa.*

Qui frappe ainsi ?

DONA JOSEFA, *à doña Sol.*

Madame ! un coup inattendu !
C'est le duc qui revient !

DONA SOL, *joignant les mains.*

Le duc ! tout est perdu !
Malheureuse !

DONA JOSEFA, *jetant les yeux autour d'elle.*

Jésus ! l'inconnu ! les épées !

On se battait. Voilà de belles équipées!

Les deux combattants remettent leurs épées dans le fourreau. Don Carlos s'enveloppe dans son manteau et rabat son chapeau sur ses yeux. On frappe.

HERNANI.

Que faire?

On frappe.

UNE VOIX, *au dehors.*

Doña Sol, ouvrez-moi!

Doña Josefa fait un pas vers la porte. Hernani l'arrête.

HERNANI.

N'ouvrez pas.

DOÑA JOSEFA, *tirant son chapelet.*

Saint Jacques monseigneur, tirez-nous de ce pas!

On frappe de nouveau.

HERNANI, *montrant l'armoire à don Carlos.*

Cachons-nous.

DON CARLOS.

Dans l'armoire?

HERNANI.

Entrez-y. Je m'en charge.
Nous y tiendrons tous deux.

DON CARLOS.

Grand merci, c'est trop large.

HERNANI, *montrant la petite porte.*

Fuyons par là.

DON CARLOS.

Bonsoir; pour moi, je reste ici.

HERNANI.

Ah! tête et sang, monsieur! Vous me pairez ceci!

A doña Sol.

Si je barricadais l'entrée?

DON CARLOS, *à Josefa.*

Ouvrez la porte.

HERNANI.

Que dit-il?

DON CARLOS, *à Josefa interdite*.

Ouvrez donc, vous dis-je!

On frappe toujours. Doña Josefa va ouvrir en tremblant.

DOÑA SOL.

Je suis morte!

SCÈNE III.

Les Mêmes, DON RUY GOMEZ DE SILVA, barbe et cheveux blancs, en noir. Valets avec des flambeaux.

DON RUY GOMEZ.

Des hommes chez ma nièce à cette heure de nuit!
Venez tous! cela vaut la lumière et le bruit.
    A doña Sol.
Par saint Jean d'Avila, je crois que, sur mon âme,
Nous sommes trois chez vous; c'est trop de deux, madame.
    Aux deux jeunes gens.
Mes jeunes cavaliers, que faites-vous céans? —
Quand nous avions le Cid et Bernard, ces géants
De l'Espagne et du monde allaient par les Castilles
Honorant les vieillards et protégeant les filles.
C'étaient des hommes forts et qui trouvaient moins lourds
Leur fer et leur acier que vous votre velours.
Ces hommes-là portaient respect aux barbes grises,
Faisaient agenouiller leur amour aux églises,
Ne trahissaient personne, et donnaient pour raison
Qu'ils avaient à garder l'honneur de leur maison.
S'ils voulaient une femme, ils la prenaient sans tache,
En plein jour, devant tous, et l'épée, ou la hache,
Ou la lance à la main! — Et quant à ces félons
Qui, le soir, et les yeux tournés vers leurs talons,

Ne fiant qu'à la nuit leurs manœuvres infâmes,
Par derrière aux maris volent l'honneur des femmes,
J'affirme que le Cid, cet aïeul de nous tous,
Les eût tenus pour vils et fait mettre à genoux,
Et qu'il eût, dégradant leur noblesse usurpée,
Souffleté leur blason du plat de son épée!
Voilà ce que feraient, j'y songe avec ennui,
Les hommes d'autrefois aux hommes d'aujourd'hui.
— Qu'êtes-vous venus faire ici? C'est donc à dire
Que je ne suis qu'un vieux dont les jeunes vont rire?
On va rire de moi, soldat de Zamora!
Et quand je passerai, tête blanche, on rira!
Ce n'est pas vous du moins, qui rirez!

HERNANI.

Duc...

DON RUY GOMEZ.

Silence!
Quoi! vous avez l'épée, et la dague, et la lance!
La chasse, les festins, les meutes, les faucons,
Les chansons à chanter le soir sous les balcons,
Les plumes au chapeau, les casaques de soie,
Les bals, les carrousels, la jeunesse, la joie,
Enfants, l'ennui vous gagne! A tout prix, au hasard,
Il vous faut un hochet. Vous prenez un vieillard!
Ah! vous l'avez brisé le hochet! mais Dieu fasse
Qu'il vous puisse en éclats rejaillir à la face! —
Suivez-moi!

HERNANI.

Seigneur duc...

DON RUY GOMEZ.

Suivez-moi! Suivez-moi!
Messieurs! avons-nous fait cela pour rire? Quoi!
Un trésor est chez moi : c'est l'honneur d'une fille,
D'une femme, l'honneur de toute une famille;

ACTE I, SCÈNE III.

Cette fille, je l'aime, elle est ma nièce et doit
Bientôt changer sa bague à l'anneau de mon doigt;
Je la crois chaste et pure et sacrée à tout homme;
Or il faut que je sorte une heure, et moi qu'on nomme
Ruy Gomez de Silva, je ne puis l'essayer
Sans qu'un larron d'honneur se glisse à mon foyer!
Arrière! lavez donc vos mains, hommes sans âmes,
Car, rien qu'en y touchant, vous nous tachez nos femmes!
Non. C'est bien. Poursuivez. Ai-je autre chose encor?

Il arrache son collier.

Tenez, foulez aux pieds, foulez ma Toison-d'Or.

Il jette son chapeau.

Arrachez mes cheveux, faites-en chose vile!
Et vous pourrez demain vous vanter par la ville
Que jamais débauchés, dans leurs jeux insolents,
N'ont sur plus noble front souillé cheveux plus blancs!

DONA SOL.

Monseigneur...

DON RUY GOMEZ, *à ses valets.*

Ecuyers! écuyers! à mon aide!
Ma hache, mon poignard, ma dague de Tolède!

Aux deux jeunes gens.

Et suivez-moi tous deux!

DON CARLOS, *faisant un pas.*

Duc, ce n'est pas d'abord
De cela qu'il s'agit. Il s'agit de la mort
De Maximilien, empereur d'Allemagne.

Il jette son manteau et découvre son visage, caché par son chapeau.

DON RUY GOMEZ.

Raillez-vous?... Dieu! le roi!

DONA SOL.

Le roi!

HERNANI, *dont les yeux s'allument*
        Le roi d'Espagne !
   DON CARLOS, *gravement.*
Oui, Carlos. — Seigneur duc, es-tu donc insensé ?
Mon aïeul l'empereur est mort. Je ne le sai
Que de ce soir. Je viens tout en hâte et moi-même
Dire la chose à toi, féal sujet que j'aime,
Te demander conseil, incognito, la nuit,
Et l'affaire est bien simple, et voilà bien du bruit !

Don Ruy Gomez renvoie ses gens d'un signe. Il s'approche de don Carlos, que doña Sol examine avec crainte et surprise, et sur lequel Hernani, demeuré dans un coin, fixe des yeux étincelants.

    DON RUY GOMEZ.
Mais pourquoi tarder tant à m'ouvrir cette porte ?
    DON CARLOS.
Belle raison ! tu viens avec toute une escorte !
Quand un secret d'Etat m'amène en ton palais,
Duc, est-ce pour l'aller dire à tous tes valets ?
    DON RUY GOMEZ.
Altesse, pardonnez... l'apparence...
    DON CARLOS.
        Bon père,
Je t'ai fait gouverneur du château de Figuère ;
Mais qui dois-je à présent faire ton gouverneur ?
    DON RUY GOMEZ.
Pardonnez...
    DON CARLOS.
    Il suffit. N'en parlons plus, seigneur.
Donc l'empereur est mort.
    DON RUY GOMEZ.
      L'aïeul de Votre Altesse
Est mort

DON CARLOS.
Duc, tu m'en vois pénétré de tristesse.
DON RUY GOMEZ.
Qui lui succède ?
DON CARLOS.
Un duc de Saxe est sur les rangs.
François Premier, de France, est un des concurrents.
DON RUY GOMEZ.
Où vont se rassembler les électeurs d'empire ?
DON CARLOS.
Ils ont choisi, je crois, Aix-la-Chapelle, — ou Spire,
— Ou Francfort.
DON RUY GOMEZ.
Notre roi, dont Dieu garde les jours,
N'a-t-il pensé jamais à l'Empire ?
DON CARLOS.
Toujours.
DON RUY GOMEZ.
C'est à vous qu'il revient.
DON CARLOS.
Je le sais.
DON RUY GOMEZ.
Votre père
Fut archiduc d'Autriche, et l'Empire, j'espère,
Aura ceci présent, que c'était votre aïeul,
Celui qui vient de choir de la pourpre au linceul.
DON CARLOS.
Et puis on est bourgeois de Gand.
DON RUY GOMEZ.
Dans mon jeune âge
Je le vis, votre aïeul. Hélas ! seul je surnage
D'un siècle tout entier. Tout est mort à présent.
C'était un empereur magnifique et puissant.

DON CARLOS.

Rome est pour moi.

DON RUY GOMEZ.

Vaillant, ferme, point tyrannique.
Cette tête allait bien au vieux corps germanique!

Il s'incline sur les mains du roi et les baise.

Que je vous plains! — Si jeune, en un tel deuil plongé!

DON CARLOS.

Le pape veut ravoir la Sicile que j'ai;
Un empereur ne peut posséder la Sicile.
Il me fait empereur : alors, en fils docile,
Je lui rends Naple. — Ayons l'aigle, et puis nous verrons
Si je lui laisserai rogner les ailerons. —

DON RUY GOMEZ.

Qu'avec joie il verrait, ce vétéran du trône,
Votre front déjà large aller à sa couronne!
Ah! seigneur, avec vous nous le pleurerons bien,
Cet empereur très-grand, très-bon et très-chrétien!

DON CARLOS.

Le saint-père est adroit. — Qu'est-ce que la Sicile?
C'est une île qui pend à mon royaume, une île,
Une pièce, un haillon, qui, tout déchiqueté,
Tient à peine à l'Espagne et qui traîne à côté.
— Que ferez-vous, mon fils, de cette île bossue,
Au monde impérial au bout d'un fil cousue?
Votre empire est mal fait : vite, venez ici,
Des ciseaux! et coupons! — Très-saint-père, merci!
Car de ces pièces-là, si j'ai bonne fortune,
Je compte au saint empire en recoudre plus d'une,
Et, si quelques lambeaux m'en étaient arrachés,
Rapiécer mes Etats d'îles et de duchés!

DON RUY GOMEZ.

Consolez-vous! il est un empire des justes

ACTE I, SCÈNE III.

Où l'on revoit les morts plus saints et plus augustes !

DON CARLOS.

Ce roi François Premier, c'est un ambitieux !
Le vieil empereur mort, vite ! il fait les doux yeux
A l'Empire ! A-t-il pas sa France très-chrétienne ?
Ah ! la part est pourtant belle, et vaut qu'on s'y tienne !
L'empereur mon aïeul disait au roi Louis :
— Si j'étais Dieu le père, et si j'avais deux fils,
Je ferais l'aîné Dieu, le second roi de France. —

Au duc.

Crois-tu que François puisse avoir quelque espérance ?

DON RUY GOMEZ.

C'est un victorieux.

DON CARLOS.

Il faudrait tout changer.
La Bulle d'or défend d'élire un étranger.

DON RUY GOMEZ.

A ce compte, seigneur, vous êtes roi d'Espagne !

DON CARLOS.

Je suis bourgeois de Gand.

DON RUY GOMEZ.

La dernière campagne
A fait monter bien haut le roi François Premier.

DON CARLOS.

L'aigle qui va peut-être éclore à mon cimier
Peut aussi déployer ses ailes.

DON RUY GOMEZ.

Votre Altesse
Sait-elle le latin ?

DON CARLOS.

Mal.

DON RUY GOMEZ.

Tant pis. La noblesse
D'Allemagne aime fort qu'on lui parle latin.

DON CARLOS.

Ils se contenteront d'un espagnol hautain,
Car il importe peu, croyez-en le roi Charle,
Quand la voix parle haut, quelle langue elle parle.
— Je vais en Flandre. Il faut que ton roi, cher Silva,
Te revienne empereur. Le roi de France va
Tout remuer. Je veux le gagner de vitesse.
Je partirai sous peu.

DON RUY GOMEZ.

Vous nous quittez, Altesse,
Sans purger l'Aragon de ces nouveaux bandits
Qui partout dans nos monts lèvent leurs fronts hardis !

DON CARLOS.

J'ordonne au duc d'Arcos d'exterminer la bande.

DON RUY GOMEZ.

Donnez-vous aussi l'ordre au chef qui la commande
De se laisser faire ?

DON CARLOS.

Eh ! quel est ce chef ? son nom ?

DON RUY GOMEZ.

Je l'ignore. On le dit un rude compagnon.

DON CARLOS.

Bah ! je sais que pour l'heure il se cache en Galice,
Et j'en aurai raison avec quelque milice.

DON RUY GOMEZ.

De faux avis alors le disaient près d'ici.

DON CARLOS.

Faux avis ! — Cette nuit tu me loges.

DON RUY GOMEZ, *s'inclinant jusqu'à terre.*

Merci,
Altesse !
Il appelle ses valets.
Faites tous honneur au roi, mon hôte.

Les valets rentrent avec des flambeaux. Le duc les range sur

ACTE I, SCÈNE III

deux haies jusqu'à la porte du fond. Cependant doña Sol s'approche lentement d'Hernani. Le roi les épie tous deux.

DONA SOL, *bas à Hernani.*

Demain, sous ma fenêtre, à minuit, et sans faute.
Vous frapperez des mains trois fois.

HERNANI, *bas.*

Demain.

DON CARLOS, *à part.*

Demain?

Haut, à doña Sol, vers laquelle il fait un pas avec galanterie.

Souffrez que pour rentrer je vous donne la main.

Il la reconduit à la porte. Elle sort.

HERNANI, *la main dans sa poitrine sur la poignée de sa dague.*

Mon bon poignard!

DON CARLOS, *revenant, à part.*

Notre homme a la mine attrapée.

Il prend à part Hernani.

Je vous ai fait l'honneur de toucher votre épée,
Monsieur. Vous me seriez suspect pour cent raisons.
Mais le roi don Carlos répugne aux trahisons.
Allez. Je daigne encor protéger votre fuite.

DON RUY GOMEZ, *revenant et montrant Hernani.*

Qu'est ce seigneur?

DON CARLOS.

Il part. C'est quelqu'un de ma suite.

Ils sortent avec les valets et les flambeaux, le duc précédant le roi une cire à la main.

SCÈNE IV.

HERNANI, seul.

Oui, de ta suite, ô roi! de ta suite! — j'en suis.
Nuit et jour, en effet, pas à pas, je te suis!
Un poignard à la main, l'œil fixé sur ta trace,
Je vais! Ma race en moi poursuit en toi ta race!
Et puis, te voilà donc mon rival! Un instant,
Entre aimer et haïr, je suis resté flottant,
Mon cœur pour elle et toi n'était point assez large,
J'oubliais en l'aimant ta haine qui me charge;
Mais puisque tu le veux, puisque c'est toi qui viens
Me faire souvenir, c'est bon, je me souviens!
Mon amour fait pencher la balance incertaine
Et tombe tout entier du côté de ma haine.
Oui, je suis de ta suite, et c'est toi qui l'as dit!
Va, jamais courtisan de ton lever maudit,
Jamais seigneur baisant ton ombre, ou majordome
Ayant à te servir abjuré son cœur d'homme,
Jamais chiens de palais dressés à suivre un roi
Ne seront sur tes pas plus assidus que moi!
Ce qu'ils veulent de toi, tous ces grands de Castille,
C'est quelque titre creux, quelque hochet qui brille,
C'est quelque mouton d'or qu'on se va pendre au cou;
Moi, pour vouloir si peu, je ne suis pas si fou!
Ce que je veux de toi, ce n'est point faveurs vaines,
C'est l'âme de ton corps, c'est le sang de tes veines.
C'est tout ce qu'un poignard, furieux et vainqueur,
En y fouillant longtemps peut prendre au fond d'un cœur!
Va devant! je te suis. Ma vengeance qui veille
Avec moi toujours marche et me parle à l'oreille!
Va! je suis là, j'épie et j'écoute, et sans bruit

Mon pas cherche ton pas et le presse et le suit !
Le jour tu ne pourras, ô roi ! tourner la tête
Sans me voir immobile et sombre dans ta fête ;
La nuit tu ne pourras tourner les yeux, ô roi !
Sans voir mes yeux ardents luire derrière toi.

Il sort par la petite porte.

II

LE BANDIT

SARAGOSSE.

ACTE DEUXIÈME

Un patio du palais de Silva. A gauche, les grands murs du palais, avec une fenêtre au balcon. Au-dessous de la fenêtre, une petite porte. A droite et à gauche, des maisons et des rues. — Il est nuit. On voit briller çà et là, aux façades des édifices, quelques fenêtres encore éclairées.

SCÈNE PREMIÈRE.

DON CARLOS, DON SANCHO SANCHEZ DE ZUNIGA (COMTE DE MONTEREY), DON MATIAS CENTURION (MARQUIS D'ALMUNAN), DON RICARDO DE ROXAS (SEIGNEUR DE CASAPALMA).

Ils arrivent tous quatre, don Carlos en tête, chapeaux rabattus, enveloppés de longs manteaux dont leurs épées soulèvent le bord inférieur.

DON CARLOS, *examinant le balcon.*
Voilà bien le balcon, la porte... Mon sang bout.
Montrant la fenêtre, qui n'est pas éclairée.
Pas de lumière encor!

Il promène ses yeux sur les autres croisées éclairées
Des lumières partout
Où je n'en voudrais pas, hors à cette fenêtre,
Où j'en voudrais !

DON SANCHO.
Seigneur, reparlons de ce traître.
Et vous l'avez laissé partir ?

DON CARLOS.
Comme tu dis !

DON MATIAS.
Et peut-être c'était le major des bandits ?

DON CARLOS.
Qu'il en soit le major ou bien le capitaine,
Jamais roi couronné n'eut mine plus hautaine

DON SANCHO.
Son nom, seigneur ?

DON CARLOS, *les yeux fixés sur la fenêtre.*
Muños... Fernan...
Avec le geste d'un homme qui se rappelle tout à coup.
Un nom en i !

DON SANCHO.
Hernani, peut-être ?

DON CARLOS.
Oui.

DON SANCHO.
C'est lui !

DON MATIAS.
C'est Hernani !

Le chef !

DON SANCHO, *au roi.*
De ses propos vous reste-t-il mémoire ?

DON CARLOS, *qui ne quitte pas la fenêtre des yeux.*
Eh ! je n'entendais rien dans leur maudite armoire !

DON SANCHO.

Mais pourquoi le lâcher lorsque vous le tenez?

Don Carlos se tourne gravement et le regarde en face.

DON CARLOS.

Comte de Monterey, vous me questionnez.

Les deux seigneurs reculent et se taisent.

Et d'ailleurs, ce n'est point le souci qui m'arrête.
J'en veux à sa maîtresse et non point à sa tête.
J'en suis amoureux fou : les yeux noirs les plus beaux,
Mes amis! deux miroirs! deux rayons! deux flambeaux!
Je n'ai rien entendu de toute leur histoire
Que ces trois mots : — Demain, venez à la nuit noire! —
Mais c'est l'essentiel. Est-ce pas excellent?
Pendant que ce bandit, à mine de galant,
S'attarde à quelque meurtre, à creuser quelque tombe,
Je viens tout doucement dénicher sa colombe?

DON RICARDO.

Altesse, il eût fallu, pour compléter le tour,
Dénicher la colombe en tuant le vautour.

DON CARLOS, *à don Ricardo.*

Comte! un digne conseil! vous avez la main prompte!

DON RICARDO, *s'inclinant profondément.*

Sous quel titre plaît-il au roi que je sois comte?

DON SANCHO, *vivement.*

C'est méprise!

DON RICARDO, *à don Sancho.*

Le roi m'a nommé comte.

DON CARLOS.

Assez!

Bien.

A Ricardo.

J'ai laissé tomber ce titre. Ramassez.

DON RICARDO, *s'inclinant de nouveau.*

Merci, seigneur!

DON SANCHO, *à don Matias.*
Beau comte! un comte de surprise!

Le roi se promène au fond du théâtre, examinant avec impatience les fenêtres éclairées. Les deux seigneurs causent sur le devant de la scène.

DON MATIAS, *à don Sancho.*
Mais que fera le roi, la belle une fois prise?
DON SANCHO, *regardant Ricardo de travers.*
Il la fera comtesse, et puis dame d'honneur.
Puis, qu'il en ait un fils, il sera roi.
DON MATIAS.
Seigneur!
Allons donc, un bâtard! comte, fût-on Altesse,
On ne saurait tirer un roi d'une comtesse!
DON SANCHO.
Il la fera marquise; alors, mon cher marquis...
DON MATIAS.
On garde les bâtards pour les pays conquis.
On les fait vice-rois. C'est à cela qu'ils servent.

Don Carlos revient.

DON CARLOS, *regardant avec colère toutes les fenêtres éclairées.*
Dirait-on pas des yeux jaloux qui nous observent?
Enfin! en voilà deux qui s'éteignent! allons!
Messieurs, que les instants de l'attente sont longs!
Qui fera marcher l'heure avec plus de vitesse?
DON SANCHO.
C'est ce que nous disons souvent chez Votre Altesse.
DON CARLOS.
Cependant que chez vous mon peuple le redit.

La dernière fenêtre éclairée s'éteint.

— La dernière est éteinte! —

Tourné vers le balcon de doña Sol toujours noir.
O vitrage maudit!

Quand l'éclaireras-tu? — Cette nuit est bien sombre!
Doña Sol, viens briller comme un astre dans l'ombre!

A don Ricardo.

Est-il minuit?

DON RICARDO.

Minuit bientôt.

DON CARLOS.

Il faut finir
Pourtant! A tout moment l'autre peut survenir.

La fenêtre de doña Sol s'éclaire. On voit son ombre se dessiner sur les vitraux lumineux.

Mes amis! un flambeau! son ombre à la fenêtre!
Jamais jour ne me fut plus charmant à voir naître.
Hâtons-nous! faisons-lui le signal qu'elle attend.
Il faut frapper des mains trois fois. — Dans un instant,
Mes amis, vous allez la voir! — Mais notre nombre
Va l'effrayer peut-être... — Allez tous trois dans l'ombre,
Là-bas, épier l'autre. Amis, partageons-nous
Les deux amants. Tenez, à moi la dame, à vous
Le brigand.

DON RICARDO.

Grand merci!

DON CARLOS.

S'il vient, de l'embuscade
Sortez vite, et poussez au drôle une estocade.
Pendant qu'il reprendra ses esprits sur le grès
J'emporterai la belle, et nous rirons après.
N'allez pas cependant le tuer! c'est un brave
Après tout, et la mort d'un homme est chose grave.

Les deux seigneurs s'inclinent et sortent. Don Carlos les laisse s'éloigner, puis frappe des mains à deux reprises. A la deuxième fois la fenêtre s'ouvre, et doña Sol paraît en blanc sur le balcon.

SCÈNE II.

DON CARLOS, DONA SOL.

DONA SOL, *au balcon.*

Est-ce vous, Hernani ?

DON CARLOS, *à part.*

Diable ! ne parlons pas !

Il frappe de nouveau des mains.

DONA SOL.

Je descends.

Elle referme la fenêtre, dont la lumière disparaît. Un moment après, la petite porte s'ouvre, et doña Sol en sort sa lampe à la main, sa mante sur les épaules.

DONA SOL, *entr'ouvrant la porte.*

Hernani !

Don Carlos rabat son chapeau sur son visage, et s'avance précipitamment vers elle.

DONA SOL, *laissant tomber sa lampe.*

Dieu ! ce n'est point son pas !

Elle veut rentrer. Don Carlos court à elle et la retient par le bras.

DON CARLOS.

Doña Sol !

DONA SOL.

Ce n'est point sa voix ! Ah ! malheureuse !

DON CARLOS.

Eh ! quelle voix veux-tu, qui soit plus amoureuse ?
C'est toujours un amant, et c'est un amant roi !

DONA SOL.

Le roi !

DON CARLOS.

Souhaite, ordonne, un royaume est à toi!
Car celui dont tu veux briser la douce entrave,
C'est le roi ton seigneur, c'est Carlos ton esclave!

DONA SOL, *cherchant à se dégager de ses bras.*

Au secours, Hernani!

DON CARLOS.

Le juste et digne effroi!
Ce n'est pas ton bandit qui te tient, c'est le roi!

DONA SOL.

Non. Le bandit c'est vous. — N'avez-vous pas de honte?
Ah! pour vous à la face une rougeur me monte.
Sont-ce là les exploits dont le roi fera bruit?
Venir ravir de force une femme la nuit!
Que mon bandit vaut mieux cent fois! Roi, je proclame
Que, si l'homme naissait où le place son âme,
Si Dieu faisait le rang à la hauteur du cœur,
Certe, il serait le roi, prince, et vous le voleur!

DON CARLOS, *essayant de l'attirer.*

Madame...

DONA SOL.

Oubliez-vous que mon père était comte?

DON CARLOS.

Je vous ferai duchesse.

DONA SOL, *le repoussant.*

Allez! c'est une honte!

Elle recule de quelques pas.

Il ne peut être rien entre nous, don Carlos.
Mon vieux père a pour vous versé son sang à flots,
Moi je suis fille noble, et de ce sang jalouse,
Trop pour la concubine, et trop peu pour l'épouse!

DON CARLOS.

Princesse!

ACTE II, SCÈNE II.

DONA SOL.

Roi Carlos, à des filles de rien
Portez votre amourette, ou je pourrais fort bien,
Si vous m'osez traiter d'une façon infâme,
Vous montrer que je suis dame, et que je suis femme!

DON CARLOS.

Eh bien! partagez donc et mon trône et mon nom.
Venez! Vous serez reine, impératrice!

DONA SOL.

Non.
C'est un leurre. — Et d'ailleurs, altesse, avec franchise,
S'agît-il pas de vous, s'il faut que je le dise,
J'aime mieux avec lui mon Hernani, mon roi,
Vivre errante, en dehors du monde et de la loi,
Ayant faim, ayant soif, fuyant toute l'année,
Partageant jour à jour sa pauvre destinée,
Abandon, guerre, exil, deuil, misère et terreur,
Que d'être impératrice avec un empereur!

DON CARLOS.

Que cet homme est heureux!

DONA SOL.

Quoi! pauvre, proscrit même!...

DON CARLOS.

Qu'il fait bien d'être pauvre et proscrit, puisqu'on l'aime!
— Moi, je suis seul! — Un ange accompagne ses pas!
— Donc vous me haïssez!

DONA SOL.

Je ne vous aime pas.

DON CARLOS, *la saisissant avec violence.*

Eh bien! que vous m'aimiez ou non, cela n'importe!
Vous viendrez, et ma main plus que la vôtre est forte,
Vous viendrez! je vous veux! Pardieu, nous verrons bien
Si je suis roi d'Espagne et des Indes pour rien!

DONA SOL, *se débattant*.

Seigneur! oh! par pitié! — Quoi! vous êtes altesse!
Vous êtes roi! Duchesse, ou marquise, ou comtesse,
Vous n'avez qu'à choisir. Les femmes de la cour
Ont toujours un amour tout prêt pour votre amour.
Mais mon proscrit, qu'a-t-il reçu du ciel avare?
Ah! vous avez Castille, Aragon et Navarre,
Et Murcie, et Léon, dix royaumes encor!
Et les Flamands, et l'Inde avec les mines d'or!
Vous avez un empire auquel nul roi ne touche,
Si vaste que jamais le soleil ne s'y couche!
Et, quand vous avez tout, voudrez-vous, vous le roi,
Me prendre, pauvre fille, à lui qui n'a que moi?

Elle se jette à ses genoux. Il cherche à l'entraîner.

DON CARLOS.

Viens! Je n'écoute rien! Viens! Si tu m'accompagnes,
Je te donne, choisis, quatre de mes Espagnes!
Dis, lesquelles veux-tu? Choisis!

Elle se débat dans ses bras

DONA SOL.

                    Pour mon honneur,
Je ne veux rien de vous, que ce poignard, seigneur!

Elle lui arrache le poignard de sa ceinture. Il la lâche et recule.

Avancez maintenant! faites un pas!

DON CARLOS.

                            La belle!
Je ne m'étonne plus si l'on aime un rebelle!

Il veut faire un pas. Elle lève le poignard.

DONA SOL.

Pour un pas, je vous tue et me tue!

Il recule encore. Elle se détourne et crie avec force.

                                  Hernani!
Hernani!

ACTE II, SCÈNE III.

DON CARLOS.

Taisez-vous!

DONA SOL, *le poignard levé.*

Un pas! tout est fini.

DON CARLOS.

Madame! à cet excès ma douceur est réduite.
J'ai là pour vous forcer trois hommes de ma suite...

HERNANI, *surgissant tout à coup derrière lui.*

Vous en oubliez un!

Le roi se retourne et voit Hernani, immobile derrière lui, dans l'ombre, les bras croisés sous le long manteau qui l'enveloppe, et le large bord de son chapeau relevé. — Doña Sol pousse un cri, court à Hernani et l'entoure de ses bras.

SCÈNE III.

DON CARLOS, DONA SOL, HERNANI.

HERNANI, *immobile, les bras toujours croisés et ses yeux étincelants fixés sur le roi.*

Oh! le ciel m'est témoin
Que volontiers je l'eusse été chercher plus loin!

DONA SOL.

Hernani, sauvez-moi de lui!

HERNANI.

Soyez tranquille,
Mon amour!

DON CARLOS.

Que font donc mes amis par la ville?
Avoir laissé passer ce chef de bohémiens!

Appelant.

Monterey!

HERNANI.

Vos amis sont au pouvoir des miens.

Et ne réclamez pas leur épée impuissante;
Pour trois qui vous viendraient, il m'en viendrait soixante,
Soixante dont un seul vous vaut tous quatre. Ainsi
Vidons entre nous deux notre querelle ici.
Quoi! vous portiez la main sur cette jeune fille!
C'était d'un imprudent, seigneur roi de Castille,
Et d'un lâche!

DON CARLOS, *souriant avec dédain.*

Seigneur bandit, de vous à moi
Pas de reproche!

HERNANI.

Il raille! oh! je ne suis pas roi!
Mais quand un roi m'insulte et pour surcroît me raille,
Ma colère va haut et me monte à sa taille,
Et, prenez garde, on craint, quand on me fait affront,
Plus qu'un cimier de roi la rougeur de mon front!
Vous êtes insensé si quelque espoir vous leurre.

Il lui saisit le bras.

Savez-vous quelle main vous étreint à cette heure?
Ecoutez : votre père a fait mourir le mien,
Je vous hais. Vous avez pris mon titre et mon bien,
Je vous hais. Nous aimons tous deux la même femme,
Je vous hais, je vous hais, — oui, je te hais dans l'âme!

DON CARLOS.

C'est bien.

HERNANI.

Ce soir pourtant ma haine était bien loin.
Je n'avais qu'un désir, qu'une ardeur, qu'un besoin,
Doña Sol! — plein d'amour, j'accourais... Sur mon âme!
Je vous trouve essayant contre elle un rapt infâme!
Quoi! vous que j'oubliais, sur ma route placé!... —
Seigneur, je vous le dis, vous êtes insensé!
Don Carlos, te voilà pris dans ton propre piége!
Ni fuite, ni secours, je te tiens et t'assiége!

Seul, entouré partout d'ennemis acharnés,
Que vas-tu faire?

DON CARLOS, *fièrement*.

Allons! vous me questionnez!

HERNANI.

Va, va, je ne veux pas qu'un bras obscur te frappe.
Il ne sied pas qu'ainsi ma vengeance m'échappe!
Tu ne seras touché par un autre que moi.
Défends-toi donc.

Il tire son épée.

DON CARLOS.

Je suis votre seigneur le roi.
Frappez, mais pas de duel.

HERNANI.

Seigneur, qu'il te souvienne
Qu'hier encor ta dague a rencontré la mienne.

DON CARLOS.

Je le pouvais hier. J'ignorais votre nom,
Vous ignoriez mon titre. Aujourd'hui, compagnon,
Vous savez qui je suis et je sais qui vous êtes.

HERNANI.

Peut-être.

DON CARLOS.

Pas de duel. Assassinez-moi. Faites!

HERNANI.

Crois-tu donc que les rois, à moi, me sont sacrés?
Çà, te défendras-tu?

DON CARLOS.

Vous m'assassinerez.
Ah! vous croyez, bandits, que vos brigades viles
Pourront impunément s'épandre dans les villes?

Hernani recule. Don Carlos fixe des yeux d'aigle sur lui.

Que teints de sang, chargés de meurtres, malheureux!

Vous pourrez après tout faire les généreux !
Et que nous daignerons, nous victimes trompées,
Ennoblir vos poignards du choc de nos épées !
Non, le crime vous tient. Partout vous le traînez.
Nous, des duels avec vous ! Arrière ! assassinez !

Hernani, sombre et pensif, tourmente quelques instants de la main la poignée de son épée, puis se retourne brusquement vers le roi, et brise la lame sur le pavé.

HERNANI.

Va-t'en donc !

Le roi se tourne à demi vers lui et le regarde avec hauteur.

Nous aurons des rencontres meilleures.
Va-t'en.

DON CARLOS.

C'est bien, monsieur. Je vais dans quelques heures
Rentrer, moi votre roi, dans le palais ducal.
Mon premier soin sera de mander le fiscal.
A-t-on fait mettre à prix votre tête ?

HERNANI.

Oui.

DON CARLOS.

Mon maître,
Je vous tiens de ce jour sujet rebelle et traître.
Je vous en avertis, partout je vous poursuis.
Je vous fais mettre au ban du royaume.

HERNANI.

J'y suis
Déjà.

DON CARLOS.

Bien.

HERNANI.

Mais la France est auprès de l'Espagne.
C'est un port.

DON CARLOS.
         Je vais être empereur d'Allemagne.
Je vous fais mettre au ban de l'empire.
                HERNANI.
                              A ton gré.
J'ai le reste du monde où je te braverai.
Il est plus d'un asile où ta puissance tombe.
            DON CARLOS.
Et quand j'aurai le monde?
                HERNANI.
                    Alors j'aurai la tombe.
            DON CARLOS.
Je saurai déjouer vos complots insolents.
                HERNANI.
La vengeance est boiteuse, elle vient à pas lents,
Mais elle vient.
        DON CARLOS, *riant à demi, avec dédain.*
              Toucher à la dame qu'adore
Ce bandit!
        HERNANI, *dont les yeux se rallument.*
          Songes-tu que je te tiens encore?
Ne me rappelle pas, futur césar romain,
Que je t'ai là, chétif et petit, dans ma main;
Et que, si je serrais cette main trop loyale,
J'écraserais dans l'œuf ton aigle impériale!
            DON CARLOS.
Faites!
                HERNANI.
Va-t'en! va-t'en!
    Il ôte son manteau et le jette sur les épaules du roi.
                    Fuis, et prends ce manteau,
Car dans nos rangs pour toi je crains quelque couteau.
            Le roi s'enveloppe du manteau.

Pars tranquille à présent! Ma vengeance altérée
Pour tout autre que moi fait ta tête sacrée!
DON CARLOS.
Monsieur, vous qui venez de me parler ainsi,
Ne demandez un jour ni grâce ni merci!
Il sort.

SCÈNE IV.

HERNANI, DONA SOL.

DONA SOL, *saisissant la main d'Hernani.*
Maintenant, fuyons vite!
    HERNANI, *la repoussant avec une douceur grave.*
              Il vous sied, mon amie,
D'être dans mon malheur toujours plus raffermie,
De n'y point renoncer, et de vouloir toujours
Jusqu'au fond, jusqu'au bout, accompagner mes jours.
C'est un noble dessein, digne d'un cœur fidèle!
Mais, tu le vois, mon Dieu, pour tant accepter d'elle,
Pour emporter joyeux dans mon antre avec moi
Ce trésor de beauté qui rend jaloux un roi,
Pour que ma doña Sol me suive et m'appartienne,
Pour lui prendre sa vie et la joindre à la mienne,
Pour l'entraîner sans honte encore et sans regrets,
Il n'est plus temps! je vois l'échafaud de trop près!
DONA SOL.
Que dites-vous?
HERNANI.
        Ce roi que je bravais en face
Va me punir d'avoir osé lui faire grâce.
Il fuit! Déjà peut-être il est dans son palais.
Il appelle ses gens, ses gardes, ses valets,

Ses seigneurs, ses bourreaux...
DONA SOL.
Hernani! Dieu! je tremble!
Eh bien! hâtons-nous donc alors! Fuyons ensemble!
HERNANI.
Ensemble! Non, non. L'heure en est passée. Hélas!
Doña Sol, à mes yeux quand tu te révélas,
Bonne, et daignant m'aimer d'un amour secourable,
J'ai bien pu vous offrir, moi, pauvre misérable,
Ma montagne, mon bois, mon torrent, — ta pitié
M'enhardissait, — mon pain de proscrit, la moitié
Du lit vert et touffu que la forêt me donne :
Mais t'offrir la moitié de l'échafaud! pardonne,
Doña Sol; l'échafaud, c'est à moi seul!
DONA SOL.
Pourtant
Vous me l'aviez promis!
HERNANI, *tombant à ses genoux.*
Ange! ah! dans cet instant
Où la mort vient peut-être, où s'approche dans l'ombre
Un sombre dénoûment pour un destin bien sombre,
Je le déclare ici, proscrit, traînant au flanc
Un souci profond, né dans un berceau sanglant,
Si noir que soit le deuil qui s'épand sur ma vie,
Je suis un homme heureux, et je veux qu'on m'envie,
Car vous m'avez aimé! car vous me l'avez dit!
Car vous avez tout bas béni mon front maudit!
DONA SOL, *penchée sur sa tête.*
Hernani!
HERNANI.
Loué soit le sort doux et propice
Qui me mit cette fleur au bord du précipice!
Il se relève.
Et ce n'est pas pour vous que je parle en ce lieu,

Je parle pour le ciel qui m'écoute et pour Dieu !
DONA SOL.
Souffre que je te suive !
HERNANI.
Oh ! ce serait un crime
Que d'arracher la fleur en tombant dans l'abîme !
Va, j'en ai respiré le parfum, c'est assez !
Renoue à d'autres jours tes jours par moi froissés,
Epouse ce vieillard ! c'est moi qui te délie.
Je rentre dans ma nuit. Toi, sois heureuse, oublie !
DONA SOL.
Non, je te suis ! Je veux ma part de ton linceul !
Je m'attache à tes pas !

HERNANI, *la serrant dans ses bras.*

Oh ! laissez-moi fuir seul !
Je suis banni ! je suis proscrit ! je suis funeste !

Il la quitte avec un mouvement convulsif et veut fuir.

DONA SOL, *douloureusement et joignant les mains.*
Hernani ! tu me fuis !

HERNANI, *revenant sur ses pas.*

Eh bien ! non, non, je reste.
Tu le veux, me voici. Viens, oh ! viens dans mes bras !
Je reste, et resterai tant que tu le voudras !
Oublions-les ! restons ! —

Il s'assied sur un banc de pierre.

Sieds-toi sur cette pierre !

Il se place à ses pieds.

Des flammes de tes yeux inonde ma paupière.
Chante-moi quelque chant comme parfois le soir
Tu m'en chantais, avec des pleurs dans ton œil noir !
Soyons heureux ! buvons, car la coupe est remplie,
Car cette heure est à nous, et le reste est folie !
Parle-moi ! ravis-moi ! n'est-ce pas qu'il est doux

D'aimer et de savoir qu'on vous aime à genoux?
D'être deux? d'être seuls? et que c'est douce chose
De se parler d'amour la nuit quand tout repose?
Oh! laisse-moi dormir et rêver sur ton sein,
Doña Sol! mon amour! ma beauté!

Bruit de cloches au loin.

DONA SOL, *se levant effarée.*

Le tocsin!
Entends-tu le tocsin?

HERNANI, *toujours à ses genoux.*

Eh non! c'est notre noce
Qu'on sonne.

Le bruit des cloches augmente. Cris confus, flambeaux et lumières à toutes les fenêtres, sur tous les toits, dans toutes les rues.

DONA SOL.

Lève-toi! fuis! Grand Dieu! Saragosse
S'allume!

HERNANI, *se soulevant à demi.*

Nous aurons une noce aux flambeaux!

DONA SOL.

C'est la noce des morts! la noce des tombeaux!

Bruit d'épées. Cris.

HERNANI, *se recouchant sur le banc de pierre.*

Rendormons-nous!

UN MONTAGNARD, *l'épée à la main, accourant.*

Seigneur, les sbires, les alcades,
Débouchent dans la place en longues cavalcades!
Alerte, monseigneur!

Hernani se lève.

DONA SOL, *pâle.*

Ah! tu l'avais bien dit!

LE MONTAGNARD.

Au secours!...

5.

HERNANI, *au montagnard.*
Me voici. C'est bien.
CRIS CONFUS *au dehors.*
Mort au bandit!
HERNANI, *au montagnard.*
Ton épée...
A doña Sol.
Adieu donc!
DONA SOL.
C'est moi qui fais ta perte!
Où vas-tu?
Lui montrant la petite porte.
Viens, fuyons par cette porte ouverte!
HERNANI.
Dieu! laisser mes amis! que dis-tu?
Tumulte et cris.
DONA SOL.
Ces clameurs
Me brisent.
Retenant Hernani.
Souviens-toi que, si tu meurs, je meurs.
HERNANI, *la tenant embrassée.*
Un baiser!
DONA SOL.
Mon époux! mon Hernani! mon maître!...
HERNANI, *la baisant au front.*
Hélas! c'est le premier!
DONA SOL.
C'est le dernier peut-être!
Il part. Elle tombe sur le banc.

III

LE VIEILLARD

LE CHATEAU DE SILVA,

Dans les montagnes d'Aragon.

ACTE TROISIÈME

La galerie des portraits de la famille de Silva; grande salle, dont ces portraits, entourés de riches broderies, et surmontés de couronnes ducales et d'écussons dorés, font la décoration. Au fond, une haute porte gothique. Entre chaque portrait, une panoplie complète, toutes de siècles différents.

SCÈNE PREMIÈRE.

DONA SOL, blanche et debout près d'une table; DON RUY GOMEZ DE SILVA, assis dans son grand fauteuil en bois de chêne.

DON RUY GOMEZ.

Enfin! c'est aujourd'hui! dans une heure on sera
Ma duchesse! plus d'oncle! et l'on m'embrassera!
Mais m'as-tu pardonné? J'avais tort. Je l'avoue.
J'ai fait rougir ton front, j'ai fait pâlir ta joue.

J'ai soupçonné trop vite, et je n'aurais point dû
Te condamner ainsi sans avoir entendu.
Que l'apparence a tort! injustes que nous sommes!
Certe, ils étaient bien là, les deux beaux jeunes hommes!
C'est égal; je devais n'en pas croire mes yeux.
Mais que veux-tu, ma pauvre enfant! quand on est vieux!

DOÑA SOL, *immobile et grave.*

Vous reparlez toujours de cela. Qui vous blâme?

DON RUY GOMEZ.

Moi, j'eus tort. Je devais savoir qu'avec ton âme
On n'a point de galants lorsqu'on est doña Sol,
Et qu'on a dans le cœur du bon sang espagnol!

DOÑA SOL.

Certe, il est bon et pur, monseigneur, et peut-être
On le verra bientôt.

DON RUY GOMEZ, *se levant et allant à elle.*

Ecoute: on n'est pas maître
De soi-même, amoureux comme je suis de toi,
Et vieux. On est jaloux, on est méchant; pourquoi?
Parce que l'on est vieux; parce que beauté, grâce,
Jeunesse dans autrui, tout fait peur, tout menace;
Parce qu'on est jaloux des autres et honteux
De soi. Dérision! que cet amour boiteux,
Qui nous remet au cœur tant d'ivresse et de flamme,
Ait oublié le corps en rajeunissant l'âme!
—Quand passe un jeune pâtre,—oui, c'en est là!—souvent,
Tandis que nous allons, lui chantant, moi rêvant,
Lui dans son pré vert, moi dans mes noires allées,
Souvent je dis tout bas : — O mes tours crénelées,
Mon vieux donjon ducal, que je vous donnerais,
Oh! que je donnerais mes blés et mes forêts,
Et les vastes troupeaux qui tondent mes collines,
Mon vieux nom, mon vieux titre, et toutes mes ruines,
Et tous mes vieux aïeux qui bientôt m'attendront,

Pour sa chaumière neuve et pour son jeune front! —
Car ses cheveux sont noirs, car son œil reluit comme
Le tien. Tu peux le voir et dire : Ce jeune homme!
Et puis penser à moi, qui suis vieux. Je le sais!
Pourtant j'ai nom Silva; mais ce n'est plus assez!
Oui, je me dis cela. Vois à quel point je t'aime.
Le tout, pour être jeune et beau comme toi-même!
Mais à quoi vais-je ici rêver? Moi, jeune et beau!
Qui te dois de si loin devancer au tombeau!

DONA SOL.

Qui sait?

DON RUY GOMEZ.

Mais va, crois-moi, ces cavaliers frivoles
N'ont pas d'amour si grand qu'il ne s'use en paroles.
Qu'une fille aime et croie un de ces jouvenceaux,
Elle en meurt, il en rit. Tous ces jeunes oiseaux,
A l'aile vive et peinte, au langoureux ramage,
Ont un amour qui mue ainsi que leur plumage.
Les vieux, dont l'âge éteint la voix et les couleurs,
Ont l'aile plus fidèle, et, moins beaux, sont meilleurs.
Nous aimons bien.—Nos pas sont lourds? nos yeux arides?
Nos fronts ridés? Au cœur on n'a jamais de rides.
Hélas! quand un vieillard aime, il faut l'épargner.
Le cœur est toujours jeune et peut toujours saigner.
Oh! mon amour n'est point comme un jouet de verre
Qui brille et tremble; oh! non, c'est un amour sévère,
Profond, solide, sûr, paternel, amical,
De bois de chêne, ainsi que mon fauteuil ducal!
Voilà comme je t'aime, et puis je t'aime encore
De cent autres façons : comme on aime l'aurore,
Comme on aime les fleurs, comme on aime les cieux!
De te voir tous les jours, toi, ton pas gracieux,
Ton front pur, le beau feu de ta fière prunelle,
Je ris, et j'ai dans l'âme une fête éternelle!

DONA SOL.

Hélas!

DON RUY GOMEZ.

Et puis, vois-tu, le monde trouve beau,
Lorsqu'un homme s'éteint, et lambeau par lambeau
S'en va, lorsqu'il trébuche au marbre de la tombe,
Qu'une femme, ange pur, innocente colombe,
Veille sur lui, l'abrite, et daigne encor souffrir
L'inutile vieillard qui n'est bon qu'à mourir!
C'est une œuvre sacrée et qu'à bon droit on loue,
Que ce suprême effort d'un cœur qui se dévoue,
Qui console un mourant jusqu'à la fin du jour,
Et, sans aimer peut-être, a des semblants d'amour!
Oh! tu seras pour moi cet ange au cœur de femme
Qui du pauvre vieillard réjouit encor l'âme,
Et de ses derniers ans lui porte la moitié,
Fille par le respect et sœur par la pitié!

DONA SOL.

Loin de me précéder, vous pourrez bien me suivre,
Monseigneur. Ce n'est pas une raison pour vivre
Que d'être jeune. Hélas! je vous le dis, souvent
Les vieillards sont tardifs, les jeunes vont devant!
Et leurs yeux brusquement referment leur paupière,
Comme un sépulcre ouvert dont retombe la pierre!

DON RUY GOMEZ.

Oh! les sombres discours! mais je vous gronderai,
Enfant! un pareil jour est joyeux et sacré.
Comment, à ce propos, quand l'heure nous appelle,
N'êtes-vous pas encor prête pour la chapelle?
Mais, vite! habillez-vous. Je compte les instants.
La parure de noce!

DONA SOL.

Il sera toujours temps.

ACTE III, SCÈNE I.

DON RUY GOMEZ.

Non pas.

Entre un page.

Que veut Iaquez?

LE PAGE.

Monseigneur, à la porte
Un homme, un pèlerin, un mendiant, n'importe,
Est là qui vous demande asile.

DON RUY GOMEZ.

Quel qu'il soit,
Le bonheur entre avec l'étranger qu'on reçoit,
Qu'il vienne. — Du dehors a-t-on quelques nouvelles?
Que dit-on de ce chef de bandits infidèles
Qui remplit nos forêts de sa rébellion?

LE PAGE

C'en est fait d'Hernani, c'en est fait du lion
De la montagne.

DONA SOL, *à part.*

Dieu!

DON RUY GOMEZ, *au page.*

Quoi?

LE PAGE.

La troupe est détruite.
Le roi, dit-on, s'est mis lui-même à leur poursuite.
La tête d'Hernani vaut mille écus du roi
Pour l'instant; mais on dit qu'il est mort.

DONA SOL, *à part.*

Quoi! sans moi,
Hernani!

DON RUY GOMEZ.

Grâce au ciel! il est mort, le rebelle!
On peut se réjouir maintenant, chère belle.
Allez donc vous parer, mon amour, mon orgueil:
Aujourd'hui double fête!

DONA SOL, *à part.*
Oh! des habits de deuil!
Elle sort.
DON RUY GOMEZ, *au page.*
Fais-lui vite porter l'écrin que je lui donne.
Il se rassied dans son fauteuil.
Je veux la voir parée ainsi qu'une madone,
Et, grâce à ses yeux doux et grâce à mon écrin,
Belle à faire à genoux tomber un pèlerin.
A propos, et celui qui nous demande un gîte!
Dis-lui d'entrer, fais-lui nos excuses, cours vite.
Le page salue et sort.
Laisser son hôte attendre! ah! c'est mal!
La porte du fond s'ouvre. Paraît Hernani déguisé en pèlerin. Le duc se lève.

SCÈNE II.

DON RUY GOMEZ, HERNANI, déguisé en pèlerin.

Hernani s'arrête sur le seuil de la porte.

HERNANI.
Monseigneur,
Paix et bonheur à vous!
DON RUY GOMEZ, *le saluant de la main.*
A toi paix et bonheur,
Mon hôte!
Hernani entre. La duc se rassied.
N'es-tu pas pèlerin?
HERNANI, *s'inclinant.*
Oui.

ACTE III, SCÈNE II.

DON RUY GOMEZ.
Sans doute
Tu viens d'Armillas ?

HERNANI.
Non. J'ai pris une autre route.
On se battait par là.

DON RUY GOMEZ.
La troupe du banni,
N'est-ce pas ?

HERNANI.
Je ne sais.

DON RUY GOMEZ.
Le chef, le Hernani,
Que devient-il, sais-tu ?

HERNANI.
Seigneur, quel est cet homme ?

DON RUY GOMEZ.
Tu ne le connais pas ? tant pis ! la grosse somme
Ne sera point pour toi. Vois-tu, ce Hernani,
C'est un rebelle au roi, trop longtemps impuni !
Si tu vas à Madrid, tu le pourras voir pendre.

HERNANI.
Je n'y vais pas.

DON RUY GOMEZ.
Sa tête est à qui veut la prendre.

HERNANI, *à part*.
Qu'on y vienne !

DON RUY GOMEZ.
Où vas-tu, bon pèlerin ?

HERNANI.
Seigneur,
Je vais à Saragosse.

DON RUY GOMEZ.
Un vœu fait en l'honneur

D'un saint, de Notre-Dame?

HERNANI.

Oui, duc, de Notre-Dame.

DON RUY GOMEZ.

Del Pilar?

HERNANI.

Del Pilar.

DON RUY GOMEZ.

Il faut n'avoir point d'âme
Pour ne point acquitter les vœux qu'on fait aux saints.
Mais, le tien accompli, n'as-tu d'autres desseins?
Voir le pilier, c'est là tout ce que tu désires?

HERNANI.

Oui, je veux voir brûler les flambeaux et les cires,
Voir Notre-Dame, au fond du sombre corridor,
Luire en sa châsse ardente avec sa chape d'or,
Et puis m'en retourner.

DON RUY GOMEZ.

Fort bien.—Ton nom, mon frère?
Je suis Ruy de Sylva.

HERNANI, *hésitant*.

Mon nom?...

DON RUY GOMEZ.

Tu peux le taire
Si tu veux. Nul n'a droit de le savoir ici.
Viens-tu pas demander asile?

HERNANI.

Oui, duc.

DON RUY GOMEZ.

Merci.
Sois le bienvenu! Reste, ami, ne te fais faute
De rien. Quant à ton nom, tu te nommes mon hôte.
Qui que tu sois, c'est bien; et, sans être inquiet,

J'accueillerais Satan, si Dieu me l'envoyait.

La porte du fond s'ouvre à deux battants Entre doña Sol, en parure de mariée. Derrière elle, pages, valets et deux femmes portant sur un coussin de velours un coffret d'argent ciselé, qu'elles vont déposer sur une table, et qui renferme un riche écrin, couronne de duchesse, bracelets, colliers, perles et brillants pêle-mêle. — Hernani, haletant et effaré, considère doña Sol avec des yeux ardents sans écouter le duc.

SCÈNE III.

Les Mêmes, DONA SOL, Pages, Valets, Femmes.

DON RUY GOMEZ, *continuant.*

— Voici ma Notre-Dame à moi. L'avoir priée
Te portera bonheur !

Il va présenter la main à doña Sol, toujours pâle et grave.

Ma belle mariée,
Venez ! — Quoi ! pas d'anneau ! pas de couronne encor !

HERNANI, *d'une voix tonnante.*

Qui veut gagner ici mille carolus d'or ?

Tous se retournent étonnés. Il déchire sa robe de pèlerin, la foule aux pieds et en sort en costume de montagnard.

Je suis Hernani.

DONA SOL, *à part, avec joie.*

Ciel ! vivant !

HERNANI, *aux valets.*

Je suis cet homme
Qu'on cherche !

Au duc.

Vous vouliez savoir si je me nomme
Perez ou Diego ? — Non, je me nomme Hernani !
C'est un bien plus beau nom, c'est un nom de banni,
C'est un nom de proscrit ! Vous voyez cette tête ?

Elle vaut assez d'or pour payer votre fête !
    Aux valets.
Je vous la donne à tous ! vous serez bien payés !
Prenez ! liez mes mains ! liez mes pieds ! liez !
Mais non, c'est inutile, une chaîne me lie
Que je ne romprai point !

        DONA SOL, *à part.*

            Malheureuse !

        DON RUY GOMEZ.

                Folie !

Çà, mon hôte est un fou !

        HERNANI.

           Votre hôte est un bandit !

        DONA SOL.

Oh ! ne l'écoutez pas !

        HERNANI.

           J'ai dit ce que j'ai dit.

        DON RUY GOMEZ.

Mille carolus d'or ! Monsieur, la somme est forte,
Et je ne suis pas sûr de tous mes gens !

        HERNANI.

               Qu'importe !
Tant mieux, si dans le nombre il s'en trouve un qui veut !
    Aux valets.
Livrez-moi ! vendez-moi !

        DON RUY GOMEZ, *s'efforçant de le faire taire.*

           Taisez-vous donc ! on peut
Vous prendre au mot !

        HERNANI.

          Amis ! l'occasion est belle !
Je vous dis que je suis le proscrit, le rebelle
Hernani !

        DON RUY GOMEZ.

    Taisez-vous !

ACTE III, SCÈNE III.

HERNANI.
Hernani !

DONA SOL, *d'une voix éteinte à son oreille.*
Ho ! tais-toi !

HERNANI, *se détournant à demi vers doña Sol.*
On se marie ici ! Je veux en être, moi !
Mon épousée aussi m'attend !

Au duc.
Elle est moins belle
Que la vôtre, seigneur, mais n'est pas moins fidèle.
C'est la mort !

Aux valets.
Nul de vous ne fait un pas encor ?

DONA SOL, *bas.*
Par pitié !

HERNANI, *aux valets.*
Hernani ! mille carolus d'or !

DON RUY GOMEZ.
C'est le démon !

HERNANI, *à un jeune valet.*
Viens, toi, tu gagneras la somme.
Riche alors, de valet tu redeviendras homme !

Aux valets, qui restent immobiles.
Vous aussi, vous tremblez ! ai-je assez de malheur !

DON RUY GOMEZ.
Frère, à toucher ta tête, ils risqueraient la leur !
Fusses-tu Hernani, fusses-tu cent fois pire,
Pour ta vie au lieu d'or offrît-on un empire,
Mon hôte ! je te dois protéger en ce lieu
Même contre le roi, car je te tiens de Dieu !
S'il tombe un seul cheveu de ton front, que je meure !

A doña Sol.
Ma nièce, vous serez ma femme dans une heure ;

Rentrez chez vous ; je vais faire armer le château,
J'en vais fermer la porte.
>> *Il sort. Les valets le suivent.*

HERNANI, *regardant avec désespoir sa ceinture dégarnie et désarmée.*
>> Oh! pas même un couteau!

Doña Sol, après que le duc a disparu, fait quelques pas comme pour suivre ses femmes, puis s'arrête, et, dès qu'elles sont sorties, revient vers Hernani avec anxiété.

SCÈNE IV.

HERNANI, DOÑA SOL.

Hernani considère avec un regard froid et comme inattentif l'écrin nuptial placé sur la table ; puis il hoche la tête et ses yeux s'allument.

HERNANI.
Je vous fais compliment! — Plus que je ne puis dire
La parure me charme, et m'enchante, — et j'admire!
>> *Il s'approche de l'écrin.*
La bague est de bon goût, — la couronne me plaît, —
Le collier est d'un beau travail ; — le bracelet
Est rare, — mais cent fois, cent fois moins que la femme
Qui sous un front si pur cache ce cœur infâme!
>> *Examinant de nouveau le coffret.*
Et qu'avez-vous donné pour tout cela? — Fort bien!
Un peu de votre amour? mais, vraiment, c'est pour rien!
Grand Dieu! trahir ainsi! n'avoir pas honte, et vivre!
>> *Examinant l'écrin.*
Mais peut-être, après tout, c'est perle fausse et cuivre
Au lieu d'or, verre et plomb, diamants déloyaux,
Faux saphirs, faux bijoux, faux brillants, faux joyaux.

ACTE III, SCÈNE IV.

Ah! s'il en est ainsi, comme cette parure,
Ton cœur est faux, duchesse, et tu n'es que dorure!
Il revient au coffret.
—Mais non, non. Tout est vrai, tout est bon, tout est beau,
Il n'oserait tromper, lui qui touche au tombeau!
Rien n'y manque.
Il prend l'une après l'autre toutes les pièces de l'écrin.
Colliers, brillants, pendants d'oreille,
Couronne de duchesse, anneau d'or... — à merveille!
Grand merci de l'amour sûr, fidèle et profond!
Le précieux écrin!

DONA SOL.
Elle va au coffret, y fouille, et en tire un poignard.
Vous n'allez pas au fond! —
C'est le poignard qu'avec l'aide de ma patronne
Je pris au roi Carlos lorsqu'il m'offrit un trône,
Et que je refusai pour vous qui m'outragez!

HERNANI, *tombant à ses pieds.*
Oh! laisse qu'à genoux, dans tes yeux affligés,
J'efface tous ces pleurs amers et pleins de charmes!
Et tu prendras après tout mon sang pour tes larmes!

DONA SOL, *attendrie.*
Hernani! je vous aime et vous pardonne, et n'ai
Que de l'amour pour vous.

HERNANI.
Elle m'a pardonné,
Et m'aime! Qui pourra faire aussi que moi-même,
Après ce que j'ai dit, je me pardonne et m'aime?
Oh! je voudrais savoir, ange au ciel réservé,
Où vous avez marché, pour baiser le pavé!

DONA SOL.
Ami!

HERNANI.
Non! je dois t'être odieux! mais, écoute.

Dis-moi : Je t'aime ! — Hélas ! rassure un cœur qui doute,
Dis-le-moi ! car souvent avec ce peu de mots
La bouche d'une femme a guéri bien des maux !

DONA SOL, *absorbée et sans l'entendre.*

Croire que mon amour eût si peu de mémoire !
Que jamais ils pourraient, tous ces hommes sans gloire,
Jusqu'à d'autres amours, plus nobles à leur gré,
Rapetisser un cœur où son nom est entré !

HERNANI.

Hélas ! j'ai blasphémé ! si j'étais à ta place,
Doña Sol, j'en aurais assez, je serais lasse
De ce fou furieux, de ce sombre insensé
Qui ne sait caresser qu'après qu'il a blessé.
Je lui dirais : Va-t'en ! — Repousse-moi, repousse !
Et je te bénirai, car tu fus bonne et douce,
Car tu m'as supporté trop longtemps, car je suis
Mauvais, je noircirais tes jours avec mes nuits !
Car c'en est trop enfin, ton âme est belle et haute
Et pure ; et, si je suis méchant, est-ce ta faute ?
Epouse le vieux duc ! il est bon, noble, il a
Par sa mère Olmédo, par son père Alcala.
Encore un coup, sois riche avec lui, sois heureuse !
Moi, sais-tu ce que peut cette main généreuse
T'offrir de magnifique ? une dot de douleurs.
Tu pourras y choisir ou du sang ou des pleurs.
L'exil, les fers, la mort, l'effroi qui m'environne,
C'est là ton collier d'or, c'est ta belle couronne,
Et jamais à l'épouse un époux plein d'orgueil
N'offrit plus riche écrin de misère et de deuil !
Epouse le vieillard, te dis-je, il te mérite !
Eh ! qui jamais croira que ma tête proscrite
Aille avec ton front pur ? Qui, nous voyant tous deux,
Toi calme et belle, moi violent, hasardeux,
Toi paisible et croissant comme une fleur à l'ombre,

Moi heurté dans l'orage à des écueils sans nombre,
Qui dira que nos sorts suivent la même loi?
Non. Dieu qui fait tout bien ne te fit pas pour moi.
Je n'ai nul droit d'en haut sur toi, je me résigne!
J'ai ton cœur, c'est un vol! je le rends au plus digne.
Jamais à nos amours le ciel n'a consenti.
Si j'ai dit que c'était ton destin, j'ai menti!
D'ailleurs, vengeance, amour, adieu! mon jour s'achève.
Je m'en vais, inutile, avec mon double rêve,
Honteux de n'avoir pu ni punir, ni charmer,
Qu'on m'ait fait pour haïr, moi qui n'ai su qu'aimer!
Pardonne-moi! fuis-moi! ce sont mes deux prières.
Ne les rejette pas, car ce sont les dernières!
Tu vis, et je suis mort. Je ne vois pas pourquoi
Tu te ferais murer dans ma tombe avec moi!

DONA SOL.

Ingrat!

HERNANI.

Monts d'Aragon! Galice! Estramadoure! —
Oh! je porte malheur à tout ce qui m'entoure! —
J'ai pris vos meilleurs fils; pour mes droits, sans remords
Je les ai fait combattre : et voilà qu'ils sont morts!
C'étaient les plus vaillants de la vaillante Espagne!
Ils sont morts! ils sont tous tombés dans la montagne,
Tous sur le dos couchés, en braves, devant Dieu;
Et, si leurs yeux s'ouvraient, ils verraient le ciel bleu!
Voilà ce que je fais de tout ce qui m'épouse!
Est-ce une destinée à te rendre jalouse?
Doña Sol, prends le duc, prends l'enfer, prends le roi!
C'est bien. Tout ce qui n'est pas moi vaut mieux que moi!
Je n'ai plus un ami qui de moi se souvienne.
Tout me quitte, il est temps qu'à la fin ton tour vienne,
Car je dois être seul. Fuis ma contagion,
Ne te fais pas d'aimer une religion!

Oh! par pitié pour toi, fuis! — Tu me crois peut-être
Un homme comme sont tous les autres, un être
Intelligent, qui court droit au but qu'il rêva.
Détrompe-toi. Je suis une force qui va!
Agent aveugle et sourd de mystères funèbres!
Une âme de malheur faite avec des ténèbres!
Où vais-je? je ne sais. Mais je me sens poussé
D'un souffle impétueux, d'un destin insensé.
Je descends, je descends, et jamais ne m'arrête.
Si parfois, haletant, j'ose tourner la tête,
Une voix me dit : Marche! et l'abîme est profond,
Et de flamme ou de sang je le vois rouge au fond!
Cependant, à l'entour de ma course farouche
Tout se brise, tout meurt. Malheur à qui me touche!
Oh! fuis! détourne-toi de mon chemin fatal.
Hélas! sans le vouloir, je te ferais du mal.

DONA SOL.

Grand Dieu!

HERNANI.

C'est un démon redoutable, te dis-je,
Que le mien. Mon bonheur, voilà le seul prodige
Qui lui soit impossible. Et toi, c'est le bonheur!
Tu n'es donc pas pour moi, cherche un autre seigneur!
Va, si jamais le ciel à mon sort qu'il renie
Souriait... n'y crois pas! ce serait ironie.
Epouse le duc!

DONA SOL.

Donc, ce n'était pas assez!
Vous avez déchiré mon cœur, vous le brisez.
Ah! vous ne m'aimez plus!

HERNANI.

Oh! mon cœur et mon âme,
C'est toi! l'ardent foyer d'où me vient toute flamme,
C'est toi! ne m'en veux pas de fuir, être adoré!

ACTE III, SCÈNE IV.

DONA SOL.

Je ne vous en veux pas, seulement j'en mourrai.

HERNANI.

Mourir! pour qui? pour moi? se peut-il que tu meures
Pour si peu?

DONA SOL, *laissant éclater ses larmes.*

Voilà tout.

Elle tombe sur un fauteuil.

HERNANI, *s'asseyant près d'elle.*

Oh! tu pleures! tu pleures!
Et c'est encor ma faute! et qui me punira?
Car tu pardonneras encor! Qui te dira
Ce que je souffre, au moins, lorsqu'une larme noie
La flamme de tes yeux dont l'éclair est ma joie?
Oh! mes amis sont morts! oh! je suis insensé!
Pardonne. Je voudrais aimer, je ne le sai!
Hélas! j'aime pourtant d'une amour bien profonde! —
Ne pleure pas, mourons plutôt! — Que n'ai-je un monde?
Je te le donnerais! Je suis bien malheureux!

DONA SOL, *se jetant à son cou.*

Vous êtes mon lion superbe et généreux!
Je vous aime.

HERNANI.

Oh! l'amour serait un bien suprême
Si l'on pouvait mourir de trop aimer!

DONA SOL.

Je t'aime!
Monseigneur! Je vous aime et je suis toute à vous.

HERNANI, *laissant tomber sa tête sur son épaule.*

Oh! qu'un coup de poignard de toi me serait doux!

DONA SOL, *suppliante.*

Ah! ne craignez-vous pas que Dieu ne vous punisse
De parler de la sorte?

HERNANI, *toujours appuyé sur son sein.*

Eh bien ! qu'il nous unisse !
Tu le veux. Qu'il en soit ainsi ! — J'ai résisté !

Tous deux, dans les bras l'un de l'autre, se regardent avec extase, sans voir, sans entendre, et comme absorbés dans leur regard. — Entre don Ruy Gomez par la porte du fond. Il regarde, et s'arrête comme pétrifié sur le seuil.

SCÈNE V.

HERNANI, DONA SOL, DON RUY GOMEZ.

DON RUY GOMEZ, *immobile et croisant les bras sur le seuil de la porte.*
Voilà donc le paîment de l'hospitalité !

DONA SOL.

Dieu ! le duc !

Tous deux se retournent comme réveillés en sursaut.

DON RUY GOMEZ, *toujours immobile.*

C'est donc là mon salaire, mon hôte ?
— Bon seigneur, va-t'en voir si ta muraille est haute,
Si la porte est bien close et l'archer dans sa tour,
De ton château pour nous fais et refais le tour,
Cherche en ton arsenal une armure à ta taille,
Ressaye à soixante ans ton harnois de bataille,
Voici la loyauté dont nous paîrons ta foi !
Tu fais cela pour nous, et nous ceci pour toi !
Saints du ciel ! — J'ai vécu plus de soixante années,
J'ai rencontré parfois des âmes effrénées,
J'ai souvent, en tirant ma dague du fourreau,
Fait lever sur mes pas des gibiers de bourreau ;
J'ai vu des assassins, des monnayeurs, des traîtres ;
De faux valets à table empoisonnant leurs maîtres ;

J'en ai vu qui mouraient sans croix et sans pater ;
J'ai vu Sforce, j'ai vu Borgia, je vois Luther ;
Mais je n'ai jamais vu perversité si haute
Qui n'eût craint le tonnerre en trahissant son hôte !
Ce n'est pas de mon temps. — Si noire trahison
Pétrifie un vieillard au seuil de sa maison,
Et fait que le vieux maître, en attendant qu'il tombe,
A l'air d'une statue à mettre sur sa tombe !
Maures et Castillans ! quel est cet homme-ci ?

Il lève les yeux et les promène sur les portraits qui entourent la salle.

O vous, tous les Silva, qui m'écoutez ici,
Pardon, si devant vous, pardon, si ma colère
Dit l'hospitalité mauvaise conseillère !

HERNANI, *se levant.*

Duc...

DON RUY GOMEZ.

Tais-toi !

Il fait lentement trois pas dans la salle et promène ses regards sur les portraits de Silva.

Morts sacrés ! aïeux ! hommes de fer !
Qui voyez ce qui vient du ciel et de l'enfer,
Dites-moi, messeigneurs, dites ! quel est cet homme ?
Ce n'est pas Hernani, c'est Judas qu'on le nomme !
Oh ! tâchez de parler pour me dire son nom !

Croisant les bras.

Avez-vous de vos jours vu rien de pareil ? Non !

HERNANI.

Seigneur duc...

DON RUY GOMEZ, *toujours aux portraits.*

Voyez-vous ! il veut parler, l'infâme !
Mais, mieux encor que moi, vous lisez dans son âme.
Oh ! ne l'écoutez pas ! c'est un fourbe ! il prévoit
Que mon bras va sans doute ensanglanter mon toit,

Que peut-être mon cœur couve dans ses tempêtes
Quelque vengeance, sœur du festin des Sept-Têtes.
Il vous dira qu'il est proscrit, il vous dira
Qu'on va dire Silva comme l'on dit Lara,
Et puis qu'il est mon hôte, et puis qu'il est votre hôte...—
Mes aïeux, messeigneurs, voyez, est-ce ma faute?
Jugez entre nous deux!

HERNANI.
Ruy Gomez de Silva,
Si jamais vers le ciel noble front s'éleva,
Si jamais cœur fut grand, si jamais âme haute,
C'est la vôtre, seigneur! c'est la tienne, ô mon hôte!
Moi qui te parle ici, je suis coupable et n'ai
Rien à dire sinon que je suis bien damné.
Oui, j'ai voulu te prendre et t'enlever ta femme;
Oui, j'ai voulu souiller ton lit : oui, c'est infâme!
J'ai du sang; tu feras très-bien de le verser,
D'essuyer ton épée et de n'y plus penser!

DONA SOL.
Seigneur, ce n'est pas lui! ne frappez que moi-même!

HERNANI.
Taisez-vous, doña Sol. Car cette heure est suprême!
Cette heure m'appartient. Je n'ai plus qu'elle. Ainsi
Laissez-moi m'expliquer avec le duc ici.
Duc! crois aux derniers mots de ma bouche, j'en jure,
Je suis coupable, mais sois tranquille, — elle est pure!
C'est là tout. Moi coupable, elle pure; ta foi
Pour elle, — un coup d'épée ou de poignard pour moi.
Voilà. — Puis fais jeter le cadavre à la porte
Et laver le plancher, si tu veux, il n'importe!

DONA SOL.
Ah! moi seule ai tout fait. Car je l'aime.

*Don Ruy se détourne à ce mot en tressaillant, et fixe sur doña
Sol un regard terrible. Elle se jette à ses genoux.*

ACTE III, SCÈNE V.

Oui, pardon !
Je l'aime, monseigneur !

DON RUY GOMEZ.
Vous l'aimez !

A Hernani.
Tremble donc !

Bruit de trompettes au dehors. — Entre le page.

Au page.
Qu'est ce bruit ?

LE PAGE.
C'est le roi, monseigneur, en personne,
Avec un gros d'archers et son héraut qui sonne.

DONA SOL.
Dieu ! le roi ! dernier coup !

LE PAGE, *au duc.*
Il demande pourquoi
La porte est close, et veut qu'on ouvre.

DON RUY GOMEZ.
Ouvrez au roi.

Le page s'incline et sort.

DONA SOL.
Il est perdu.

Don Ruy Gomez va à l'un des tableaux, qui est son propre portrait et le dernier à gauche ; il presse un ressort, le portrait s'ouvre comme une porte et laisse voir une cachette pratiquée dans le mur. — Il se tourne vers Hernani.

DON RUY GOMEZ.
Monsieur, venez ici.

HERNANI.
Ma tête
Est à toi. Livre-la, seigneur. Je la tiens prête.
Je suis ton prisonnier.

Il entre dans la cachette. Don Ruy presse de nouveau le ressort, tout se referme, et le portrait revient à sa place.

DONA SOL, *au duc.*
Seigneur, pitié pour lui!
LE PAGE, *entrant.*

Son Altesse le roi!

Doña Sol baisse précipitamment son voile. — La porte s'ouvre à deux battants. Entre don Carlos en habit de guerre, suivi d'une foule de gentilshommes également armés, de pertuisaniers, d'arquebusiers, d'arbalétriers.

SCÈNE VI.

DON RUY GOMEZ, DONA SOL, voilée; DON CARLOS, Suite.

Don Carlos s'avance à pas lents, la main gauche sur le pommeau de son épée, la droite dans sa poitrine, et fixe sur le vieux duc un œil de défiance et de colère. Le duc va au-devant du roi et le salue profondément. — Silence. — Attente et terreur alentour. Enfin le roi, arrivé en face du duc, lève brusquement la tête.

DON CARLOS.
D'où vient donc aujourd'hui,
Mon cousin, que ta porte est si bien verrouillée?
Par les saints! je croyais ta dague plus rouillée!
Et je ne savais pas qu'elle eût hâte à ce point,
Quand nous te venons voir, de reluire à ton poing!

Don Ruy Gomez veut parler, le roi poursuit avec un geste impérieux.

C'est s'y prendre un peu tard pour faire le jeune homme!
Avons-nous des turbans? serait-ce qu'on me nomme
Boabdil ou Mahom, et non Carlos, répond!
Pour nous baisser la herse et nous léver le pont?
DON RUY GOMEZ, *s'inclinant.*
Seigneur...

DON CARLOS, *à ses gentilshommes.*
Prenez les clefs, saisissez-vous des portes!

Deux officiers sortent. Plusieurs autres rangent les soldats en triple haie dans la salle du roi, à la grande porte. Don Carlos se retourne vers le duc.

Ah! vous réveillez donc les rébellions mortes?
Pardieu! si vous prenez de ces airs avec moi,
Messieurs les ducs, le roi prendra des airs de roi!
Et j'irai par les monts, de mes mains aguerries,
Dans leurs nids crénelés tuer les seigneuries!

DON RUY GOMEZ, *se redressant.*
Altesse, les Silva sont loyaux...

DON CARLOS, *l'interrompant.*
Sans détours,
Réponds, duc! ou je fais raser tes onze tours!
De l'incendie éteint il reste une étincelle,
Des bandits morts il reste un chef. — Qui le recèle?
C'est toi! Ce Hernani, rebelle, empoisonneur,
Ici, dans ton château, tu le caches!

DON RUY GOMEZ.
Seigneur,
C'est vrai.

DON CARLOS.
Fort bien. Je veux sa tête ou bien la tienne,
Entends-tu, mon cousin?

DON RUY GOMEZ, *s'inclinant.*
Mais qu'à cela ne tienne!...
Vous serez satisfait.

Doña Sol cache sa tête dans ses mains et tombe sur le fauteuil.

DON CARLOS, *radouci.*
Ah! tu t'amendes! — Va
Chercher mon prisonnier!

Le duc croise les bras, baisse la tête et reste quelques moments rêveur. Le roi et doña Sol l'observent en silence et agités d'émotions contraires. Enfin le duc relève son front, va au roi, lui prend la main et le mène à pas lents devant le plus ancien des portraits, celui qui commence la galerie à droite du spectateur.

DON RUY GOMEZ, *montrant au roi le vieux portrait.*

Celui-ci, des Silva
C'est l'aîné, c'est l'aïeul, l'ancêtre, le grand homme;
Don Silvius, qui fut trois fois consul de Rome!

Passant au portrait suivant.

Voici don Galceran de Silva, l'autre Cid!
On lui garde à Toro, près de Valladolid,
Une châsse dorée où brûlent mille cierges.
Il affranchit Léon du tribut des cent vierges!

Passant à un autre.

— Don Blas, — qui, de lui-même et dans sa bonne foi,
S'exila pour avoir mal conseillé le roi.

A un autre.

— Christoval! — Au combat d'Escalona, don Sanche,
Le roi, fuyait à pied, et sur sa plume blanche
Tous les coups s'acharnaient; il cria : Christoval!
Christoval prit la plume et donna son cheval.

A un autre.

— Don Jorge, — qui paya la rançon de Ramire,
Roi d'Aragon.

DON CARLOS, *croisant ses bras et le regardant de la tête aux pieds.*

Pardieu! don Ruy, je vous admire!
Continuez!

DON RUY GOMEZ, *passant à un autre.*

Voici Ruy Gomez de Silva,
Grand maître de Saint-Jacque et de Calatrava.
Son armure géante irait mal à nos tailles;
Il prit trois cents drapeaux, gagna trente batailles,
Conquit au roi Motril, Antequera, Suez,

Nijar, et mourut pauvre. — Altesse, saluez!

Il s'incline, se découvre et passe à un autre. — Le roi l'écoute avec une impatience et une colère toujours croissantes.

Près de lui, Gil son fils, cher aux âmes loyales.
Sa main pour un serment valait les mains royales.

A un autre.

— Don Gaspard, de Mendoce et de Silva l'honneur!
Toute noble maison tient à Silva, seigneur.
Sandoval tour à tour nous craint ou nous épouse.
Manrique nous envie et Lara nous jalouse.
Alencastre nous hait. Nous touchons à la fois
Du pied à tous les ducs, du front à tous les rois!

DON CARLOS.

Vous raillez-vous?

DON RUY GOMEZ, *allant à d'autres portraits.*

Voilà don Vasquez, dit le Sage;
Don Jayme, dit le Fort. Un jour, sur son passage,
Il arrêta Zamet et cent Maures tout seul. —
J'en passe, et des meilleurs. —

Sur un geste de colère du roi, il passe un grand nombre de tableaux et vient tout de suite aux trois derniers portraits à gauche du spectateur.

Voici mon noble aïeul.
Il vécut soixante ans, gardant la foi jurée,
Même aux Juifs.

A l'avant-dernier.

Ce vieillard, cette tête sacrée,
C'est mon père. Il fut grand, quoiqu'il vînt le dernier.
Les Maures de Grenade avaient fait prisonnier
Le comte Alvar Giron, son ami. Mais mon père
Prit pour l'aller chercher six cents hommes de guerre,
Il fit tailler en pierre un comte Alvar Giron
Qu'à sa suite il traîna, jurant par son patron
De ne point reculer que le comte de pierre

Ne tournât front lui-même et n'allât en arrière.
Il combattit, puis vint au comte et le sauva.

DON CARLOS.

Mon prisonnier!

DON RUY GOMEZ.

C'était un Gomez de Silva!
Voilà donc ce qu'on dit quand dans cette demeure
On voit tous ces héros.

DON CARLOS.

Mon prisonnier sur l'heure!

DON RUY GOMEZ.

Il s'incline profondément devant le roi, lui prend la main et le mène devant le dernier portrait, celui qui sert de porte à la cachette où il a fait entrer Hernani. Doña Sol le suit des yeux avec anxiété. — Attente et silence dans l'assistance.

Ce portrait, c'est le mien. — Roi don Carlos, merci! —
Car vous voulez qu'on dise en le voyant ici :
« Ce dernier, digne fils d'une race si haute,
« Fut un traître et vendit la tête de son hôte! »

Joie de doña Sol. Mouvement de stupeur dans les assistants. — Le roi, déconcerté, s'éloigne avec colère, puis reste quelques instants silencieux, les lèvres tremblantes et l'œil enflammé

DON CARLOS.

Duc, ton château me gêne et je le mettrai bas.

DON RUY GOMEZ.

Car vous me le paîriez, Altesse, n'est-ce pas?

DON CARLOS.

Duc, j'en ferai raser les tours pour tant d'audace,
Et je ferai semer du chanvre sur la place!

DON RUY GOMEZ.

Mieux voir croître du chanvre où ma tour s'éleva
Qu'une tache ronger le vieux nom de Silva.

Aux portraits.

N'est-il pas vrai, vous tous?

DON CARLOS.

      Duc! cette tête est nôtre,
Et tu m'avais promis...

DON RUY GOMEZ.

      J'ai promis l'une ou l'autre.

Aux portraits.
N'est-il pas vrai, vous tous?

Montrant sa tête.

      Je donne celle-ci.

Au roi.
Prenez-la.

DON CARLOS.

  Duc, fort bien. Mais j'y perds, grand merci!
La tête qu'il me faut est jeune, il faut que morte
On la prenne aux cheveux. La tienne? que m'importe!
Le bourreau la prendrait par les cheveux en vain.
Tu n'en as pas assez pour lui remplir la main!

DON RUY GOMEZ.

Altesse, pas d'affront! ma tête encore est belle,
Et vaut bien, que je crois, la tête d'un rebelle.
La tête d'un Silva, vous êtes dégoûté!

DON CARLOS.

Livre-nous Hernani!

DON RUY GOMEZ.

    Seigneur, en vérité
J'ai dit.

DON CARLOS, *à sa suite.*

  Fouillez partout! et qu'il ne soit point d'aile,
De cave, ni de tour...

DON RUY GOMEZ.

    Mon donjon est fidèle
Comme moi. Seul il sait le secret avec moi.
Nous le garderons bien tous deux!

DON CARLOS.

                      Je suis le roi !

DON RUY GOMEZ.

Hors que de mon château démoli pierre à pierre
On ne fasse ma tombe, on n'aura rien.

DON CARLOS.

                         Prière,
Menace, tout est vain ! — Livre-moi le bandit,
Duc, ou, tête et château, j'abattrai tout !

DON RUY GOMEZ.

                        J'ai dit.

DON CARLOS.

Eh bien donc ! au lieu d'une, alors j'aurai deux têtes.

    Au duc d'Alcala.

Jorge, arrêtez le duc !

    DOÑA SOL, *arrachant son voile et se jetant entre le roi,*
                le duc et les gardes.

                Roi don Carlos, vous êtes
Un mauvais roi !

DON CARLOS.

             Grand Dieu ! que vois-je ? doña Sol !

DOÑA SOL.

Altesse, tu n'as pas le cœur d'un Espagnol.

DON CARLOS, *troublé.*

Madame, pour le roi vous êtes bien sévère !

            Il s'approche de doña Sol
    Bas.

C'est vous qui m'avez mis au cœur cette colère.
Un homme devient ange ou monstre en vous touchant.
Ah ! quand on est haï, que vite on est méchant !
Si vous aviez voulu, peut-être, ô jeune fille,
J'étais grand, j'eusse été le lion de Castille ;
Vous m'en faites le tigre avec votre courroux.

Le voilà qui rugit, madame, taisez-vous !
Doña Sol lui jette un regard. Il s'incline.
Pourtant, j'obéirai.
Se tournant vers le duc.
Mon cousin, je t'estime.
Ton scrupule après tout peut sembler légitime.
Sois fidèle à ton hôte, infidèle à ton roi,
C'est bien. — Je te fais grâce et suis meilleur que toi.
— J'emmène seulement ta nièce comme otage.

DON RUY GOMEZ.

Seulement !

DOÑA SOL, *interdite*.

Moi, seigneur !

DON CARLOS.

Oui, vous.

DON RUY GOMEZ.

Pas davantage !
Oh ! la grande clémence ! ô généreux vainqueur !
Qui ménage la tête et torture le cœur !
Belle grâce !

DON CARLOS.

Choisis. — Doña Sol ou le traître.
Il me faut l'un des deux.

DON RUY GOMEZ.

Oh ! vous êtes le maître !
Don Carlos s'approche de doña Sol pour l'emmener. Elle se réfugie vers don Ruy Gomez.

DOÑA SOL.

Sauvez-moi, seigneur !...
Elle s'arrête. — A part.
Malheureuse, il le faut !
La tête de mon oncle ou l'autre ! — moi plutôt !
Au roi.
Je vous suis !

DON CARLOS, *à part.*
Par les saints, l'idée est triomphante !
Il faudra bien enfin s'adoucir, mon infante !

Doña Sol va d'un pas grave et assuré au coffret, qui renferme l'écrin, l'ouvre et y prend le poignard, qu'elle cache dans son sein. Don Carlos vient à elle et lui présente la main.

DON CARLOS, *à doña Sol.*
Qu'emportez-vous là ?

DONA SOL.
Rien.

DON CARLOS.
Un joyau précieux?

DONA SOL.
Oui.

DON CARLOS, *souriant.*
Voyons.

DONA SOL.
Vous verrez.

Elle lui donne la main et se dispose à le suivre. — Don Ruy Gomez, qui est resté immobile et profondément absorbé dans sa pensée, se retourne et fait quelques pas en criant.

DON RUY GOMEZ.
Doña Sol ! terre et cieux !
Doña Sol ! — Puisque l'homme ici n'a point d'entrailles,
A mon aide, croulez, armures et murailles !

Il court au roi.
Laisse-moi mon enfant ! je n'ai qu'elle, ô mon roi !

DON CARLOS, *lâchant la main de doña Sol.*
Alors, mon prisonnier !

Le duc baisse la tête et semble en proie à une horrible hésitation, puis il se relève et regarde les portraits en joignant les mains vers eux.

DON RUY GOMEZ.
Ayez pitié de moi,

ACTE III, SCÈNE VI.

Vous tous! —

Il fait un pas vers la cachette; doña Sol le suit des yeux avec anxiété. Il se retourne vers les portraits.

Oh! voilez-vous! votre regard m'arrête!

Il s'avance en chancelant jusqu'à son portrait, puis se retourne encore vers le roi.

Tu le veux?

DON CARLOS.

Oui.

Le duc lève en tremblant la main vers le ressort.

DONA SOL.

Dieu!

DON RUY GOMEZ.

Non!

Il se jette aux genoux du roi.

Par pitié, prends ma tête!

DON CARLOS.

Ta nièce!

DON RUY GOMEZ, *se relevant.*

Prends-la donc! et laisse-moi l'honneur!

DON CARLOS, *saisissant la main de doña Sol tremblante.*

Adieu, duc.

DON RUY GOMEZ.

Au reovir. —

Il suit de l'œil le roi, qui se retire lentement avec doña Sol, puis il met la main sur son poignard.

Dieu vous garde, seigneur!

Il revient sur le devant du théâtre, haletant, immobile, sans plus rien voir ni entendre, l'œil fixe, les bras croisés sur sa poitrine, qui les soulève comme par des mouvements convulsifs. Cependant le roi sort avec doña Sol, et toute la suite de seigneurs sort après lui, deux à deux, gravement et chacun à son rang. Ils se parlent à voix basse entre eux.

DON RUY GOMEZ, *à part.*

Roi, pendant que tu sors joyeux de ma demeure,

Ma vieille loyauté sort de mon cœur qui pleure !

Il lève les yeux, les promène autour de lui, et voit qu'il est seul. Il court à la muraille, détache deux épées d'une panoplie, les mesure toutes deux, puis les dépose sur une table. Cela fait, il va au portrait, pousse le ressort, la porte cachée se rouvre

SCÈNE VII.

DON RUY GOMEZ, HERNANI.

DON RUY GOMEZ.

Sors.

Hernani paraît à la porte de la cachette. Don Ruy lui montre les deux épées sur la table.

— Choisis.— Don Carlos est hors de la maison.
Il s'agit maintenant de me rendre raison.
Choisis ! — et faisons vite.— Allons donc ! ta main tremble !

HERNANI.

Un duel ! nous ne pouvons, vieillard, combattre ensemble !

DON RUY GOMEZ.

Pourquoi donc? As-tu peur ? n'es-tu point noble ? enfer !
Noble ou non ! pour croiser le fer avec le fer,
Tout homme qui m'outrage est assez gentilhomme !

HERNANI.

Vieillard...

DON RUY GOMEZ.

      Viens me tuer ou viens mourir, jeune homme !

HERNANI.

Mourir, oui. — Vous m'avez sauvé malgré mes vœux.
Donc ma vie est à vous. Reprenez-la.

DON RUY GOMEZ.

              Tu veux?

Aux portraits.
Vous voyez qu'il le veut.

ACTE III, SCÈNE VI.

A Hernani.

C'est bon. Fais ta prière.

HERNANI.

Oh! c'est à toi, seigneur, que je fais la dernière!

DON RUY GOMEZ.

Parle à l'autre Seigneur!

HERNANI.

Non, non, à toi! — Vieillard,
Frappe-moi. Tout m'est bon, dague, épée ou poignard!
Mais fais-moi, par pitié, cette suprême joie!
Duc! avant de mourir, permets que je la voie!

DON RUY GOMEZ.

La voir!

HERNANI.

Au moins permets que j'entende sa voix
Une dernière fois! rien qu'une seule fois!

DON RUY GOMEZ.

L'entendre!

HERNANI.

Oh! je comprends, seigneur, ta jalousie.
Mais déjà par la mort ma jeunesse est saisie,
Pardonne-moi. Veux-tu, dis-moi, que, sans la voir,
S'il le faut, je l'entende? et je mourrai ce soir.
L'entendre seulement! contente mon envie!
Mais, oh! qu'avec douceur, j'exhalerais ma vie
Si tu daignais vouloir qu'avant de fuir aux cieux
Mon âme allât revoir la sienne dans ses yeux!
— Je ne lui dirai rien, tu seras là, mon père!
Tu me prendras après!

DON RUY GOMEZ, *montrant la cachette encore ouverte.*

Saints du ciel! ce repaire
Est-il donc si profond, si sourd et si perdu,
Qu'il n'ait entendu rien?

HERNANI.
Je n'ai rien entendu.

DON RUY GOMEZ.
Il a fallu livrer doña Sol ou toi-même.

HERNANI.
A qui, livrée?

DON RUY GOMEZ.
Au roi.

HERNANI.
Vieillard stupide! il l'aime!

DON RUY GOMEZ.
Il l'aime!

HERNANI.
Il nous l'enlève! il est notre rival!

DON RUY GOMEZ.
O malédiction! mes vassaux! à cheval!
A cheval! poursuivons le ravisseur!

HERNANI.
Ecoute,
La vengeance au pied sûr fait moins de bruit en route.
Je t'appartiens. Tu peux me tuer. Mais veux-tu
M'employer à venger ta nièce et sa vertu?
Ma part dans ta vengeance! oh! fais-moi cette grâce!
Et s'il faut embrasser tes pieds, je les embrasse!
Suivons le roi tous deux. Viens; je serai ton bras,
Je te vengerai, duc. — Après, tu me tûras.

DON RUY GOMEZ.
Alors, comme aujourd'hui, te laisseras-tu faire?

HERNANI.
Oui, duc.

DON RUY GOMEZ.
Qu'en jures-tu?

HERNANI.
La tête de mon père.

ACTE III, SCÈNE VI.

DON RUY GOMEZ.

Voudras-tu de toi-même un jour t'en souvenir ?

HERNANI, *lui présentant le cor qu'il ôte de sa ceinture.*

Ecoute, prends ce cor. Quoi qu'il puisse advenir,
Quand tu voudras, seigneur, quel que soit le lieu, l'heure,
S'il te passe à l'esprit qu'il est temps que je meure,
Viens, sonne de ce cor, et ne prends d'autres soins.
Tout sera fait.

DON RUY GOMEZ, *lui tendant la main.*

Ta main ?

Ils se serrent la main. — Aux portraits.

Vous tous, soyez témoins.

IV

LE TOMBEAU

AIX-LA-CHAPELLE.

ACTE QUATRIÈME

Les caveaux qui renferment le tombeau de Charlemagne, à Aix-la-Chapelle. De grandes voûtes d'architecture lombarde. Gros piliers bas, pleins cintres, chapiteaux d'oiseaux et de fleurs. — A droite, le tombeau de Charlemagne, avec une petite porte de bronze, basse et cintrée. Une seule lampe suspendue à une clef de voûte, en éclaire l'inscription : KAROLVS MAGNVS. — Il est nuit. On ne voit pas le fond du souterrain; l'œil se perd dans les arcades, les escaliers et les piliers, qui s'entrecroisent dans l'ombre.

SCÈNE PREMIÈRE.

DON CARLOS, DON RICARDO DE ROXAS (COMTE DE CASAPALMA), une lanterne à la main. Grands manteaux, chapeaux rabattus.

DON RICARDO, *son chapeau à la main.*
C'est ici.

DON CARLOS.
C'est ici que la ligue s'assemble !
Que je vais dans ma main les tenir tous ensemble !

— Ah! monsieur l'électeur de Trèves, c'est ici!
Vous lui prêtez ce lieu! certe, il est bien choisi!
Un noir complot prospère à l'air des catacombes.
Il est bon d'aiguiser les stylets sur des tombes.
Pourtant c'est jouer gros. La tête est de l'enjeu,
Messieurs les assassins! et nous verrons. — Pardieu!
Ils font bien de choisir pour une telle affaire
Un sépulcre; — ils auront moins de chemin à faire.

A don Ricardo.

Ces caveaux sous le sol s'étendent-ils bien loin?

DON RICARDO.

Jusques au château-fort.

DON CARLOS.

C'est plus qu'il n'est besoin.

DON RICARDO.

D'autres, de ce côté, vont jusqu'au monastère
D'Altenheim...

DON CARLOS.

Où Rodolphe extermina Lothaire.
Bien. — Une fois encor, comte, redites-moi
Les noms et les griefs, où, comment et pourquoi.

DON RICARDO.

Gotha.

DON CARLOS.

Je sais pourquoi le brave duc conspire.
Il veut un Allemand d'Allemagne à l'empire.

DON RICARDO.

Hohenbourg.

DON CARLOS.

Hohenbourg aimerait mieux, je croi,
L'enfer avec François que le ciel avec moi.

DON RICARDO.

Don Gil Tellez Giron.

DON CARLOS.
Castille et Notre-Dame !
Il se révolte donc contre son roi, l'infâme !
DON RICARDO.
On dit qu'il vous trouva chez madame Giron
Un soir que vous veniez de le faire baron.
Il veut venger l'honneur de sa tendre compagne.
DON CARLOS.
C'est donc qu'il se révolte alors contre l'Espagne.
Qui nomme-t-on encore ?
DON RICARDO.
On cite avec ceux-là
Le révérend Vasquez, évêque d'Avila.
DON CARLOS.
Est-ce aussi pour venger la vertu de sa femme ?
DON RICARDO.
Puis Guzman de Lara, mécontent, qui réclame
Le collier de votre ordre.
DON CARLOS.
Ah ! Guzman de Lara !
Si ce n'est qu'un collier qu'il lui faut, il l'aura.
DON RICARDO.
Le duc de Lutzelbourg.—Quant aux plans qu'on lui prête...
DON CARLOS.
Le duc de Lutzelbourg est trop grand de la tête.
DON RICARDO.
Juan de Haro, qui veut Astorga.
DON CARLOS.
Ces Haro
Ont toujours fait doubler la solde du bourreau.
DON RICARDO.
C'est tout.
DON CARLOS.
Ce ne sont pas toutes mes têtes. Comte,

Cela ne fait que sept, et je n'ai pas mon compte.
####### DON RICARDO.
Ah! je ne nomme pas quelques bandits gagés
Par Trève ou par la France...
####### DON CARLOS.
Hommes sans préjugés
Dont le poignard, toujours prêt à jouer son rôle,
Tourne aux plus gros écus, comme l'aiguille au pôle!
####### DON RICARDO.
Pourtant j'ai distingué deux hardis compagnons,
Tous deux nouveaux venus, un jeune, un vieux...
####### DON CARLOS.
Leurs noms?

Don Ricardo lève les épaules en signe d'ignorance.

Leur âge?
####### DON RICARDO.
Le plus jeune a vingt ans.
####### DON CARLOS.
C'est dommage.
####### DON RICARDO.
Le vieux, soixante au moins.
####### DON CARLOS.
L'un n'a pas encor l'âge,
Et l'autre ne l'a plus. Tant pis. J'en prendrai soin.
Le bourreau peut compter sur mon aide au besoin.
Ah! loin que mon épée aux factions soit douce,
Je la lui prêterai si sa hache s'émousse,
Comte! et pour l'élargir, je coudrai, s'il le faut,
Ma pourpre impériale au drap de l'échafaud.
— Mais serai-je empereur seulement? —
####### DON RICARDO.
Le collége,
A cette heure assemblé, délibère.

.DON CARLOS

      Que sais-je?
Ils nommeront François Premier, ou leur Saxon,
Leur Frédéric le Sage! — Oh! Luther a raison,
Tout va mal! — Beaux faiseurs de Majestés sacrées!
N'acceptant pour raisons que les raisons dorées!
Un Saxon hérétique! un comte Palatin
Imbécile! un primat de Trèves libertin!
—Quant au roi de Bohême, il est pour moi.—Des princes
De Hesse, plus petits encore que leurs provinces!
De jeunes idiots! des vieillards débauchés!
Des couronnes, fort bien! mais des têtes?... Cherchez!
Des nains! que je pourrais, concile ridicule,
Dans ma peau de lion emporter comme Hercule!
Et qui, démaillotés du manteau violet,
Auraient la tête encor de moins que Triboulet!
— Il me manque trois voix, Ricardo! tout me manque!—
Oh! je donnerais Gand, Tolède et Salamanque,
Mon ami Ricardo, trois villes à leur choix,
Pour trois voix, s'ils voulaient! vois-tu, pour ces trois voix,
Oui, trois de mes cités de Castille ou de Flandre,
Je les donnerais! — sauf, plus tard, à les reprendre!

Don Ricardo salue profondément le roi et met son chapeau sur sa tête.

— Vous vous couvrez?

      DON RICARDO.

    Seigneur, vous m'avez tutoyé.
  Saluant de nouveau.
Me voilà grand d'Espagne.

      DON CARLOS, *à part.*

      Ah! tu me fais pitié!
Ambitieux de rien! — Engeance intéressée!
Comme à travers la nôtre ils suivent leur pensée!
Basse cour où le roi, mendié sans pudeur,

A tous ces affamés émiette la grandeur!
Rêvant.
Dieu seul et l'empereur sont grands! — et le saint-père!
Le reste!... rois et ducs! qu'est cela?

DON RICARDO.

Moi, j'espère
Qu'ils prendront Votre Altesse.

DON CARLOS, *à part.*

Altesse! altesse, moi!
J'ai du malheur en tout. — S'il fallait rester roi!

DON RICARDO, *à part.*

Baste! empereur ou non, me voilà grand d'Espagne.

DON CARLOS.

Sitôt qu'ils auront fait l'empereur d'Allemagne,
Quel signal à la ville annoncera son nom?

DON RICARDO.

Si c'est le duc de Saxe, un seul coup de canon.
Deux si c'est le Français, trois si c'est Votre Altesse.

DON CARLOS.

Et cette doña Sol!... Tout m'irrite et me blesse!
Comte, si je suis fait empereur, par hasard,
Cours la chercher. — Peut-être on voudra d'un César!...

DON RICARDO, *souriant.*

Votre Altesse est bien bonne!

DON CARLOS, *l'interrompant avec hauteur.*

Ah! là-dessus, silence!
Je n'ai point dit encor ce que je veux qu'on pense.
— Quand saura-t-on le nom de l'élu?

DON RICARDO.

Mais, je crois,
Dans une heure, au plus tard.

DON CARLOS.

Oh! trois voix! rien que trois!
— Mais écrasons d'abord ce ramas qui conspire,

Et nous verrons après à qui sera l'empire.
    Il compte sur ses doigts et frappe du pied.
Toujours trois voix de moins ! — Ah ! ce sont eux qui l'ont !
— Ce Corneille Agrippa pourtant en sait bien long !
Dans l'océan céleste il a vu treize étoiles
Vers la mienne, du Nord, venir à pleines voiles. —
J'aurai l'empire ! allons. — Mais d'autre part on dit
Que l'abbé Jean Tritême à François l'a prédit.
— J'aurais dû, pour mieux voir ma fortune éclaircie,
Avec quelque armement aider la prophétie !
Toutes prédictions du sorcier le plus fin
Viennent bien mieux à terme et font meilleure fin
Quand une bonne armée, avec canons et piques,
Gens de pied, de cheval, fanfares et musiques,
Prête à montrer la route au sort qui veut broncher,
Leur sert de sage-femme et les fait accoucher.
Lequel vaut mieux, Corneille Agrippa ? Jean Tritême ?
Celui dont une armée explique le système,
Qui met un fer de lance au bout de ce qu'il dit,
Et compte maint soudard, lansquenet ou bandit
Dont l'estoc, refaisant la fortune imparfaite,
Taille l'événement au plaisir du prophète.
— Pauvres fous ! qui, l'œil fier, le front haut, visent droit
A l'empire du monde et disent : J'ai mon droit !
Ils ont force canons, rangés en longues files,
Dont le souffle embrasé ferait fondre des villes ;
Ils ont vaisseaux, soldats, chevaux, et vous croyez
Qu'ils vont marcher au but sur les peuples broyés...
Baste ! au grand carrefour de la fortune humaine,
Qui mieux encor qu'au trône à l'abîme nous mène,
A peine ils font trois pas, qu'indécis, incertains,
Tâchant en vain de lire au livre des destins,
Ils hésitent, peu sûrs d'eux-mêmes, et dans le doute
Au nécroman du coin vont demander leur route !

A don Ricardo.
— Va-t'en. C'est l'heure où vont venir les conjurés.
Ah! la clef du tombeau!

DON RICARDO, *remettant une clef au roi.*
Seigneur, vous songerez
Au comte de Limbourg, gardien capitulaire,
Qui me l'a confiée et fait tout pour vous plaire.

DON CARLOS, *le congédiant.*
Fais tout ce que j'ai dit! tout!

DON RICARDO, *s'inclinant.*
J'y vais de ce pas,
Altesse!

DON CARLOS.
Il faut trois coups de canon, n'est-ce pas?

Don Ricardo s'incline et sort.

Don Carlos, resté seul, tombe dans une profonde rêverie. Ses bras se croisent, sa tête fléchit sur sa poitrine; puis il la relève et se tourne vers le tombeau.

SCÈNE II

DON CARLOS, seul.

Charlemagne, pardon! — Ces voûtes solitaires
Ne devraient répéter que paroles austères;
Tu t'indignes sans doute à ce bourdonnement
Que nos ambitions font sur ton monument.
— Charlemagne est ici! — Comment, sépulcre sombre,
Peux-tu sans éclater contenir si grande ombre?
Es-tu bien là, géant d'un monde créateur,
Et t'y peux-tu coucher de toute ta hauteur? —
Ah! c'est un beau spectacle à ravir la pensée
Que l'Europe ainsi faite et comme il l'a laissée!
Un édifice, avec deux hommes au sommet,

Deux chefs élus auxquels tout roi né se soumet.
Presque tous les états, duchés, fiefs militaires,
Royaumes, marquisats, tous sont héréditaires ;
Mais le peuple a parfois son pape et son César,
Tout marche, et le hasard corrige le hasard.
De là vient l'équilibre, et toujours l'ordre éclate.
Electeurs de drap d'or, cardinaux d'écarlate,
Double sénat sacré dont la terre s'émeut,
Ne sont là qu'en parade, et Dieu veut ce qu'il veut.
Qu'une idée, au besoin des temps, un jour éclose,
Elle grandit, va, court, se mêle à toute chose,
Se fait homme, saisit les cœurs, creuse un sillon ;
Maint roi la foule aux pieds ou lui met un bâillon ;
Mais qu'elle entre un matin à la diète, au conclave,
Et tous les rois soudain verront l'idée esclave
Sur leurs têtes de rois que ses pieds courberont
Surgir, le globe en main ou la tiare au front.
Le pape et l'empereur sont tout. Rien n'est sur terre
Que pour eux et par eux. Un suprême mystère
Vit en eux ; et le ciel, dont ils ont tous les droits,
Leur fait un grand festin des peuples et des rois,
Et les tient sous sa nue, où son tonnerre gronde,
Seuls, assis à la table où Dieu leur sert le monde.
Tête à tête ils sont là, réglant et retranchant,
Arrangeant l'univers comme un faucheur son champ.
Tout se passe entre eux deux. Les rois sont à la porte,
Respirant la vapeur des mets que l'on apporte,
Regardant à la vitre, attentifs, ennuyés,
Et se haussant, pour voir, sur la pointe des pieds.
Le monde au-dessous d'eux s'échelonne et se groupe
Ils font et défont. L'un délie et l'autre coupe.
L'un est la vérité, l'autre est la force. Ils ont
Leur raison en eux-mêmes, et sont parce qu'ils sont.
Quand ils sortent, tous deux égaux, du sanctuaire,

ACTE IV, SCÈNE II.

L'un dans sa pourpre, et l'autre avec son blanc suaire,
L'univers ébloui contemple avec terreur
Ces deux moitiés de Dieu, le pape et l'empereur.
— L'empereur! l'empereur! être empereur! — O rage,
Ne pas l'être! — et sentir son cœur plein de courage!
Qu'il fut heureux celui qui dort dans ce tombeau!
Qu'il fut grand! — De son temps c'était encor plus beau.
Le pape et l'empereur! ce n'était plus deux hommes.
Pierre et César! en eux accouplant les deux Romes,
Fécondant l'une et l'autre en un mystique hymen,
Redonnant une forme, une âme au genre humain,
Faisant refondre en bloc peuples et pêle-mêle
Royaumes, pour en faire une Europe nouvelle,
Et tous deux remettant au moule de leur main
Le bronze qui restait du vieux monde romain!
Oh! quel destin! — Pourtant cette tombe est la sienne!
Tout est-il donc si peu que ce soit là qu'on vienne?
Quoi donc! avoir été prince, empereur et roi!
Avoir été l'épée, avoir été la loi!
Géant, pour piédestal avoir eu l'Allemagne!
Quoi! pour titre César et pour nom Charlemagne!
Avoir été plus grand qu'Annibal, qu'Attila,
Aussi grand que le monde!... — Et que tout tienne là!
Ah! briguez donc l'empire! et voyez la poussière
Que fait un empereur! Couvrez la terre entière
De bruit et de tumulte. Elevez, bâtissez
Votre empire, et jamais ne dites : C'est assez!
Taillez à larges pans un édifice immense!
Savez-vous ce qu'un jour il en reste? — ô démence!
Cette pierre! — et du titre et du nom triomphants? —
Quelques lettres à faire épeler des enfants!
Si haut que soit le but où votre orgueil aspire,
Voilà le dernier terme!... — Oh! l'empire! l'empire!
Que m'importe! j'y touche, et le trouve à mon gré.

Quelque chose me dit : Tu l'auras ! — Je l'aurai. —
Si je l'avais !... — O ciel ! être ce qui commence !
Seul, debout, au plus haut de la spirale immense !
D'une foule d'états l'un sur l'autre étagés
Etre la clef de voûte, et voir sous soi rangés
Les rois, et sur leurs têtes essuyer ses sandales ;
Voir au-dessous des rois les maisons féodales,
Margraves, cardinaux, doges, ducs à fleurons ;
Puis évêques, abbés, chefs de clans, hauts barons ;
Puis clercs et soldats ; puis, loin du faîte où nous sommes,
Dans l'ombre, tout au fond de l'abîme, — les hommes.
— Les hommes ! — c'est-à-dire une foule, une mer,
Un grand bruit ; pleurs et cris, parfois un rire amer ;
Plainte qui, réveillant la terre qui s'effare,
A travers tant d'échos, nous arrive fanfare !
Les hommes ! — des cités, des tours, un vaste essaim, —
De hauts clochers d'église à sonner le tocsin ! —

Rêvant.

Base de nation portant sur leurs épaules
La pyramide énorme appuyée aux deux pôles,
Flots vivants, qui toujours l'étreignant de leurs plis,
La balance, branlante, à leur vaste roulis,
Font tout changer de place et, sur ses hautes zones,
Comme des escabeaux font chanceler les trônes,
Si bien que tous les rois, cessant leurs vains débats,
Lèvent les yeux au ciel... — Rois ! regardez en bas !
— Ah ! le peuple ! — océan ! onde sans cesse émue !
Où l'on ne jette rien sans que tout ne remue !
Vague qui broie un trône et qui berce un tombeau !
Miroir où rarement un roi se voit en beau !
Ah ! si l'on regardait parfois dans ce flot sombre,
On y verrait au fond des empires sans nombre,
Grands vaisseaux naufragés, que son flux et reflux
Roule, et qui le gênaient, et qu'il ne connaît plus !

— Gouverner tout cela? — Monter, si l'on vous nomme,
A ce faîte! — Y monter, sachant qu'on n'est qu'un homme!
— Avoir l'abîme là!... — Pourvu qu'en ce moment
Il n'aille pas me prendre un éblouissement!
Oh! d'états et de rois mouvante pyramide,
Ton faîte est bien étroit! — Malheur au pied timide!
A qui me retiendrai-je?... — O! si j'allais faillir
En sentant sous mes pieds le monde tressaillir!
En sentant vivre, sourdre et palpiter la terre!
— Puis, quand j'aurai ce globe entre mes mains, qu'en faire?
Le pourrais-je porter seulement? Qu'ai-je en moi?
Etre empereur? mon Dieu! j'avais trop d'être roi!
Certe, il n'est qu'un mortel de race peu commune
Dont puisse s'élargir l'âme avec la fortune.
Mais, moi! qui me fera grand? qui sera ma loi?
Qui me conseillera?...

    Il tombe à deux genoux devant le tombeau.

    Charlemagne! c'est toi!
Oh! puisque Dieu, pour qui tout obstacle s'efface,
Prend nos deux majestés et les met face à face,
Verse-moi dans le cœur, du fond de ce tombeau,
Quelque chose de grand, de sublime, de beau!
Oh! par tous ses côtés fais-moi voir toute chose!
Montre-moi que le monde est petit, car je n'ose
Y toucher. Montre-moi que sur cette Babel
Qui du pâtre à César va montant jusqu'au ciel,
Chacun en son degré se complaît et s'admire,
Voit l'autre par-dessous et se retient d'en rire.
Apprends-moi les secrets de vaincre et de régner,
Et dis-moi qu'il vaut mieux punir que pardonner!
— N'est-ce pas? — S'il est vrai qu'en son lit solitaire
Parfois une grande ombre, au bruit que fait la terre,
S'éveille, et que soudain son tombeau large et clair,
S'entr'ouvre, et dans la nuit jette au monde un éclair;

9.

Si cette chose est vraie, empereur d'Allemagne,
Oh! dis-moi ce qu'on peut faire après Charlemagne!
Parle! dût en parlant ton souffle souverain
Me briser sur le front cette porte d'airain!
Ou plutôt, laisse-moi seul dans ton sanctuaire
Entrer; laisse-moi voir ta face mortuaire;
Ne me repousse pas d'un souffle d'aquilons;
Sur ton chevet de pierre accoude-toi. Parlons.
Oui, dusses-tu me dire, avec ta voix fatale,
De ces choses qui font l'œil sombre et le front pâle,
Parle, et n'aveugle pas ton fils épouvanté,
Car ta tombe sans doute est pleine de clarté!
Ou, si tu ne dis rien, laisse en ta paix profonde
Carlos étudier ta tête comme un monde;
Laisse, qu'il te mesure à loisir, ô géant!
Car rien n'est ici-bas si grand que ton néant!
Que la cendre, à défaut de l'ombre, me conseille!

Il approche la clef de la serrure.

Entrons!

Il recule.

Dieu! s'il allait me parler à l'oreille!
S'il était là, debout et marchant à pas lents!
Si j'allais ressortir avec des cheveux blancs!
Entrons toujours! —

Bruit de pas.

On vient! — Qui donc ose à cette heure,
Hors moi, d'un pareil mort éveiller la demeure?
Qui donc?

Le bruit s'approche.

Ah! j'oubliais! ce sont mes assassins!
Entrons!

Il ouvre la porte du tombeau, qu'il referme sur lui. — Entrent plusieurs hommes, marchant à pas sourds, cachés sous leurs manteaux et leurs chapeaux.

SCÈNE III.

LES CONJURÉS.

Ils vont les uns aux autres en se prenant la main et en échangeant quelques paroles à voix basse.

PREMIER CONJURÉ, *portant seul une torche allumée.*
Ad augusta.

DEUXIÈME CONJURÉ.
Per angusta.

PREMIER CONJURÉ.
Les saints

Nous protégent.

TROISIÈME CONJURÉ.
Les morts nous servent.

PREMIER CONJURÉ.
Dieu nous garde.

Bruit de pas dans l'ombre.

DEUXIÈME CONJURÉ.
Qui vive ?

VOIX DANS L'OMBRE.
Ad augusta.

DEUXIÈME CONJURÉ.
Per angusta.

Entrent de nouveaux conjurés. — Bruit de pas.

PREMIER CONJURÉ, *au troisième.*
Regarde.

Il vient encor quelqu'un.

TROISIÈME CONJURÉ.
Qui vive ?

VOIX DANS L'OMBRE.
Ad augusta.

TROISIÈME CONJURÉ.

Per angusta.

<small>Entrent de nouveaux conjurés, qui échangent des signes de mains avec tous les autres.</small>

PREMIER CONJURÉ.

C'est bien. Nous voilà tous... — Gotha,
Fais le rapport. — Amis, l'ombre attend la lumière.

<small>Tous les conjurés s'asseyent en demi-cercle sur des tombeaux. Le premier conjuré passe tour à tour devant tous, et chacun allume à sa torche une cire qu'il tient à la main. Puis le premier conjuré va s'asseoir en silence sur une tombe au centre du cercle et plus haute que les autres.</small>

LE DUC DE GOTHA, *se levant.*

Amis, Charles d'Espagne, étranger par sa mère,
Prétend au saint-empire.

PREMIER CONJURÉ.

Il aura le tombeau.

LE DUC DE GOTHA.

<small>Il jette sa torche à terre et l'écrase du pied.</small>

Qu'il en soit de son front comme de ce flambeau !

TOUS.

Que ce soit !

PREMIER CONJURÉ.

Mort à lui !

LE DUC DE GOTHA.

Qu'il meure !

TOUS.

Qu'on l'immole !

DON JUAN DE HARO.

Son père est Allemand.

LE DUC DE LUTZELBOURG.

Sa mère est Espagnole.

LE DUC DE GOTHA.

Il n'est plus Espagnol et n'est pas Allemand.

Mort !
UN CONJURÉ.
Si les électeurs allaient dans ce moment
Le nommer empereur ?
PREMIER CONJURÉ.
Eux ! lui ! jamais !
DON GIL TELLEZ GIRON.
Qu'importe !
Amis ! frappons la tête, et la couronne est morte !
PREMIER CONJURÉ.
S'il a le saint-empire, il devient, quel qu'il soit,
Très-auguste, et Dieu seul peut le toucher du doigt !
LE DUC DE GOTHA.
Le plus sûr, c'est qu'avant d'être auguste il expire !
PREMIER CONJURÉ.
On ne l'élira point !
TOUS.
Il n'aura pas l'empire.
PREMIER CONJURÉ.
Combien faut-il de bras pour le mettre au linceul ?
TOUS.
Un seul.
PREMIER CONJURÉ.
Combien faut-il de coups au cœur ?
TOUS.
Un seul.
PREMIER CONJURÉ.
Qui frappera ?
TOUS.
Nous tous !
PREMIER CONJURÉ.
La victime est un traître.
Ils font un empereur. Nous, faisons un grand-prêtre.
Tirons au sort.

Tous les conjurés écrivent leurs noms sur leurs tablettes, déchirent la feuille, la roulent, et vont l'un après l'autre la jeter dans l'urne d'un tombeau. — Puis le premier conjuré dit:

— Prions.

Tous s'agenouillent. Le premier conjuré se relève et dit:

Que l'élu croie en Dieu,
Frappe comme un Romain, meure comme un Hébreu!
Il faut qu'il brave roue et tenailles mordantes,
Qu'il chante aux chevalets, rie aux lampes ardentes,
Enfin que, pour tuer et mourir résigné,
Il fasse tout!

Il tire un des parchemins de l'urne.

TOUS.

Quel nom?

PREMIER CONJURÉ, *à haute voix.*

Hernani.

HERNANI, *sortant de la foule des conjurés.*

J'ai gagné!
— Je te tiens, toi que j'ai si longtemps poursuivie,
Vengeance!

DON RUY GOMEZ, *perçant la foule et prenant Hernani à part.*

Oh! cède-moi ce coup!

HERNANI.

Non, sur ma vie!
Oh! ne m'enviez pas ma fortune, seigneur!
C'est la première fois qu'il m'arrive bonheur!

DON RUY GOMEZ.

Tu n'as rien. Eh bien! tout, fiefs, châteaux, vasselages,
Cent mille paysans dans mes trois cents villages,
Pour ce coup à frapper, je te les donne, ami!

HERNANI.

Non!

LE DUC DE GOTHA.

Ton bras porterait un coup moins affermi,
Vieillard!

DON RUY GOMEZ.

Arrière! vous! sinon le bras, j'ai l'âme.
Aux rouilles du fourreau ne jugez point la lame.

A Hernani.

— Tu m'appartiens!

HERNANI.

Ma vie à vous, la sienne à moi.

DON RUY GOMEZ, *tirant le cor de sa ceinture.*

Elle! je te la cède, et te rends ce cor.

HERNANI, *ébranlé.*

Quoi?
La vie et doña Sol! — Non! je tiens ma vengeance!
Avec Dieu dans ceci je suis d'intelligence.
J'ai mon père à venger!... peut-être plus encor!

DON RUY GOMEZ.

Elle! je te la donne, et je te rends ce cor.

HERNANI.

Non!

DON RUY GOMEZ.

Réfléchis, enfant!

HERNANI.

Duc! laisse-moi ma proie!

DON RUY GOMEZ.

Eh bien! maudit sois-tu de m'ôter cette joie.

Il remet le cor à sa ceinture.

PREMIER CONJURÉ, *à Hernani.*

Frère, avant qu'on ait pu l'élire, il serait bien
D'attendre dès ce soir Carlos...

HERNANI.

Ne craignez rien!
Je sais comment on pousse un homme dans la tombe.

PREMIER CONJURÉ.

Que toute trahison sur le traître retombe,
Et Dieu soit avec vous! — Nous, comtes et barons,
S'il périt sans tuer, continuons! Jurons
De frapper tour à tour et sans nous y soustraire,
Carlos qui doit mourir.

TOUS, *tirant leurs épées.*

Jurons!

LE DUC DE GOTHA, *au premier conjuré.*

Sur quoi, mon frère?

DON RUY GOMEZ, *retourne son épée, la prend par la pointe et l'élève au-dessus de sa tête.*

Jurons sur cette croix!

TOUS, *élevant leurs épées.*

Qu'il meure impénitent!

On entend un coup de canon éloigné. Tous s'arrêtent en silence — La porte du tombeau s'entr'ouvre et don Carlos paraît sur le seuil, pâle; il écoute. — Un second coup. — Un troisième coup. — Il ouvre tout à fait la porte du tombeau, mais sans faire un pas, debout et immobile sur le seuil.

SCÈNE IV

LES CONJURÉS, DON CARLOS, puis DON RICARDO, Seigneurs, Gardes, LE ROI DE BOHÊME, LE DUC DE BAVIÈRE, puis DONA SOL.

DON CARLOS.

Messieurs, allez plus loin! l'empereur vous entend.

Tous les flambeaux s'éteignent à la fois. — Profond silence. — Il fait un pas dans les ténèbres si épaisses qu'on y distingue à peine les conjurés, muets et immobiles.

Silence et nuit! l'essaim en sort et s'y replonge!
Croyez-vous que ceci va passer comme un songe,

Et que je vous prendrai, n'ayant plus vos flambeaux,
Pour des hommes de pierre assis sur leurs tombeaux?
Vous parliez tout à l'heure assez haut, mes statues!
Allons! relevez donc vos têtes abattues,
Car voici Charles-Quint! Frappez! faites un pas!
Voyons : oserez-vous? — Non, vous n'oserez pas!
— Vos torches flamboyaient sanglantes sous ces voûtes.
Mon souffle a donc suffi pour les éteindre toutes!
Mais voyez, et tournez vos yeux irrésolus,
Si j'en éteins beaucoup, j'en allume encor plus!

Il frappe de la clef de fer sur la porte de bronze du tombeau. A ce bruit, toutes les profondeurs du souterrain se remplissent de soldats portant des torches et des pertuisanes. A leur tête, le duc d'Alcala, le marquis d'Almuñan, etc.

— Accourez, mes faucons, j'ai le nid, j'ai la proie!

Aux conjurés.

— J'illumine à mon tour. Le sépulcre flamboie!
Regardez!

Aux soldats.

Venez tous, car le crime est flagrant!

HERNANI, *regardant les soldats.*

A la bonne heure! seul, il me semblait trop grand.
C'est bien. — J'ai cru d'abord que c'était Charlemagne.
Ce n'est que Charles-Quint.

DON CARLOS, *au duc d'Alcala.*

Connétable d'Espagne!

Au marquis d'Almuñan.

Amiral de Castille, ici! — Désarmez-les.

On entoure les conjurés et on les désarme.

DON RICARDO, *accourant et s'inclinant jusqu'à terre.*
Majesté!...

DON CARLOS.
Je te fais alcade du palais.

DON RICARDO, *s'inclinant de nouveau.*
Deux électeurs, au nom de la chambre dorée,
Viennent complimenter la Majesté sacrée !

DON CARLOS.

Qu'ils entrent !

Bas à Ricardo.

Doña Sol.

Ricardo salue et sort. — Entrent, avec flambeaux et fanfares, le roi de Bohême et le duc de Bavière, tout en drap d'or, couronnes en tête. Nombreux cortége de seigneurs allemands, portant la bannière de l'empire, l'aigle à deux têtes avec l'écusson d'Espagne au milieu. — Les soldats s'écartent, se rangent en haie, et font passage aux deux électeurs, jusqu'à l'empereur, qu'ils saluent profondément, et qui leur rend leur salut en soulevant son chapeau.

LE DUC DE BAVIÈRE.

Charles ! roi des Romains,
Majesté très-sacrée, empereur ! dans vos mains
Le monde est maintenant, car vous avez l'empire
Il est à vous ce trône, où tout monarque aspire !
Frédéric, duc de Saxe, y fut d'abord élu ;
Mais, vous jugeant plus digne, il n'en a pas voulu.
Venez donc recevoir la couronne et le globe.
Le Saint-Empire, ô roi, vous revêt de la robe,
Il vous arme du glaive, et vous êtes très-grand.

DON CARLOS.

J'irai remercier le collége en rentrant.
Allez, messieurs. — Merci, mon frère de Bohême.
Mon cousin de Bavière, allez ! — J'irai moi-même.

LE ROI DE BOHÊME.

Charles, du nom d'amis nos aïeux se nommaient.
Mon père aimait ton père, et leurs pères s'aimaient.
Charles, si jeune en butte aux fortunes contraires,
Dis, veux-tu que je sois ton frère entre tes frères !
Je t'ai vu tout enfant, et ne puis l'oublier...

DON CARLOS, *l'interrompant.*

Roi de Bohême, eh bien ! vous êtes familier !

Il lui présente sa main à baiser, ainsi qu'au duc de Bavière ; puis congédie les deux électeurs, qui le saluent profondément.

Allez !

Sortent les deux électeurs avec leur cortége.

LA FOULE.

Vivat !

DON CARLOS, *à part.*

J'y suis ! et tout m'a fait passage !
Empereur ! — Au refus de Frédéric le Sage !

Entre doña Sol conduite par Ricardo.

DONA SOL.

Des soldats ! l'empereur ! ô ciel ! coup imprévu !
Hernani !

HERNANI.

Doña Sol !

DON RUY GOMEZ, *à côté d'Hernani, à part.*

Elle ne m'a point vu !

Doña Sol court à Hernani. Il la fait reculer d'un regard de défiance.

HERNANI.

Madame !

DONA SOL, *tirant le poignard de son sein.*

J'ai toujours son poignard !

HERNANI, *lui tendant les bras.*

Mon amie !

DON CARLOS.

Silence tous ! —

Aux conjurés.

Votre âme est-elle raffermie ?
Il convient que je donne au monde une leçon.
Lara le Castillan et Gotha le Saxon,
Vous tous ! que venait-on faire ici ? parlez.

HERNANI, *faisant un pas*.

                                                     Sire,
La chose est toute simple, et l'on peut vous la dire.
Nous gravions la sentence au mur de Balthazar.

            Il tire un poignard et l'agite.

Nous rendions à César ce qu'on doit à César.

                     DON CARLOS.

Paix !

      A don Ruy Gomez.

    Vous traître, Silva ?

                    DON RUY GOMEZ.

                        Lequel de nous deux, sire ?

        HERNANI, *se retournant vers les conjurés*.

Nos têtes et l'empire ! — il a ce qu'il désire.

    A l'empereur.

Le bleu manteau des rois pouvait gêner vos pas.
La pourpre vous va mieux. Le sang n'y paraît pas.

               DON CARLOS, *à don Ruy Gomez*.

Mon cousin de Silva, c'est une félonie
A faire du blason rayer ta baronnie !
C'est haute trahison, don Ruy, songes-y bien !

                    DON RUY GOMEZ.

Les rois Rodrigue font les comtes Julien !

               DON CARLOS, *au duc d'Alcala*.

Ne prenez que ce qui peut être duc ou comte. —
Le reste !...

Don Ruy Gomez, le duc de Lutzelbourg, le duc de Gotha, don Juan de Haro, don Guzman de Lara, don Tellez Giron, le baron de Hohenbourg, se séparent du groupe des conjurés, parmi lesquels est resté Hernani. Le duc d'Alcala les entoure étroitement de gardes.

                     DONA SOL.

    Il est sauvé !

        HERNANI, *sortant du groupe des conjurés*.

                         Je prétends qu'on me compte !

ACTE IV, SCÈNE IV.

A don Carlos.

Puisqu'il s'agit de hache ici, que Hernani,
Pâtre obscur, sous tes pieds passerait impuni,
Puisque son front n'est plus au niveau de ton glaive,
Puisqu'il faut être grand pour mourir, je me lève.
Dieu, qui donne le sceptre et qui te le donna,
M'a fait duc de Segorbe et duc de Cardona,
Marquis de Monroy, comte Albatera, vicomte
De Gor, seigneur de lieux dont j'ignore le compte.
Je suis Jean d'Aragon, grand maître d'Avis, né
Dans l'exil, fils proscrit d'un père assassiné
Par sentence du tien, roi Carlos de Castille !
Le meurtre est entre nous affaire de famille.
Vous avez l'échafaud, nous avons le poignard.
Donc le ciel m'a fait duc et l'exil montagnard.
Mais, puisque j'ai sans fruit aiguisé mon épée
Sur les monts et dans l'eau des torrents retrempée,

Il met son chapeau.

Aux autres conjurés.

Couvrons-nous, grands d'Espagne ! —

Tous les Espagnols se couvrent.

A don Carlos.

Oui, nos têtes, ô roi,
Ont le droit de tomber couvertes devant toi !

Aux prisonniers.

— Silva ! Haro ! Lara ! gens de titre et de race,
Place à Jean d'Aragon ! ducs et comtes, ma place !

Aux courtisans et aux gardes.

Je suis Jean d'Aragon, roi, bourreaux et valets !
Et si vos échafauds sont petits, changez-les !

Il vient se joindre au groupe des seigneurs prisonniers.

DONA SOL.

Ciel !

DON CARLOS.
En effet, j'avais oublié cette histoire.
HERNANI.
Celui dont le flanc saigne a meilleure mémoire.
L'affront que l'offenseur oublie en insensé
Vit et toujours remue au cœur de l'offensé !
DON CARLOS.
Donc je suis, c'est un titre à n'en point vouloir d'autres,
Fils de pères qui font choir la tête des vôtres !
DONA SOL, *se jetant à genoux devant l'empereur.*
Sire, pardon ! pitié ! sire, soyez clément !
Ou frappez-nous tous deux, car il est mon amant,
Mon époux ! en lui seul je respire. Oh ! je tremble.
Sire, ayez la pitié de nous tuer ensemble !
Majesté ! je me traîne à vos sacrés genoux !
Je l'aime ! il est à moi, comme l'empire à vous !
Oh ! grâce !...
Don Carlos la regarde immobile.
— Quel penser sinistre vous absorbe ?... —
DON CARLOS.
Allons, relevez-vous, duchesse de Segorbe,
Comtesse Albatera, marquise de Monroy...
A Hernani.
— Tes autres noms, don Juan ? —
HERNANI.
Qui parle ainsi ? le roi ?
DON CARLOS.
Non, l'empereur.
DONA SOL, *se relevant.*
Grand Dieu !
DON CARLOS, *la montrant à Hernani.*
Duc, voilà ton épouse !
HERNANI, *les yeux au ciel et doña Sol dans ses bras.*
Juste Dieu !

DON CARLOS, *à don Ruy Gomez.*
Mon cousin, ta noblesse est jalouse,
Je sais. — Mais Aragon peut épouser Silva.
DON RUY GOMEZ, *sombre.*
Ce n'est pas ma noblesse!
HERNANI, *regardant doña Sol avec amour et la tenant embrassée.*
Oh! ma haine s'en va!
Il jette son poignard.
DON RUY GOMEZ, *à part, les regardant tous deux.*
Eclaterai-je? oh! non. Fol amour! douleur folle!
Tu leur ferais pitié, vieille tête espagnole!
Vieillard, brûle sans flamme, aime et souffre en secret,
Laisse ronger ton cœur! Pas un cri. — L'on rirait!
DOÑA SOL, *dans les bras d'Hernani.*
O mon duc!

HERNANI.
Je n'ai plus que de l'amour dans l'âme.
DOÑA SOL.
O bonheur!
DON CARLOS, *à part, la main dans sa poitrine.*
Eteins-toi, cœur jeune et plein de flamme!
Laisse régner l'esprit, que longtemps tu troublas.
Tes amours désormais, tes maîtresses, hélas!
C'est l'Allemagne, c'est la Flandre, c'est l'Espagne.
L'œil fixé sur sa bannière.
L'empereur est pareil à l'aigle, sa compagne.
A la place du cœur, il n'a qu'un écusson.
HERNANI.
Ah! vous êtes César!
DON CARLOS, *à Hernani.*
De ta noble maison,
Don Juan, ton cœur est digne.

Montrant doña Sol.

Il est digne aussi d'elle.

— A genoux, duc!

Hernani s'agenouille. Don Carlos détache sa Toison-d'Or et la lui passe au cou.

— Reçois ce collier.

Don Carlos tire son épée et l'en frappe trois fois sur l'épaule.

Sois fidèle!

— Par saint Etienne, duc, je te fais chevalier.

Il le relève et l'embrasse.

Mais tu l'as, le plus doux et le plus beau collier,
Celui que je n'ai pas, qui manque au rang suprême,
Les deux bras d'une femme aimée et qui vous aime!
Ah! tu vas être heureux; — moi, je suis empereur.

Aux conjurés.

Je ne sais plus vos noms, messieurs. — Haine et fureur,
Je veux tout oublier. Allez, je vous pardonne!
C'est la leçon qu'au monde il convient que je donne.

Les conjurés tombent à genoux.

LES CONJURÉS.

Gloire à Carlos!

DON RUY GOMEZ, *à don Carlos.*

Moi seul je reste condamné.

DON CARLOS.

Et moi!

HERNANI.

Je ne hais plus. Carlos a pardonné.
Qui donc nous change tous ainsi!

TOUS, *soldats, conjurés, seigneurs.*

Vive Allemagne!
Honneur à Charles-Quint!

DON CARLOS, *se tournant vers le tombeau.*
Honneur à Charlemagne !
— Laissez-nous seuls tous deux !
Tous sortent.

SCÈNE V.

DON CARLOS, seul.

Il s'incline devant le tombeau.
Es-tu content de moi ?
Ai-je bien dépouillé les misères du roi ?
Charlemagne ! empereur, suis-je bien un autre homme ?
Puis-je accoupler mon casque à la mitre de Rome ?
Aux fortunes du monde ai-je droit de toucher ?
Ai-je un pied sûr et ferme, et qui puisse marcher
Dans ce sentier semé de ruines vandales,
Que tu nous as battu de tes larges sandales ?
Ai-je bien à ta flamme allumé mon flambeau ?
Ai-je compris la voix qui parle en ton tombeau ?
— Ah ! j'étais seul, perdu, seul devant un empire,
Tout un monde qui hurle, et menace, et conspire ;
Le Danois à punir, le saint-père à payer,
Venise, Soliman, Luther, François Premier,
Mille poignards jaloux luisant déjà dans l'ombre,
Des piéges, des écueils, des ennemis sans nombre,
Vingt peuples dont un seul ferait peur à vingt rois,
Tout pressé, tout pressant, tout à faire à la fois !
Je t'ai crié : — Par où faut-il que je commence ?
Et tu m'as répondu : — Mon fils, par la clémence !

V

LA NOCE

SARAGOSSE.

ACTE CINQUIÈME

Une terrasse du palais d'Aragon. Au fond, la rampe d'un escalier qui s'enfonce dans le jardin. A droite et à gauche, deux portes donnant sur une terrasse, que ferme au fond du théâtre une balustrade surmontée de deux rangs d'arcades moresques, au-dessus et au travers desquelles on voit les jardins du palais, les jets d'eau dans l'ombre, les bosquets avec des lumières qui s'y promènent, et au fond les faîtes gothiques et arabes du palais illuminé. — Il est nuit. On entend des fanfares éloignées. — Des masques, des dominos, épars, isolés ou groupés, traversent çà et là la terrasse. Sur le devant du théâtre, un groupe de jeunes seigneurs, les masques à la main, riant et causant à grand bruit.

SCÈNE PREMIÈRE.

DON SANCHO SANCHEZ DE ZUNIGA (COMTE DE MONTEREY), DON MATIAS CENTURION (MARQUIS D'ALMUNAN), DON RICARDO DE ROXAS (COMTE DE CASAPALMA), DON FRANCISCO DE SOTO-MAYOR (COMTE DE VALALCAZAR), DON GARCIE SUAREZ DE CARBAJAL (COMTE DE PENALVER).

DON GARCI.

Ma foi, vive la joie et vive l'épousée!

ACTE V, SCÈNE I.

DON MATIAS, *regardant au balcon.*

Saragosse ce soir se met à la croisée.

DON GARCI.

Et fait bien ! On ne vit jamais noce aux flambeaux
Plus gaie, et nuit plus douce, et mariés plus beaux !

DON MATIAS.

Bon empereur !

DON SANCHO.

Marquis, certain soir qu'à la brune
Nous allions avec lui tous deux cherchant fortune,
Qui nous eût dit qu'un jour tout finirait ainsi ?

DON RICARDO, *l'interrompant.*

J'en étais.

Aux autres.

Ecoutez l'histoire que voici :
Trois galants, un bandit que l'échafaud réclame,
Puis un duc, puis un roi, d'un même cœur de femme
Font le siége à la fois. — L'assaut donné, qui l'a ?
C'est le bandit.

DON FRANCISCO.

Mais rien que de simple en cela.
L'amour et la fortune, ailleurs comme en Espagne,
Sont jeux de dés pipés. C'est le voleur qui gagne.

DON RICARDO.

Moi, j'ai fait ma fortune à voir faire l'amour.
D'abord comte, puis grand, puis alcade de cour,
J'ai fort bien employé mon temps, sans qu'on s'en doute.

DON SANCHO.

Le secret de monsieur, c'est d'être sur la route
Du roi...

DON RICARDO.

Faisant valoir mes droits, mes actions...

DON GARCI.

Vous avez profité de ses distractions.

DON MATIAS.

Que devient le vieux duc? fait-il clouer sa bière?

DON SANCHO.

Marquis, ne riez pas. Car c'est une âme fière.
Il aimait doña Sol, ce vieillard. Soixante ans
Ont fait ses cheveux gris, un jour les a faits blancs!

DON GARCI.

Il n'a pas reparu, dit-on, à Saragosse?

DON SANCHO.

Vouliez-vous pas qu'il mît son cercueil de la noce?

DON FRANCISCO.

Et que fait l'empereur?

DON SANCHO.

     L'empereur aujourd'hui
Est triste. Le Luther lui donne de l'ennui.

DON RICARDO.

Ce Luther, beau sujet de soucis et d'alarmes!
Que j'en finirais vite avec quatre gendarmes!

DON MATIAS.

Le Soliman aussi lui fait ombre.

DON GARCI.

       Ah! Luther,
Soliman, Neptunus, le diable et Jupiter,
Que me font ces gens-là? les femmes sont jolies,
La mascarade est rare, et j'ai dit cent folies!

DON SANCHO.

Voilà l'essentiel.

DON RICARDO.

    Garci n'a point tort. Moi,
Je ne suis plus le même un jour de fête, et croi
Qu'un masque que je mets me fait une autre tête,
En vérité!

DON SANCHO, *bas à don Matias*.

Que n'est-ce alors tous les jours fête?

ACTE V, SCÈNE I.

DON FRANCISCO, *montrant la porte à droite.*
Messeigneurs, n'est-ce pas la chambre des époux?
    DON GARCI, *avec un signe de tête.*
Nous les verrons venir dans l'instant.
    DON FRANCISCO.
        Croyez-vous?
    DON GARCI.
Hé! sans doute!
    DON FRANCISCO.
    Tant mieux. L'épousée est si belle!
    DON RICARDO.
Que l'empereur est bon! Hernani, ce rebelle,
Avoir la Toison-d'Or! — marié! pardonné!
Loin de là, s'il m'eût cru, l'empereur eût donné
Lit de pierre au galant, lit de plume à la dame.
    DON SANCHO, *bas à don Matias.*
Que je le crèverais volontiers de ma lame!
Faux seigneur de clinquant recousu de gros fil!
Pourpoint de comte, empli de conseils d'alguazil!
    DON RICARDO, *s'approchant.*
Que dites-vous là?
    DON MATIAS, *bas à don Sancho.*
    Comte, ici pas de querelle!
  A don Ricardo.
Il me chante un sonnet de Pétrarque à sa belle.
    DON GARCI.
Avez-vous remarqué, messieurs, parmi les fleurs,
Les femmes, les habits de toutes les couleurs,
Ce spectre, qui, debout contre une balustrade,
De son domino noir tachait la mascarade?
    DON RICARDO.
Oui, pardieu!
    DON GARCI.
  Qu'est-ce donc?

DON RICARDO.

Mais sa taille, son air,
C'est don Prancasio, général de la mer.

DON FRANCISCO.

Non.

DON GARCI.

Il n'a pas quitté son masque.

DON FRANCISCO.

Il n'avait garde.
C'est le duc de Soma qui veut qu'on le regarde.
Rien de plus.

DON RICARDO.

Non, le duc m'a parlé.

DON GARCI.

Qu'est-ce alors
Que ce masque? — Tenez, le voilà !

Entre un domino noir, qui traverse lentement le fond du théâtre. Tous se retournent et le suivent des yeux sans qu'il paraisse y prendre garde.

DON SANCHO.

Si les morts
Marchent, voici leur pas.

DON GARCI, *courant au domino noir.*

Beau masque!

Le domino noir s'arrête et se retourne. Garci recule.

Sur mon âme,
Messeigneurs, dans ses yeux j'ai vu luire une flamme.

DON SANCHO.

Si c'est le diable, il trouve à qui parler.

Il va au domino noir, toujours immobile.

Mauvais!
Nous viens-tu de l'enfer?

ACTE V, SCÈNE I.

LE MASQUE.
Je n'en viens pas, j'y vais.
Il reprend sa marche, et disparaît par la rampe de l'escalier.
Tous le suivent des yeux avec une sorte d'effroi.

DON MATIAS.
La voix est sépulcrale, autant qu'on le peut dire.

DON GARCI.
Baste! ce qui fait peur ailleurs au bal fait rire!

DON SANCHO.
Quelque mauvais plaisant!

DON GARCI.
Ou si c'est Lucifer
Qui vient nous voir danser en attendant l'enfer,
Dansons!

DON SANCHO.
C'est, à coup sûr, quelque bouffonnerie.

DON MATIAS.
Nous le saurons demain.

DON SANCHO, *à don Matias.*
Regardez, je vous prie.
Que devient-il?

DON MATIAS, *à la balustrade de la terrasse.*
Il a descendu l'escalier.
— Plus rien.

DON SANCHO.
C'est un plaisant drôle!

Rêvant.
— C'est singulier.

DON GARCI, *à une dame qui passe.*
— Marquise, dansons-nous celle-ci?
Il la salue et lui présente la main.

LA DAME.
Mon cher comte,
Vous savez, avec vous, que mon mari les compte.

DON GARCI.

Raison de plus. Cela l'amuse apparemment.
C'est son plaisir. Il compte et nous dansons.

La dame lui donne la main et ils sortent.

DON SANCHO, *pensif.*

Vraiment,
C'est singulier.

DON MATIAS.
Voici les mariés. Silence.

Entrent Hernani et doña Sol se donnant la main. Doña Sol en magnifique habit de mariée. Hernani tout en velours noir, avec la Toison-d'Or au cou. Derrière eux, foule de masques, de dames et de seigneurs qui leur font cortége. Deux hallebardiers en riche livrée les suivent, et quatre pages les précèdent. Tout le monde se range et s'incline sur leur passage. Fanfares.

SCÈNE II.

Les Mêmes, HERNANI, DONA SOL, Suite.

HERNANI, *saluant.*
Chers amis!...

DON RICARDO, *allant à lui et s'inclinant.*
Ton bonheur fait le nôtre, Excellence!

DON FRANCISCO, *contemplant doña Sol.*
Saint Jacques monseigneur! c'est Vénus qu'il conduit!

DON MATIAS.
D'honneur, on est heureux un pareil jour la nuit!

DON FRANCISCO, *montrant à don Matias la chambre nuptiale.*
Qu'il va se passer là de gracieuses choses!

Etre fée et tout voir, feux éteints, portes closes.
Serait-ce pas charmant?

DON SANCHO, *à don Matias.*
Il est tard. Partons-nous?

Tous vont saluer les mariés et sortent, les uns par la porte, les autres par l'escalier du fond.

HERNANI, *les reconduisant.*
Dieu vous garde!

DON SANCHO, *resté le dernier, lui serre la main.*
Soyez heureux!

Il sort.

Hernani et doña Sol restent seuls. — Bruit de pas et de voix qui s'éloignent, puis cessent tout à fait. Pendant tout le commencement de la scène qui suit, les fanfares et les lumières éloignées s'éteignent par degrés. La nuit et le silence reviennent peu à peu.

SCÈNE III.

HERNANI, DONA SOL.

DONA SOL.
Ils s'en vont tous
Enfin!

HERNANI, *cherchant à l'attirer dans ses bras.*
Cher amour!

DONA SOL, *rougissant et reculant.*
C'est... qu'il est tard, ce me semble.

HERNANI.
Ange! il est toujours tard pour être seuls ensemble!

DONA SOL.
Ce bruit me fatiguait! — N'est-ce pas, cher seigneur,
Que toute cette joie étourdit le bonheur?

HERNANI.

Tu dis vrai. Le bonheur, amie, est chose grave.
Il veut des cœurs de bronze et lentement s'y grave.
Le plaisir l'effarouche en lui jetant des fleurs.
Son sourire est moins près du rire que des pleurs.

DONA SOL.

Dans vos yeux ce sourire est le jour.

Hernani cherche à l'entraîner vers la porte. Elle rougit.

Tout à l'heure.

HERNANI.

Oh! je suis ton esclave! — Oui, demeure, demeure!
Fais ce que tu voudras. Je ne demande rien.
Tu sais ce que tu fais! ce que tu fais est bien!
Je rirai si tu veux, je chanterai. Mon âme
Brûle... Eh! dis au volcan qu'il étouffe sa flamme,
Le volcan fermera ses gouffres entr'ouverts,
Et n'aura sur ses flancs que fleurs et gazons-verts!
Car le géant est pris, le Vésuve est esclave,
Et que t'importe à toi son cœur rongé de lave?
Tu veux des fleurs! c'est bien! Il faut que de son mieux
Le volcan tout brûlé s'épanouisse aux yeux!

DONA SOL.

Oh! que vous êtes bon pour une pauvre femme,
Hernani de mon cœur!

HERNANI.

Quel est ce nom, madame?
Oh! ne me nomme plus de ce nom, par pitié!
Tu me fais souvenir que j'ai tout oublié!
Je sais qu'il existait autrefois, dans un rêve,
Un Hernani, dont l'œil avait l'éclair du glaive,
Un homme de la nuit et des monts, un proscrit
Sur qui le mot *vengeance* était partout écrit!
Un malheureux traînant après lui l'anathème!

Mais je ne connais pas ce Hernani. — Moi, j'aime
Les prés, les fleurs, les bois, le chant du rossignol.
Je suis Jean d'Aragon, mari de doña Sol!
Je suis heureux!

DONA SOL.

Je suis heureuse!

HERNANI.

Que m'importe
Les haillons qu'en entrant j'ai laissés à la porte!
Voici que je reviens à mon palais en deuil.
Un ange du Seigneur m'attendait sur le seuil.
J'entre, et remets debout les colonnes brisées,
Je rallume le feu, je rouvre les croisées,
Je fais arracher l'herbe au pavé de la cour,
Je ne suis plus que joie, enchantement, amour.
Qu'on me rende mes tours, mes donjons, mes bastilles,
Mon panache, mon siége, au conseil des Castilles,
Vienne ma doña Sol, rouge et le front baissé,
Qu'on nous laisse tous deux, et le reste est passé!
Je n'ai rien vu, rien dit, rien fait, je recommence
J'efface tout, j'oublie! Ou sagesse ou démence,
Je vous ai, je vous aime, et vous êtes mon bien!

DONA SOL.

Que sur ce velours noir ce collier d'or fait bien!

HERNANI.

Vous vîtes avant moi le roi mis de la sorte.

DONA SOL.

Je n'ai pas remarqué. — Tout autre, que m'importe!
Puis est-ce le velours ou le satin encor?
Non, mon duc. C'est ton cou qui sied au collier d'or!
Vous êtes noble et fier, monseigneur.

Il veut l'entraîner.

Tout à l'heure!
Un moment! — Vois-tu bien? c'est la joie, et je pleure.

Viens voir la belle nuit!
Elle va à la balustrade.
— Mon duc, rien qu'un moment!
Le temps de respirer et de voir seulement!
Tout s'est éteint, flambeaux et musique de fête.
Rien que la nuit et nous! Félicité parfaite!
Dis, ne le crois-tu pas? Sur nous, tout en dormant,
La nature à demi veille amoureusement.
La lune est seule aux cieux, qui comme nous repose,
Et respire avec nous l'air embaumé de rose!
Regarde : plus de feux, plus de bruit. Tout se tait.
La lune tout à l'heure à l'horizon montait,
Tandis que tu parlais, sa lumière qui tremble
Et ta voix, toutes deux m'allaient au cœur ensemble;
Je me sentais joyeuse et calme, ô mon amant,
Et j'aurais bien voulu mourir en ce moment.

HERNANI.

Ah! qui n'oublîrait tout à cette voix céleste!
Ta parole est un chant où rien d'humain ne reste.
Et, comme un voyageur sur un fleuve emporté,
Qui glisse sur les eaux par un beau soir d'été,
Et voit fuir sous ses yeux mille plaines fleuries,
Ma pensée entraînée erre en tes rêveries!

DONA SOL.

Ce silence est trop noir. Ce calme est trop profond.
Dis, ne voudrais-tu pas voir une étoile au fond?
Ou qu'une voix des nuits, tendre et délicieuse,
S'élevant tout à coup, chantât!...

HERNANI, *souriant*.
Capricieuse!
Tout à l'heure on fuyait la lumière et les chants!

DONA SOL.

Le bal! — Mais un oiseau qui chanterait aux champs!
Un rossignol, perdu dans l'ombre et dans la mousse,

Ou quelque flûte au loin !... — Car la musique est douce,
Fait l'âme harmonieuse, et, comme un divin chœur,
Eveille mille voix qui chantent dans le cœur !
— Ah ! ce serait charmant !

On entend le bruit lointain d'un cor dans l'ombre.

— Dieu ! je suis exaucée !

HERNANI, *tressaillant, à part.*

Ah ! malheureuse !

DONA SOL.

Un ange a compris ma pensée, —
Ton bon ange sans doute ?

HERNANI, *amèrement.*

Oui, mon bon ange !

A part.

Encor !...

DONA SOL, *souriant.*

Don Juan, je reconnais le son de votre cor.

HERNANI.

N'est-ce pas ?

DONA SOL.

Seriez-vous dans cette sérénade
De moitié ?

HERNANI.

De moitié, tu l'as dit.

DONA SOL.

Bal maussade !
Ah ! que j'aime bien mieux le cor au fond des bois !...
Et puis c'est votre cor, c'est comme votre voix.

Le cor recommence.

HERNANI, *à part.*

Ah ! le tigre est en bas qui hurle et veut sa proie !

DONA SOL.

Don Juan, cette harmonie emplit le cœur de joie...

HERNANI, *se levant terrible.*

Nommez-moi Hernani! nommez-moi Hernani!
Avec ce nom fatal je n'en ai pas fini.

DONA SOL, *tremblante.*

Qu'avez-vous?

HERNANI.

Le vieillard!

DONA SOL.

Dieu! quels regards funèbres!

Qu'avez-vous?

HERNANI.

Le vieillard qui rit dans les ténèbres!
— Ne le voyez-vous pas?

DONA SOL.

Où vous égarez-vous?

Qu'est-ce que ce vieillard?

HERNANI.

Le vieillard!

DONA SOL.

A genoux
Je t'en supplie, oh! dis, quel secret te déchire?
Qu'as-tu?

HERNANI.

Je l'ai juré!

DONA SOL.

Juré!

Elle suit tous ses mouvements avec anxiété. Il s'arrête tout à
coup et passe la main sur son front.

HERNANI, *à part.*

Qu'allais-je dire?
Epargnons-la.

Haut.

Moi, rien. De quoi t'ai-je parlé?

ACTE V, SCÈNE III.

DONA SOL.

Vous avez dit...

HERNANI.

Non, non... j'avais l'esprit troublé...
Je souffre un peu, vois-tu. N'en prends pas d'épouvante.

DONA SOL.

Te faut-il quelque chose? ordonne à ta servante!

Le cor recommence.

HERNANI, *à part.*

Il le veut! il le veut! il a mon serment.

Cherchant son poignard.

— Rien.

Ce devrait être fait! — Ah!...

DONA SOL.

Tu souffres donc bien?

HERNANI.

Une blessure ancienne, et qui semblait fermée,
Se rouvre...

A part.

Eloignons-la.

Haut.

Doña Sol, bien-aimée,
Ecoute : ce coffret qu'en des jours moins heureux
Je portais avec moi...

DONA SOL.

Je sais ce que tu veux.
Eh bien! qu'en veux-tu faire?

HERNANI.

Un flacon qu'il renferme
Contient un élixir qui pourra mettre un terme
Au mal que je ressens... Va!

DONA SOL.

J'y vais, monseigneur.

Elle sort par la porte de la chambre nuptiale.

SCÈNE IV.

HERNANI, seul.

Voilà donc ce qu'il vient faire de mon bonheur!
Voici le doigt fatal qui luit sur la muraille!
Oh! que la destinée amèrement me raille!

Il tombe dans une profonde et convulsive rêverie, puis se détourne brusquement.

Eh bien!...—Mais tout se tait. Je n'entends rien venir.
Si je m'étais trompé;...

Le masque en domino noir paraît au haut de la rampe. — Hernani s'arrête pétrifié.

SCÈNE V.

HERNANI, LE MASQUE.

LE MASQUE.

— « Quoi qu'il puisse advenir,
« Quand tu voudras, vieillard, quel que soit le lieu, l'heure,
« S'il te passe à l'esprit qu'il est temps que je meure,
« Viens, sonne de ce cor, et ne prends d'autres soins.
« Tout sera fait. »—Ce pacte eut les morts pour témoins.
Eh bien! tout est-il fait?

HERNANI, *à voix basse.*

C'est lui!

LE MASQUE.

Dans ta demeure
Je viens, et je te dis qu'il est temps. C'est mon heure.
Je te trouve en retard.

HERNANI.

　　　　　Bien. Quel est ton plaisir,
Que feras-tu de moi? Parle.

LE MASQUE.

　　　　　　　　Tu peux choisir
Du fer ou du poison. Ce qu'il faut, je l'apporte.
Nous partirons tous deux.

HERNANI.

　　Soit.

LE MASQUE.

　　　　　　　Prions-nous?

HERNANI.

　　　　　　　　　　　Qu'importe!

LE MASQUE.

Que prends-tu?

HERNANI.

　　Le poison.

LE MASQUE.

　　　　　　Bien! donne-moi ta main.

Il présente une fiole à Hernani, qui la reçoit en pâlissant.
Bois, pour que je finisse.

Hernani approche la fiole de ses lèvres, puis recule.

HERNANI.

　　　Oh! par pitié, demain! —
Oh! s'il te reste un cœur, duc, ou du moins une âme,
Si tu n'es pas un spectre échappé de la flamme,
Un mort damné, fantôme ou démon désormais;
Si Dieu n'a point encor mis sur ton front : « Jamais! »
Si tu sais ce que c'est que ce bonheur suprême
D'aimer, d'avoir vingt ans, d'épouser quand on aime;
Si jamais femme aimée a tremblé dans tes bras,
Attends jusqu'à demain. — Demain tu reviendras!

LE MASQUE.

Simple qui parle ainsi! demain! demain! — tu railles!

La cloche a ce matin sonné tes funérailles !
Et que ferais-je, moi, cette nuit? J'en mourrais.
Et qui viendrait te prendre et t'emporter après !
Seul descendre au tombeau ! Jeune homme, il faut me suivre.

HERNANI.

Eh bien ! non, et de toi, démon, je me délivre.
Je n'obéirai pas.

LE MASQUE.

    Je m'en doutais. — Fort bien.
Sur quoi donc m'as-tu fait ce serment? Ah! sur rien.
Peu de chose après tout ! la tête de ton père.
Cela peut s'oublier. La jeunesse est légère.

HERNANI.

Mon père ! — Mon père !... — Ah ! j'en perdrai la raison !...

LE MASQUE.

Non, ce n'est qu'un parjure et qu'une trahison.

HERNANI.

Duc !...

LE MASQUE.

    Puisque les aînés des maisons espagnoles
Se font jeu maintenant de fausser leurs paroles,

Il fait un pas pour sortir.

Adieu !

HERNANI.

    Ne t'en va pas.

LE MASQUE.

    Alors...

HERNANI,

    Vieillard cruel !

Il prend la fiole.

Revenir sur mes pas à la porte du ciel !..

Rentre doña Sol, sans voir le masque, qui est debout près de la rampe au fond du théâtre.

SCÈNE VI.

Les Mêmes, DONA SOL.

DONA SOL.

Je n'ai pu le trouver, ce coffret!

HERNANI, *à part.*

Dieu! c'est elle!

Dans quel moment!

DONA SOL.

Qu'a-t-il? je l'effraye, il chancelle
A ma voix! — Que tiens-tu dans ta main? quel soupçon!
Que tiens-tu dans ta main? réponds.

Le domino se démasque. Elle pousse un cri, et reconnaît don Ruy.

C'est du poison!

HERNANI.

Grand Dieu!

DONA SOL, *à Hernani.*

Que t'ai-je fait? quel horrible mystère?...
Vous me trompiez, don Juan!...

HERNANI.

Ah! j'ai dû te le taire.
J'ai promis de mourir au duc qui me sauva.
Aragon doit payer cette dette à Silva.

DONA SOL.

Vous n'êtes pas à lui, mais à moi. Que m'importe
Tous vos autres serments!

A don Ruy Gomez.

Duc, l'amour me rend forte.
Contre vous, contre tous, duc, je le défendrai.

DON RUY GOMEZ, *immobile.*

Défends-le, si tu peux, contre un serment juré.

DONA SOL.

Quel serment?

HERNANI.

J'ai juré.

DONA SOL.

Non, non; rien ne te lie;
Cela ne se peut pas! crime, attentat, folie!

DON RUY GOMEZ.

Allons, duc!

Hernani fait un geste pour obéir. Doña Sol cherche à l'arrêter.

HERNANI.

Laissez-moi, doña Sol, il le faut.
Le duc a ma parole, et mon père est là-haut!

DOÑA SOL, *à don Ruy Gomez.*

Il vaudrait mieux pour vous aller aux tigres même
Arracher leurs petits, qu'à moi celui que j'aime.
Savez-vous ce que c'est que doña Sol? Longtemps,
Par pitié pour votre âge et pour vos soixante ans,
J'ai fait la fille douce, innocente et timide;
Mais voyez-vous cet œil de pleurs de rage humide?

Elle tire un poignard de son sein.

Voyez-vous ce poignard? Ah! vieillard insensé,
Craignez-vous pas le fer quand l'œil a menacé?
Prenez garde, don Ruy! — Je suis de la famille,
Mon oncle! — écoutez-moi, fussé-je votre fille,
Malheur si vous portez la main sur mon époux!

Elle jette le poignard et tombe à genoux devant le duc.

Ah! je tombe à vos pieds! Ayez pitié de nous!
Grâce! hélas! monseigneur, je ne suis qu'une femme,
Je suis faible, ma force avorte dans mon âme,
Je me brise aisément, je tombe à vos genoux!

Ah ! je vous en supplie, ayez pitié de nous !
DON RUY GOMEZ.
Doña Sol !
DOÑA SOL.
. Pardonnez ! Nous autres Espagnoles,
Notre douleur s'emporte à de vives paroles,
Vous le savez... Hélas ! vous n'étiez pas méchant !
Pitié ! vous me tuez, mon oncle, en le touchant !
Pitié ! je l'aime tant !...
DON RUY GOMEZ, *sombre.*
Vous l'aimez trop !
HERNANI.
Tu pleures !
DOÑA SOL.
Non, non, je ne veux pas, mon amour, que tu meures !
Non, je ne le veux pas.
A don Ruy.
Faites grâce aujourd'hui ;
Je vous aimerai bien aussi, vous.
DON RUY GOMEZ.
Après lui !
De ces restes d'amour, d'amitié, — moins encore, —
Croyez-vous apaiser la soif qui me dévore ?
Montrant Hernani.
Il est seul ! il est tout ! mais moi, belle pitié !
Qu'est-ce que je peux faire avec votre amitié ?
O rage ! il aurait, lui, le cœur, l'amour, le trône,
Et d'un regard de vous il me ferait l'aumône !
Et s'il fallait un mot à mes vœux insensés,
C'est lui qui vous dirait : — Dis cela, c'est assez ! —
En maudissant tout bas le mendiant avide
Auquel il faut jeter le fond du verre vide !
Honte ! dérision ! Non, il faut en finir.
Bois !

HERNANI.
Il a ma parole, et je dois la tenir.

DON RUY GOMEZ.

Allons!

Hernani approche la fiole de ses lèvres. Dona Sol se jette sur son bras.

DONA SOL.
Oh! pas encor! Daignez tous deux m'entendre.

DON RUY GOMEZ.
Le sépulcre est ouvert, et je ne puis attendre.

DONA SOL.
Un instant, monseigneur, mon don Juan!—Ah! tous deux
Vous êtes bien cruels! — Qu'est-ce que je veux d'eux?
Un instant! voilà tout... tout ce que je réclame!
Enfin, on laisse dire à cette pauvre femme
Ce qu'elle a dans le cœur!... — Oh! laissez-moi parler...

DON RUY GOMEZ, *à Hernani.*
J'ai hâte.

DONA SOL.
Messeigneurs, vous me faites trembler!
Que vous ai-je donc fait?

HERNANI.
Ah! son cri me déchire.

DONA SOL, *lui retenant toujours le bras.*
Vous voyez bien que j'ai mille choses à dire.

DON RUY GOMEZ, *à Hernani.*
Il faut mourir.

DONA SOL, *toujours pendue au bras d'Hernani.*
Don Juan, lorsque j'aurai parlé,
Tout ce que tu voudras, tu le feras.

Elle lui arrache la fiole.

Je l'ai.

Elle élève la fiole aux yeux d'Hernani et du vieillard, étonné.

ACTE V, SCÈNE VI.

DON RUY GOMEZ.

Puisque je n'ai céans affaire qu'à deux femmes,
Don Juan, il faut qu'ailleurs j'aille chercher des âmes.
Tu fais de beaux serments par le sang dont tu sors,
Et je vais à ton père en parler chez les morts !
— Adieu !...

Il fait quelques pas pour sortir, Hernani le retient.

HERNANI.

Duc, arrêtez.

A doña Sol.

Hélas ! je t'en conjure,
Veux-tu me voir faussaire, et félon, et parjure ?
Veux-tu que partout j'aille avec la trahison
Ecrite sur le front ? Par pitié, ce poison,
Rends-le-moi ! Par l'amour, par notre âme immortelle...

DOÑA SOL, *sombre.*

Tu veux ?

Elle boit.

Tiens, maintenant.

DON RUY GOMEZ, *à part.*

Ah ! c'était donc pour elle !

DOÑA SOL, *rendant à Hernani la fiole à demi vidée.*

Prends, te dis-je.

HERNANI, *à don Ruy.*

Vois-tu, misérable vieillard !

DOÑA SOL.

Ne te plains pas de moi, je t'ai gardé ta part.

HERNANI, *prenant la fiole.*

Dieu !

DOÑA SOL.

Tu ne m'aurais pas ainsi laissé la mienne,
Toi !... tu n'as pas le cœur d'une épouse chrétienne,
Tu ne sais pas aimer comme aime une Silva.

Mais j'ai bu la première et suis tranquille. — Va !
Bois si tu veux !

HERNANI.

Hélas ! qu'as-tu fait, malheureuse ?

DONA SOL.

C'est toi qui l'as voulu.

HERNANI.

C'est une mort affreuse !

DONA SOL.

Non. — Pourquoi donc ?

HERNANI.

Ce philtre au sépulcre conduit.

DONA SOL.

Devions-nous pas dormir ensemble cette nuit ?
Qu'importe dans quel lit !

HERNANI.

Mon père, tu te venges
Sur moi qui t'oubliais !

Il porte la fiole à sa bouche.

DONA SOL, *se jetant sur lui*.

Ciel ! des douleurs étranges !...
Ah ! jette loin de toi ce philtre !... ma raison
S'égare. — Arrête ! hélas ! mon don Juan, ce poison
Est vivant, ce poison dans le cœur fait éclore
Une hydre à mille dents qui ronge et qui dévore !
Oh ! je ne savais pas qu'on souffrît à ce point ?
Qu'est-ce donc que cela ? c'est du feu ! Ne bois point !
Oh ! tu souffrirais trop !

HERNANI, *à don Ruy*.

Ah ! ton âme est cruelle !
Pouvais-tu pas choisir d'autre poison pour elle ?

Il boit et jette la fiole.

DONA SOL.

Que fais-tu ?

ACTE V, SCÈNE VI.

HERNANI.

Qu'as-tu fait?

DONA SOL.

Viens, ô mon jeune amant,
Dans mes bras.

Ils s'assoient l'un près de l'autre.

N'est-ce pas qu'on souffre horriblement?

HERNANI.

Non.

DONA SOL.

Voilà notre nuit de noces commencée!
Je suis bien pâle, dis, pour une fiancée?

HERNANI.

Ah!

DON RUY GOMEZ.

La fatalité s'accomplit.

HERNANI.

Désespoir!
O tourment! doña Sol souffrir, et moi le voir!

DONA SOL.

Calme-toi. Je suis mieux. — Vers des clartés nouvelles
Nous allons tout à l'heure ensemble ouvrir nos ailes.
Partons d'un vol égal vers un monde meilleur.
Un baiser seulement, un baiser!

Ils s'embrassent.

DON RUY GOMEZ.

O douleur!

HERNANI, *d'une voix affaiblie.*

Oh! béni soit le ciel qui m'a fait une vie
D'abîmes entourée et de spectres suivie,
Mais qui permet que, las d'un si rude chemin,
Je puisse m'endormir ma bouche sur ta main!

DON RUY GOMEZ.

Qu'ils sont heureux!

HERNANI, *d'une voix de plus en plus faible.*

Viens... viens, doña Sol, tout est sombre...
Souffres-tu?

DONA SOL, *d'un voix également éteinte.*

Rien, plus rien.

HERNANI.

Vois-tu des feux dans l'ombre?

DONA SOL.

Pas encor.

HERNANI, *avec un soupir.*

Voici...

Il tombe.

DON RUY GOMEZ, *soulevant sa tête qui retombe.*

Mort!

DONA SOL, *échevelée et se dressant à demi sur son séant.*

Mort! non pas!... nous dormons.
Il dort, c'est mon époux, vois-tu, nous nous aimons,
Nous sommes couchés là. C'est notre nuit de noce.

D'une voix qui s'éteint.

Ne le réveillez pas, seigneur duc de Mendoce...
Il est las.

Elle retourne la figure d'Hernani.

Mon amour, tiens-toi vers moi tourné.
Plus près... plus près encor...

Elle retombe.

DON RUY GOMEZ.

Morte!... Oh! je suis damné.

Il se tue.

FIN DE HERNANI.

NOTES

NOTE I.

Shakspeare, par la bouche de Hamlet, donne aux comédiens des conseils qui prouvent que le grand poëte était aussi un grand comédien. Molière, comédien comme Shakspeare, et non moins admirable poëte, indique en maint endroit de quelle façon il comprend que ses pièces soient jouées. Beaumarchais, qui n'est pas indigne d'être cité après de si grands noms, se complaît également à ces détails minutieux qui guident et conseillent l'acteur dans la manière de composer un rôle. Ces exemples, donnés par les maîtres de l'art, nous paraissent bons à suivre, et nous croyons que rien n'est plus utile à l'acteur que les explications, bonnes ou mauvaises, vraies ou fausses, du poëte. C'était l'avis de Talma, c'est le nôtre. Pour nous, si nous avions un avis à offrir aux acteurs qui pourraient être appelés à jouer les principaux rôles de cette pièce, nous leur conseillerions de bien marquer dans Hernani l'âpreté sauvage du montagnard mêlée à la fierté native du grand d'Espagne; dans le don Carlos des trois premiers actes, la gaieté, l'insouciance, l'esprit d'aventure et de plaisir, et qu'à travers tout cela, à la fermeté, à la hauteur, à je ne sais quoi de prudent dans l'audace, on distingue déjà en germe le Charles-Quint du quatrième acte; enfin, dans le don Ruy Gomez, la dignité, la passion mélancolique et profonde, le respect des aïeux, de l'hospitalité et des serments, en un mot, un vieillard homérique selon le moyen âge. Au reste, nous signalons ces nuances aux comédiens qui n'auraient pas pu étudier la manière dont ces rôles sont représentés à Paris par trois excellents acteurs, monsieur Firmin, dont le jeu plein d'âme électrise si souvent l'auditoire; monsieur Michelot, que sert une si rare intelligence; monsieur Joanny, qui empreint tous ses rôles d'une originalité si vraie et si individuelle.

Quant à mademoiselle Mars, un de nos meilleurs journaux a dit, avec raison, que le rôle de doña Sol avait été pour elle ce que *Charles VI* a été pour Talma, c'est-à-dire son triomphe et son chef-d'œuvre. Espérons seulement que la comparaison ne sera pas entièrement juste, et que mademoiselle Mars, plus heureuse que Talma, ajoutera encore bien des créations à celle-ci. Il est impossible, du reste, à moins de l'avoir vue, de se faire une idée de l'effet que la grande actrice produit dans ce rôle. Dans les quatre premiers actes, c'est bien la jeune Catalane, simple, grave, ardente, concentrée. Mais au cinquième mademoiselle Mars donne au rôle un développement immense. Elle y parcourt en quelques instants toute la gamme de son talent, du gracieux au sublime, du sublime au pathétique le plus déchirant. Après les applaudissements, elle arrache tant de larmes, que le spectateur perd jusqu'à la force d'applaudir. Arrêtons-nous à cet éloge, car, on l'a dit spirituellement, *les larmes qu'ils font verser parlent contre les rois et pour les comédiens.*

— Éditions de 1830 et suivantes. —

NOTE II.

Nous avons jugé inutile d'indiquer, dans les deux premiers actes, les différences assez nombreuses entre le texte des précédentes éditions et le texte de l'édition actuelle. Ces différences, comme nous l'avons déjà dit, proviennent toutes des mutilations faites à la représentation ; la question littéraire était encore trop peu comprise en 1830 pour que *Hernani* pût être représenté tel qu'il avait été écrit. Il faut dire pourtant que les retranchements n'avaient pas essentiellement altéré les deux premiers actes ; mais ils avaient assez profondément modifié le troisième, pour que nous croyions nécessaire de réimprimer ici les scènes v, vi et vii de cet acte comme on les a imprimées en 1830, comme on les a jouées à cette époque et comme on les joue encore aujourd'hui ; de cette façon, le lecteur peut confronter les deux textes, l'œuvre mutilée et l'œuvre complète, et décider qui avait raison alors et qui a raison maintenant.

SCÈNE IV.

HERNANI, DOÑA SOL.

Hernani, immobile, considère avec un regard froid l'écrin nuptial placé sur la table ; puis il hoche la tête et ses yeux s'enflamment.

HERNANI.

Je vous fais compliment ! — Plus que je ne puis dire
La parure me charme, et m'enchante, — et j'admire !

Examinant le coffret.

— Sans doute tout est vrai, tout est bon, tout est beau,
Il n'oserait tromper, lui qui touche au tombeau!

Il prend l'une après l'autre toutes les pièces de l'écrin.

Rien n'y manque. Colliers, brillants, pendants d'oreille,
Couronne de duchesse, anneau d'or... — A merveille!
Grand merci de l'amour sûr, fidèle et profond!
Le précieux écrin!

DONA SOL.

Elle va au coffret, y fouille, et en tire un poignard.

Vous n'allez pas au fond! —

Hernani pousse un cri et tombe prosterné à ses pieds.

C'est le poignard qu'avec l'aide de ma patronne
Je pris au roi Carlos lorsqu'il m'offrit un trône,
Et que je refusai pour vous qui m'outragez!

HERNANI, *toujours à genoux.*

Oh! laisse qu'à genoux, dans tes yeux affligés,
J'efface tous ces pleurs amers et pleins de charmes!
Et tu prendras après tout mon sang pour tes larmes!

DONA SOL, *attendrie.*

Hernani! je vous aime et vous pardonne, et n'ai
Que de l'amour pour vous.

HERNANI.

Elle m'a pardonné,

Et m'aime! Qui pourra faire aussi que moi-même,
Après ce que j'ai dit, je me pardonne et m'aime?
Oh! je voudrais savoir, ange au ciel réservé,
Où vous avez marché, pour baiser le pavé!

DONA SOL.

Croire que mon amour eût si peu de mémoire!
Que jamais ils pourraient, tous ces hommes sans gloire,
Jusqu'à d'autres amours, plus nobles à leur gré,
Rapetisser un cœur où son nom est entré!

HERNANI.

Hélas! j'ai blasphémé! si j'étais à ta place,
Doña Sol, j'en aurais assez, je serais lasse
De ce fou furieux, de ce sombre insensé
Qui ne sait caresser qu'après qu'il a blessé.

DONA SOL.

Ah! vous ne m'aimez plus!

HERNANI.

Oh! mon cœur et mon âme,
C'est toi! l'ardent foyer d'où me vient toute flamme,
C'est toi! ne m'en veux pas de fuir, être adoré!

DONA SOL.

Je ne vous en veux pas, seulement j'en mourrai.

HERNANI.

Mourir! grand Dieu! pour moi se peut-il que tu meures!

DONA SOL, *pleurant et tombant dans un fauteuil.*

Pour qui, sinon pour vous?

HERNANI, *s'asseyant près d'elle.*

Oh! tu pleures! tu pleures!
Et c'est encor ma faute! et qui me punira?
Car tu pardonneras encor! Qui te dira
Ce que je souffre, au moins, lorsqu'une larme noie
La flamme de tes yeux dont l'éclair est ma joie?
Oh! mes amis sont morts! oh! je suis insensé!
Pardonne. Je voudrais aimer, je ne le sai!
Hélas! j'aime pourtant d'une amour bien profonde! —
Ne pleure pas, mourons plutôt! — Que n'ai-je un monde?
Je te le donnerais! Je suis bien malheureux!

DONA SOL, *se jetant à son cou.*

Vous êtes mon seigneur vaillant et généreux!
Je vous aime.

HERNANI.

Ah! l'amour serait un bien suprême
Si l'on pouvait mourir de trop aimer!

DONA SOL.

Je t'aime!
Hernani! Je vous aime et je suis toute à vous.

HERNANI, *laissant tomber sa tête sur son épaule.*
Oh! qu'un coup de poignard de toi me serait doux!

DONA SOL, *suppliant.*
Quoi! ne craignez-vous pas que Dieu ne vous punisse
De parler de la sorte?

HERNANI.

Eh bien! qu'il nous unisse!
Tu le veux... qu'il en soit ainsi! — J'ai résisté!

Tous deux, dans les bras l'un de l'autre, se regardent avec extase, sans voir, sans entendre, et absorbés dans leurs regards. — Don Ruy Gomez entre et s'arrête comme pétrifié sur le seuil, frappé de stupeur.

SCÈNE V.

HERNANI, DON RUY GOMEZ, DONA SOL.

DON RUY GOMEZ, *immobile et croisant les bras.*
Voilà donc le paîment de l'hospitalité!
Voilà ce que céans notre hôte nous apporte.

Tous deux se détournent comme réveillés en sursaut.
— Bon seigneur, va-t'en voir si ta muraille est forte,
Si la porte est bien close et l'archer dans sa tour,
De ton château pour nous fais et refais le tour,
Cherche en ton arsenal une armure à ta taille,
Ressaye à soixante ans ton harnois de bataille,
Voici la loyauté dont nous paîrons ta foi!
Tu fais cela pour nous, et nous ceci pour toi! —
Saints du ciel! j'ai vécu plus de soixante années,
J'ai bien vu des bandits aux mains empoisonnées,

J'en ai vu qui mouraient sans croix et sans pater;
J'ai vu Sforce, j'ai vu Borgia, je vois Luther;
Mais je n'ai jamais vu perversité si haute
Qui n'eût craint le tonnerre en trahissant son hôte!
Ce n'est pas de mon temps. — Si noire trahison
Pétrifie un vieillard au seuil de sa maison,
Et fait que le vieux maître, en attendant qu'il tombe,
A l'air d'une statue à mettre sur sa tombe!
Maures et Castillans! — quel est cet homme-ci?

Il lève les yeux et les promène sur les portraits qui entourent la salle.

O vous, tous les Silva, qui m'écoutez ici,
Pardon, si devant vous, pardon, si ma colère
Dit l'hospitalité mauvaise conseillère!
Oh! je me vengerai!

HERNANI.

Ruy Gomez de Silva,
Si jamais vers le ciel noble front s'éleva,
Si jamais cœur fut grand, si jamais âme haute,
C'est la vôtre, seigneur! c'est la tienne, ô mon hôte!
Moi qui te parle ici, je suis coupable et n'ai
Rien à te dire, sinon que je suis bien damné.
Oui, j'ai voulu te prendre et t'enlever ta femme;
Oui, j'ai voulu souiller ton lit : oui, c'est infâme!
J'ai du sang; tu feras très-bien de le verser,
D'essuyer ton épée et de n'y plus penser!

DONA SOL.

Seigneur, ce n'est pas lui! ne frappez que moi-même!

HERNANI.

Attendez, doña Sol. Car cette heure est suprême!
Cette heure m'appartient. Je n'ai plus qu'elle. Ainsi
Laissez-moi m'expliquer avec le duc ici.
Duc! crois aux derniers mots de ma bouche, j'en jure,
Je suis coupable, mais sois tranquille, — elle est pure!

DONA SOL.

Ah! moi seule ai tout fait. Car je l'aime.

A ce mot, don Ruy Gomez se détourne en tressaillant, et fixe sur doña Sol un regard terrible. Elle se jette à ses genoux.

Oui, pardon!
Je l'aime, monseigneur!

DON RUY GOMEZ.

Vous l'aimez!

A Hernani.

Tremble donc!

Bruit de trompettes au dehors. — Entre le page.

Au page.

Qu'est ce bruit?

LE PAGE.

C'est le roi, monseigneur, en personne,
Avec un gros d'archers et son héraut qui sonne.

DONA SOL.

Dieu! le roi! dernier coup!

LE PAGE, *au duc.*

Il demande pourquoi
La porte est close, et veut qu'on ouvre.

DON RUY GOMEZ.

Ouvrez au roi.

Le page s'incline et sort.

DONA SOL.

Il est perdu.

Don Ruy Gomez va à l'un des tableaux, qui est son propre portrait et le dernier à gauche; il presse un ressort, le portrait s'ouvre comme une porte et laisse voir une cachette pratiquée dans le mur. — Il se tourne vers Hernani.

DON RUY GOMEZ.

Monsieur, entrez ici.

HERNANI.

Ma tête
Est à toi. Livre-la, seigneur. Je la tiens prête,

Je suis ton prisonnier.

Il entre dans la cachette. Don Ruy Gomez presse de nouveau le ressort, tout se referme, et le portrait revient à sa place.

DONA SOL, *au duc*.
Seigneur, pitié pour lui!
LE PAGE, *entrant*.

Son Altesse le roi!

Doña Sol baisse précipitamment son voile. — La porte s'ouvre à deux battants. Entre don Carlos en habit de guerre, suivi d'une foule de gentilshommes également armés, de pertuisaniers, d'arquebusiers, d'arbalétriers. Il s'avance à pas lents, la main gauche sur le pommeau de son épée, la droite dans sa poitrine, et fixe sur le vieux duc un œil de défiance et de colère. Le duc va au-devant du roi et le salue profondément. — Silence. — Attente et terreur alentour. Enfin le roi, arrivé en face du duc, lève brusquement la tête.

SCÈNE VI.

DON RUY GOMEZ, DONA SOL, voilée; DON CARLOS, Suite.

DON CARLOS.
D'où vient donc aujourd'hui,
Mon cousin, que ta porte est si bien verrouillée?
Par les saints! je croyais ta dague plus rouillée!
Et je ne savais pas qu'elle eût hâte à ce point,
Quand nous te venons voir, de reluire à ton poing!

Don Ruy Gomez veut parler, le roi poursuit avec un geste impérieux.

C'est s'y prendre un peu tard pour faire le jeune homme!
Avons-nous des turbans? serait-ce qu'on me nomme
Mahom ou Boabdil, et non Carlos, répond!
Pour nous baisser la herse et nous lever le pont?

DON RUY GOMEZ, *s'inclinant.*

Seigneur...

DON CARLOS, *à ses gentilshommes.*

Prenez les clefs, saisissez-vous des portes !

Deux officiers sortent. Plusieurs autres rangent les soldats en triple haie dans la salle du roi. Don Carlos se tourne vers le duc.

Ah ! vous réveillez donc les rébellions mortes ?
Pardieu ! si vous prenez de ces airs avec moi,
Messieurs les ducs, le roi prendra des airs de roi !
Et j'irai par les monts, de mes mains aguerries,
Dans leurs nids crénelés tuer les seigneuries !

DON RUY GOMEZ, *se redressant.*

Altesse, les Silva sont loyaux...

DON CARLOS, *dont la colère éclate.*

Sans détours,
Réponds, duc ! ou je fais raser tes onze tours !
De l'incendie éteint il reste une étincelle,
Des bandits morts il reste un chef. — Qui le recèle ?
C'est toi ! — Ce Hernani, rebelle, empoisonneur,
Ici, dans ton château, tu le caches !

DON RUY GOMEZ.

Seigneur,
C'est vrai.

DON CARLOS.

Fort bien. Je veux sa tête ou bien la tienne,
Entends-tu, mon cousin ?

DON RUY GOMEZ, *s'inclinant.*

Mais qu'à cela ne tienne !...
Vous serez satisfait.

Doña Sol cache sa tête dans ses mains et tombe sur un fauteuil.

DON CARLOS, *radouci.*

h ! tu t'amendes ! — Va
Chercher mon prisonnier !

Le duc croise les bras, baisse la tête et reste un instant rêveur. Le roi et doña Sol l'observent en silence et agités d'émotions contraires. Enfin le duc relève son front, va au roi, lui prend la main et le mène à pas lents devant le plus ancien des portraits, celui qui commence la galerie à droite du spectateur.

DON RUY GOMEZ, *montrant au roi le vieux portrait.*

Ecoutez ! — Des Silva
C'est l'aîné, c'est l'aïeul, l'ancêtre, le grand homme;
Don Silvius, qui fut trois fois consul de Rome!

Mouvement d'impatience de don Carlos.

A un autre portrait.

Voici Ruy Gomez de Silva,
Grand maître de Saint-Jacque et de Calatrava.
Son armure géante irait mal à nos tailles;
Il prit trois cents drapeaux, gagna trente batailles,
Conquit au roi Motril, Antequera, Suez,
Nijar, et mourut pauvre. — Altesse, saluez!

Il s'incline, se découvre et passe à un autre. — Le roi l'écoute avec une impatience et une colère toujours croissantes.

Près de lui, Juan son fils, cher aux âmes loyales.
Sa main pour un serment valait les mains royales.

A un autre.

— Don Gaspard, de Mendoce et de Silva l'honneur!
Toute noble maison tient à Silva, seigneur.
Sandoval tour à tour nous craint ou nous épouse.
Manrique nous envie et Lara nous jalouse.
Alencastre nous hait. Nous touchons à la fois
Du pied à tous les ducs, du front à tous les rois!
— Vasquez qui soixante ans garda la foi jurée.

Geste d'impatience du roi.

J'en passe, et des meilleurs. — Cette tête sacrée,
C'est mon père. Il fut grand, quoiqu'il vînt le dernier.
Les Maures de Grenade avaient fait prisonnier

Le comte Alvar Giron, son ami. Mais mon père
Prit pour l'aller chercher six cents hommes de guerre ;
Il fit tailler en pierre un comte Alvar Giron
Qu'à sa suite il traîna, jurant par son patron
De ne point reculer que le comte de pierre
Ne tournât front lui-même et n'allât en arrière.
Il combattit, puis vint au comte et le sauva.

DON CARLOS, *hors de lui.*

Mon prisonnier !

DON RUY GOMEZ.

C'était un Gomez de Silva !
Voilà donc ce qu'on dit quand dans cette demeure
On voit tous ces héros.

DON CARLOS, *frappant du pied.*

Mon prisonnier sur l'heure !

DON RUY GOMEZ.

Il s'incline profondément devant le roi, lui prend la main et le mène devant le dernier portrait, celui qui sert de porte à la cachette où il a fait entrer Hernani. Doña Sol le suit des yeux avec anxiété.

Ce portrait, c'est le mien. — Roi don Carlos, merci ! —
Car vous voulez qu'on dise en le voyant ici :
« Ce dernier, digne fils d'une race si haute,
« Fut un traître et vendit la tête de son hôte ! »

Le roi, déconcerté, s'éloigne avec colère, puis reste quelques instants silencieux, les lèvres tremblantes et l'œil enflammé.

DON CARLOS.

Duc, ton château me gêne et je le mettrai bas.

DON RUY GOMEZ.

Car vous me le pairiez, Altesse, n'est-ce pas ?

DON CARLOS.

Duc, j'en ferai raser les tours pour tant d'audace,
Et je ferai semer du chanvre sur la place !

DON RUY GOMEZ.

Mieux voir croître du chanvre où ma tour s'éleva
Qu'une tache ronger le vieux nom de Silva.

Aux portraits.

N'est-il pas vrai, vous tous?

DON CARLOS.

Duc! cette tête est nôtre,
Et tu m'avais promis...

DON RUY GOMEZ.

J'ai promis l'une ou l'autre.

Se découvrant.

Je donne celle-ci. Prenez-la.

DON CARLOS.

Ma bonté
Est à bout! livre-moi cet homme.

DON RUY GOMEZ.

En vérité
J'ai dit.

DON CARLOS, *à sa suite.*

Fouillez partout! et qu'il ne soit point d'aile,
De cave, ni de tour...

DON RUY GOMEZ.

Mon donjon est fidèle
Comme moi. Seul il sait le secret avec moi.
Nous le garderons bien tous deux!

DON CARLOS.

Je suis le roi!

DON RUY GOMEZ.

A moins de démolir le château pierre à pierre,
D'assassiner le maître, on n'aura rien.

DON CARLOS.

Prière,
Menace, tout est vain! — Livre-moi le bandit,

Duc, ou, tête et château, j'abattrai tout!
DON RUY GOMEZ.

J'ai dit.
DON CARLOS.

Eh bien donc! au lieu d'une, alors j'aurai deux têtes.
 Au duc d'Alcala.
Jorge, arrêtez le duc!

— Le reste conforme à l'édition actuelle. —

NOTE III.

Basse cour où le roi, mendié sans pudeur,
A tous ces affamés émiette la grandeur!
— Acte IV, scène I. —

Ces deux vers furent supprimés par la censure, qui n'était pas moins plate et moins inepte en 1830 qu'en 1836, et qui n'a jamais su échapper à l'odieux que par le ridicule. A la représentation on disait les deux vers que voici :

Pour un titre ils vendraient leur âme, en vérité.
Vanité! vanité! tout n'est que vanité!

Oui, *tout est vanité*, tout, jusqu'aux révolutions prometteuses qui aboutissent en trois jours à la république et en trois ans à la censure.

NOTE IV.

Toujours trois voix de moins ! Ah ! ce sont eux qui l'ont, etc.
— Acte IV, scène I. —

Tout ce développement du caractère de Charles-Quint jusqu'à *Va-t'en ! c'est l'heure où vont venir les conjurés*, est donné ici au public pour la première fois.

NOTE V.

Par les raisons exprimées dans la note II, nous croyons devoir réimprimer ici le monologue tronqué qui se disait et qui se dit encore sur le théâtre.

Don Carlos, resté seul, tombe dans une profonde rêverie. Ses bras se croisent, sa tête fléchit sur sa poitrine ; puis il la relève et se tourne vers le tombeau.

SCÈNE II

DON CARLOS, seul.

Charlemagne, pardon ! — Ces voûtes solitaires
Ne devraient répéter que paroles austères ;

Tu t'indignes sans doute à ce bourdonnement
Que nos ambitions font sur ton monument.
— Ah! c'est un beau spectacle à ravir la pensée
Que l'Europe ainsi faite et comme il l'a laissée!
Un édifice, avec deux hommes au sommet,
Deux chefs élus auxquels tout roi né se soumet.
Presque tous les Etats, duchés, fiefs militaires,
Royaumes, marquisats, tous sont héréditaires;
Mais le peuple a parfois son pape ou son César,
Tout marche, et le hasard corrige le hasard.
De là vient l'équilibre, et toujours l'ordre éclate.
Electeurs de drap d'or, cardinaux d'écarlate,
Double sénat sacré dont la terre s'émeut,
Ne sont là qu'en parade, et Dieu veut ce qu'il veut.
Qu'une idée, au besoin des temps, un jour éclose,
Elle grandit, va, court, se mêle à toute chose,
Se fait homme, saisit les cœurs, creuse un sillon;
Maint roi la foule aux pieds ou lui met un bâillon;
Mais qu'elle entre un matin à la diète, au conclave,
Et tous les rois soudain verront l'idée esclave
Sur leurs têtes de rois que ses pieds courberont
Surgir, le globe en main ou la tiare au front.
— Le pape et l'empereur sont tout. Rien n'est sur terre
Que par eux et pour eux. Un suprême mystère
Vit en eux; et le ciel, dont ils ont tous les droits,
Leur fait un grand festin des peuples et des rois.
Le monde au-dessous d'eux s'échelonne et se groupe.
Ils font et défont. L'un délie et l'autre coupe.
L'un est la vérité, l'autre est la force. Ils ont
Leur raison en eux-mêmes, et sont parce qu'ils sont.
Quand ils sortent, tous deux égaux, du sanctuaire,
L'un dans sa pourpre, et l'autre avec son blanc suaire,
L'univers ébloui contemple avec terreur
Ces deux moitiés de Dieu, le pape et l'empereur.

— L'empereur ! l'empereur ! être empereur ! — O rage,
Ne pas l'être ! — et sentir son cœur plein de courage !
Qu'il fut heureux celui qui dort dans ce tombeau !
Qu'il fut grand ! — De son temps c'était encor plus beau.
Oh ! quel destin ! — Pourtant cette tombe est la sienne !
Tout est-il donc si peu que ce soit là qu'on vienne ?
Quoi donc ! avoir été prince, empereur et roi !
Avoir été l'épée, avoir été la loi !
Vivant, pour piédestal avoir eu l'Allemagne !
Quoi ! pour titre César et pour nom Charlemagne !
Avoir été plus grand qu'Annibal, qu'Attila,
Aussi grand que le monde !... — Et que tout tienne là !
Ah ! briguez donc l'empire ! et voyez la poussière
Que fait un empereur ! Couvrez la terre entière
De bruit et de tumulte. — Elevez, bâtissez
Votre empire, et jamais ne dites : C'est assez !
Si haut que soit le but où votre orgueil aspire,
Voilà le dernier terme !... — Oh ! l'empire ! l'empire !
Que m'importe ! j'y touche, et le trouve à mon gré.
Quelque chose me dit : Tu l'auras ! — Je l'aurai. —
Si je l'avais !... — O ciel ! être ce qui commence !
Seul, debout, au plus haut de la spirale immense !
D'une foule d'Etats l'un sur l'autre étagés
Etre la clef de voûte, et voir sous soi rangés
Les rois, et sur leurs têtes essuyer ses sandales ;
Voir au-dessous des rois les maisons féodales,
Margraves, cardinaux, doges, ducs à fleurons ;
Puis évêques, abbés, chefs de clans, hauts barons ;
Puis clercs et soldats ; puis, loin du faîte où nous sommes,
Dans l'ombre, tout au fond de l'abîme, — les hommes.
— Les hommes ! — c'est-à-dire une foule, une mer,
Un grand bruit ; pleurs et cris, parfois un rire amer.
Ah ! le peuple ! — océan ! onde sans cesse émue !
Où l'on ne jette rien sans que tout ne remue !

Vague qui broie un trône et qui berce un tombeau !
Miroir où rarement un roi se voit en beau !
Ah ! si l'on regardait parfois dans ce flot sombre,
On y verrait au fond des empires sans nombre,
Grands vaisseaux naufragés, que son flux et reflux
Roule, et qui le gênaient, et qu'il ne connaît plus !
Gouverner tout cela ? — Monter si l'on vous nomme,
A ce faîte ! Y monter, sachant qu'on n'est qu'un homme !
— Avoir l'abîme là !... — Malheureux ! qu'ai-je en moi ?
Etre empereur ? mon Dieu ! j'avais trop d'être roi !
Certe, il n'est qu'un mortel de race peu commune
Dont puisse s'élargir l'âme avec la fortune.
Mais, moi ! qui me fera grand ? qui sera ma loi ?
Qui me conseillera ?...

Il tombe à genoux devant le tombeau.

Charlemagne ! c'est toi !
Ah ! puisque Dieu, pour qui tout obstacle s'efface,
Prend nos deux majestés et les met face à face,
Verse-moi dans le cœur, du fond de ce tombeau,
Quelque chose de grand, de sublime, de beau !
Oh ! par tous ses côtés fais-moi voir toute chose !
Montre-moi que le monde est petit, car je n'ose
Y toucher. Apprends-moi ton secret de régner,
Et dis-moi qu'il vaut mieux punir que pardonner !
— N'est-ce pas ?—Ombre auguste, empereur d'Allemagne,
Oh ! dis-moi ce qu'on peut faire après Charlemagne !
Parle ! — dût en parlant ton souffle souverain
Me briser sur le front cette porte d'airain ! —
Ou, si tu ne dis rien, laisse en ta paix profonde
Carlos étudier ta tête comme un monde ; —
Laisse, qu'il te mesure à loisir, ô géant !
Car rien n'est ici-bas si grand que ton néant !
Que la cendre, à défaut de l'ombre, me conseille !

NOTES.

Il approche la clef de la serrure.

Entrons !

Il recule.

Dieu ! s'il allait me parler ! s'il s'éveille !
S'il était là, debout et marchant à pas lents !
Si j'allais ressortir avec des cheveux blancs !
Entrons toujours !

Bruit de pas.

On vient ! Qui donc ose à cette heure,
Hors moi, d'un pareil mort éveiller la demeure ?
Qui donc ?

Le bruit s'approche.

Ah ! j'oubliais ! ce sont mes assassins

Il ouvre la porte du tombeau, qu'il referme sur lui. — Entrent de divers côtés plusieurs hommes, marchant à pas sourds, cachés sous leurs manteaux et leurs chapeaux.

FIN DES NOTES DE HERNANI

LE ROI S'AMUSE

L'apparition de ce drame au théâtre a donné lieu à un acte ministériel inouï.

Le lendemain de la première représentation, l'auteur reçut de monsieur Jouslin de la Salle, directeur de la scène au Théâtre-Français, le billet suivant, dont il conserve précieusement l'original :

« Il est dix heures et demie, et je reçois à l'instant l'*or-*
« *dre* (1) de suspendre les représentations du *Roi s'amuse.*
« C'est monsieur Taylor qui me communique cet ordre de
« la part du ministre.

« Ce 23 novembre. »

Le premier mouvement de l'auteur fut de douter. L'acte était arbitraire au point d'être incroyable.

En effet, ce qu'on a appelé la *Charte-Vérité* dit : « Les Français ont *le droit de publier...* » Remarquez que le texte ne dit pas seulement *le droit d'imprimer*, mais lar-

(1) Le mot est souligné dans le billet écrit.

gement et grandement *le droit de publier*. Or, le théâtre n'est qu'un moyen de publication comme la presse, comme la gravure, comme la lithographie. La liberté du théâtre est donc implicitement écrite dans la Charte, avec toutes les autres libertés de la pensée. La loi fondamentale ajoute : « *La censure ne pourra jamais être rétablie.* » Or, le texte ne dit pas *la censure des journaux*, *la censure des livres*, il dit *la censure*, la censure en général, toute censure, celle du théâtre comme celle des écrits. Le théâtre ne saurait donc désormais être légalement censuré.

Ailleurs la Charte dit : *La confiscation est abolie*. Or, la suppression d'une pièce de théâtre après la représentation n'est pas seulement un acte monstrueux de censure et d'arbitraire, c'est une véritable confiscation, c'est une propriété violemment dérobée au théâtre et à l'auteur.

Enfin, pour que tout soit net et clair, pour que les quatre ou cinq grands principes sociaux que la Révolution française a coulés en bronze restent intacts sur leurs piédestaux de granit, pour qu'on ne puisse attaquer sournoisement le droit commun des Français avec ces quarante mille vieilles armes ébréchées que la rouille et la désuétude dévorent dans l'arsenal de nos lois, la Charte, dans un dernier article, abolit expressément tout ce qui, dans les lois antérieures, serait contraire à son texte et à son esprit.

Ceci est formel. La suppression ministérielle d'une pièce de théâtre attente à la liberté par la censure, à la propriété par la confiscation. Tout notre droit public se révolte contre une pareille voie de fait.

L'auteur, ne pouvant croire à tant d'insolence et de folie, courut au théâtre. Là, le fait lui fut confirmé de toutes parts. Le ministre avait, en effet, de son autorité privée, de son droit divin de ministre, intimé l'*ordre* en question. Le ministre n'avait pas de raison à donner. Le ministre lui avait pris sa pièce, lui avait pris son droit, lui avait pris sa chose. Il ne restait plus qu'à le mettre, lui poëte, à la Bastille.

Nous le répétons, dans le temps où nous vivons, lorsqu'un pareil acte vient vous barrer le passage et vous prendre brusquement au collet, la première impression est un profond étonnement. Mille questions se pressent dans votre esprit. — Où est la loi? Où est le droit? Est-ce que cela peut se passer ainsi? Est-ce qu'il y a eu, en effet, quelque chose qu'on a appelé la Révolution de juillet? Il est évident que nous ne sommes plus à Paris. Dans quel pachalik vivons-nous? —

La Comédie-Française, stupéfaite et consternée, voulut essayer encore quelques démarches auprès du ministre pour obtenir la révocation de cette étrange décision; mais elle perdit sa peine. Le divan, je me trompe, le conseil des ministres s'était assemblé dans la journée. Le 23, ce n'était qu'un ordre du ministre; le 24, ce fut un ordre du ministère. Le 23, la pièce n'était que *suspendue;* le 24, elle fut définitivement *défendue.* Il fut même enjoint au théâtre de rayer de son affiche ces quatre mots redoutables : *Le Roi s'amuse.* Il lui fut enjoint, en outre, à ce malheureux Théâtre-Français, de ne pas se plaindre et de ne souffler mot. Peut-être serait-il beau, loyal et noble de résister à un despotisme si asiatique; mais les théâtres n'osent pas. La crainte du retrait de leurs priviléges les fait serfs et sujets, taillables et corvéables à merci, eunuques et muets.

L'auteur demeura et dut demeurer étranger à ces démarches du théâtre. Il ne dépend, lui poëte, d'aucun ministre. Ces prières et ces sollicitations que son intérêt mesquinement consulté lui conseillait peut-être, son devoir de libre écrivain les lui défendait. Demander grâce au pouvoir, c'est le reconnaître. La liberté et la propriété ne sont pas choses d'antichambre. Un droit ne se traite pas comme une faveur. Pour une faveur, réclamez devant le ministre ; pour un droit, réclamez devant le pays.

C'est donc au pays qu'il s'adresse. Il a deux voies pour obtenir justice, l'opinion publique et les tribunaux. Il les choisit toutes deux.

Devant l'opinion publique, le procès est déjà jugé et gagné. Et ici l'auteur doit remercier hautement toutes les personnes graves et indépendantes de la littérature et des arts, qui lui ont donné dans cette occasion tant de preuves de sympathie et de cordialité. Il comptait d'avance sur leur appui. Il sait que, lorsqu'il s'agit de lutter pour la liberté de l'intelligence et de la pensée, il n'ira pas seul au combat.

Et, disons-le ici en passant, le pouvoir, par un assez lâche calcul, s'était flatté d'avoir pour auxiliaires, dans cette occasion, jusque dans les rangs de l'opposition, les passions littéraires soulevées depuis si longtemps autour de l'auteur. Il avait cru les haines littéraires plus tenaces encore que les haines politiques, se fondant sur ce que les premières ont leurs racines dans les amours-propres, et les secondes seulement dans les intérêts. Le pouvoir s'est trompé. Son acte brutal a révolté les hommes honnêtes dans tous les camps. L'auteur a vu se rallier à lui, pour faire face à l'arbitraire et à l'injustice, ceux-là même qui l'attaquaient le plus violemment la veille. Si par hasard quelques haines invétérées ont persisté, elles regrettent maintenant le secours momentané qu'elles ont apporté au pouvoir. Tout ce qu'il y a d'honorable et de loyal parmi les ennemis de l'auteur est venu lui tendre la main, quitte à recommencer le combat littéraire aussitôt que le combat politique sera fini. En France, quiconque est persécuté n'a plus d'ennemis que le persécuteur.

Si maintenant, après avoir établi que l'acte ministériel est odieux, inqualifiable, impossible en droit, nous voulons bien descendre pour un moment à le discuter comme fait matériel et à chercher de quels éléments ce fait semble devoir être composé, la première question qui se présente est celle-ci, et il n'est personne qui ne se la soit faite : — Quel peut être le motif d'une pareille mesure ?

Il faut bien le dire, parce que cela est, et que, si l'avenir s'occupe un jour de nos petits hommes et de nos petites choses, cela ne sera pas le détail le moins curieux de ce curieux événement ; il paraît que nos faiseurs de censure se prétendent scandalisés dans leur morale par *le Roi s'amuse;* cette pièce a révolté la pudeur des gendarmes ; la brigade Léotaud y était et l'a trouvée obscène ; le bureau des mœurs s'est voilé la face ; monsieur Vidocq a rougi. Enfin le mot d'ordre que la censure a donné à la police, et que l'on balbutie depuis quelques jours autour de nous, le voici tout net : *C'est que la pièce est immorale.* — Holà ! mes maîtres ! silence sur ce point.

Expliquons-nous pourtant, non pas avec la police à laquelle, moi, honnête homme, je défends de parler de ces matières, mais avec le petit nombre de personnes respectables et consciencieuses qui, sur des ouï-dire ou après avoir mal entrevu la représentation, se sont laissé entraîner à partager cette opinion, pour laquelle peut-être le nom seul du poëte inculpé aurait dû être une suffisante réfutation. Le drame est imprimé aujourd'hui. Si vous n'étiez pas à la représentation, lisez ; si vous y étiez, lisez encore. Souvenez-vous que cette représentation a été moins une représentation qu'une bataille, une espèce de bataille de Monthléry (qu'on nous passe cette comparaison un peu ambitieuse) où les Parisiens et les Bourguignons ont prétendu chacun de leur côté avoir *empoché la victoire*, comme dit Mathieu.

La pièce est immorale ? croyez-vous ? Est-ce par le fond ? Voici le fond. Triboulet est difforme, Triboulet est malade, Triboulet est bouffon de cour; triple misère qui le rend méchant. Triboulet hait le roi parce qu'il est le roi, les seigneurs parce qu'ils sont les seigneurs, les hommes parce qu'ils n'ont pas tous une bosse sur le dos. Son seul passe-temps est d'entre-heurter sans relâche les seigneurs contre le roi, brisant le plus faible au plus fort. Il déprave le roi, il le corrompt, il l'abrutit; il le pousse à la tyrannie, à l'ignorance, au vice; il le lâche à travers toutes les familles des gentilshommes, lui montrant sans cesse du doigt la femme à séduire, la sœur à enlever, la fille à déshonorer. Le roi dans les mains de Triboulet n'est qu'un pantin tout-puissant qui brise toutes les existences au milieu desquelles le bouffon le fait jouer. Un jour, au milieu d'une fête, au moment même où Triboulet pousse le roi à enlever la femme de monsieur de Cossé, monsieur de Saint-Vallier pénètre jusqu'au roi et lui reproche hautement le déshonneur de Diane de Poitiers. Ce père auquel le roi a pris sa fille, Triboulet le raille et l'insulte. Le père lève le bras et maudit Triboulet. De ceci découle toute la pièce. Le sujet véritable du drame, c'est *la malédiction de monsieur de Saint-Vallier*. Ecoutez. Vous êtes au second acte. Cette malédiction, sur qui est-elle tombée? Sur Triboulet fou du roi? Non. Sur Triboulet qui est homme, qui est père, qui a un cœur, qui a une fille. Triboulet a une fille, tout est là. Triboulet n'a que sa fille au monde; il la cache à tous les yeux, dans un quartier désert, dans une maison solitaire. Plus il fait circuler dans la ville la contagion de la débauche et du vice, plus il tient sa fille isolée et murée. Il élève son enfant dans l'innocence, dans la foi et dans la pudeur. Sa plus grande crainte est qu'elle ne tombe dans le mal, car il sait, lui méchant, tout ce qu'on y souffre. Eh bien! la malédiction du vieillard atteindra Triboulet dans la seule chose qu'il aime au monde, dans sa fille. Ce même roi que Triboulet pousse au rapt, ravira sa fille, à Triboulet. Le bouffon sera frappé par la Providence exactement de la même manière que M. de Saint-Vallier. Et puis, une fois sa fille séduite et perdue, il tendra un piége au roi pour la venger; c'est sa fille qui y tombera. Ainsi Triboulet a deux élèves, le roi et sa fille, le roi qu'il dresse au vice, sa fille qu'il fait croître pour la vertu. L'un perdra l'autre. Il veut enlever pour le roi madame de Cossé, c'est sa fille qu'il enlève. Il veut assassiner le roi pour venger sa fille, c'est sa fille qu'il assassine. Le châtiment ne s'arrête pas à moitié chemin; la malédiction du père de Diane s'accomplit sur le père de Blanche.

Sans doute ce n'est pas à nous de décider si c'est là une idée dramatique, mais à coup sûr c'est là une idée morale.

Au fond de l'un des autres ouvrages de l'auteur, il y a la fatalité. Au fond de celui-ci, il y a la Providence.

Nous le redisons expressément, ce n'est pas avec la police que nous discutons ici, nous ne lui faisons pas tant d'honneur, c'est avec la partie du public à laquelle cette discussion peut sembler nécessaire. Poursuivons.

Si l'ouvrage est moral par l'invention, est-ce qu'il serait immoral par l'exécution? La question ainsi posée nous paraît se détruire d'elle-même, mais voyons. Probablement rien d'immoral au premier et au second acte. Est-ce la situation du troisième qui vous choque? lisez ce troisième acte, et dites-nous, en toute probité, si l'impression qui en résulte n'est pas profondément chaste, vertueuse et honnête?

Est-ce le quatrième acte? Mais depuis quand n'est-il plus permis à un roi de courtiser sur la scène une servante d'auberge? Cela n'est même nouveau ni dans l'histoire ni au théâtre. Il y a mieux, l'histoire nous permettait de vous montrer François Ier ivre dans les bouges de la rue du Pélican. Mener un roi dans un mauvais lieu, cela ne serait pas même nouveau non plus. Le théâtre grec, qui est le théâtre classique, l'a fait; Shakspeare, qui est le théâtre romantique, l'a fait; eh bien! l'auteur de ce drame ne l'a pas fait. Il sait tout ce qu'on a écrit de la maison de Saltabadil. Mais pourquoi lui faire dire ce qu'il n'a pas dit? pourquoi lui faire franchir de force une limite qui est tout en pareil cas et qu'il n'a pas franchie? Cette bohémienne Maguelonne, tant calomniée, n'est, assurément, pas plus effrontée que toutes les Lisettes et toutes les Martons du vieux théâtre. La cabane de Saltabadil est une hôtellerie, une taverne, le cabaret de *la Pomme du Pin*, une auberge suspecte, un coupe-gorge, soit; mais non un lupanar. C'est un lieu sinistre, terrible, horrible, effroyable, si vous voulez, ce n'est pas un lieu obscène.

Restent donc les détails du style. Lisez (1). L'auteur accepte pour juges de la sévérité austère de son style les per-

---

(1) La confiance de l'auteur dans le résultat de la lecture est telle, qu'il croit à peine nécessaire de faire remarquer que sa pièce est imprimée telle qu'il l'a faite, et non telle qu'on l'a jouée, c'est-à-dire qu'elle contient un assez grand nombre de détails que le livre imprimé comporte, et qu'il avait retranchés pour les susceptibilités de la scène. Ainsi, par exemple, le jour de la représentation, au lieu de ces vers :

> J'ai ma sœur Maguelonne, une fort belle fille
> Qui danse dans la rue et qu'on trouve gentille.
> Elle attire chez nous le galant une nuit.

Saltabadil a dit :

> J'ai ma sœur, une jeune et belle créature,
> Qui chez nous aux passants dit la bonne aventure;
> Votre homme la viendrait consulter une nuit.

Il y a eu également des variantes pour plusieurs autres vers, mais cela ne vaut pas la peine d'y insister.

sonnes mêmes qui s'effarouchent de la nourrice de Juliette et du père d'Ophélia, de Beaumarchais et de Regnard, de l'*Ecole des Femmes* et d'*Amphitrion*, de Dandin et de Sganarelle, et de la grande scène du *Tartufe*, du *Tartufe*, accusé aussi d'immoralité, dans son temps! seulement, là où il fallait être franc, il a cru devoir l'être, à ses risques et périls, mais toujours avec gravité et mesure. Il veut l'art chaste, et non l'art prude.

La voilà pourtant cette pièce contre laquelle le ministère cherche à soulever tant de préventions! Cette immoralité, cette obscénité, la voilà mise à nu. Quelle pitié! Le pouvoir avait ses raisons cachées, et nous les indiquerons tout à l'heure, pour ameuter contre *le Roi s'amuse* le plus de préjugés possible. Il aurait bien voulu que le public en vînt à étouffer cette pièce sans l'entendre pour un tort imaginaire, comme Othello étouffe Desdémona. *Honest Iago!*

Mais comme il se trouve qu'Othello n'a pas étouffé Desdémona, c'est Iago qui se démasque et qui s'en charge. Le lendemain de la représentation, la pièce est défendue *par ordre*.

Certes, si nous daignions descendre encore un instant à accepter pour une minute cette fiction ridicule, que dans cette occasion c'est le soin de la morale publique qui émeut nos maîtres, et que, scandalisés de l'état de licence où certains théâtres sont tombés depuis deux ans, ils ont voulu à la fin, poussés à bout, faire, à travers toutes les lois et tous les droits, un exemple sur un ouvrage et sur un écrivain, certes, le choix de l'ouvrage serait singulier, il faut en convenir, mais le choix de l'écrivain ne le serait pas moins. Et, en effet, quel est l'homme auquel ce pouvoir myope s'attaque si étrangement? C'est un écrivain ainsi placé que, si son talent peut être contesté de tous, son caractère ne l'est de personne. C'est un honnête homme avéré, prouvé et constaté, chose rare et vénérable en ce temps-ci.

C'est un poëte que cette même licence des théâtres révolterait et indignerait tout le premier ; qui, il y a dix-huit mois, sur le bruit que l'inquisition des théâtres allait être illégalement rétablie, est allé de sa personne, en compagnie de plusieurs autres auteurs dramatiques, avertir le ministre qu'il eût à se garder d'une pareille mesure ; et qui, là, a réclamé hautement une loi répressive des excès du théâtre, tout en protestant contre la censure avec des paroles sévères que le ministre, à coup sûr, n'a pas oubliées. C'est un artiste dévoué à l'art, qui n'a jamais cherché le succès par de pauvres moyens, qui s'est habitué toute sa vie à regarder le public fixement et en face. C'est un homme sincère et modéré, qui a déjà livré plus d'un combat pour toute liberté et contre tout arbitraire, qui, en 1829, dans la dernière année de la Restauration, a repoussé tout ce que le gouvernement d'alors lui offrait pour le dédommager de l'interdit lancé sur *Marion de Lorme*, et qui, un an plus tard, en 1830, la Révolution de juillet étant faite, a refusé, malgré tous les conseils de son intérêt matériel, de laisser représenter cette même *Marion de Lorme*, tant qu'elle pourrait être une occasion d'attaque et d'insulte contre le roi tombé qui l'avait proscrite ; conduite bien simple sans doute, que tout homme d'honneur eût tenue à sa place, mais qui aurait peut-être dû le rendre inviolable désormais à toute censure, et à propos de laquelle il écrivait, lui, en août 1831 :... « Les succès de scandale cher-
« ché et d'allusions politiques ne lui sourient guère, il
« l'avoue. Ces succès valent peu et durent peu. Et puis,
« c'est précisément quand il n'y a plus de censure qu'il
« faut que les auteurs se censurent eux-mêmes, honnête-
« ment, consciencieusement, sévèrement. C'est ainsi qu'ils
« placeront haut la dignité de l'art. Quand on a toute li-
« berté, il sied de garder toute mesure (1). »

(1) Voyez la préface de *Marion Delorme*.

Jugez maintenant. Vous avez d'un côté l'homme et son œuvre; de l'autre le ministère et ses actes.

A présent que la prétendue immoralité de ce drame est réduite à néant, à présent que tout l'échafaudage des mauvaises et honteuses raisons est là, gisant sous nos pieds, il serait temps de signaler le véritable motif de la mesure, le motif d'antichambre, le motif de cour, le motif secret, le motif qu'on ne dit pas, le motif qu'on n'ose s'avouer à soi-même, le motif qu'on avait si bien caché sous un prétexte. Ce motif a déjà transpiré dans le public, et le public a deviné juste. Nous n'en dirons pas davantage. Il est peut-être utile à notre cause que ce soit nous qui offrions à nos adversaires l'exemple de la courtoisie et de la modération. Il est bon que la leçon de dignité et de sagesse soit donnée par le particulier au gouvernement, par celui qui est persécuté à celui qui persécute. D'ailleurs nous ne sommes pas de ceux qui pensent guérir leur blessure en empoisonnant la plaie d'autrui. Il n'est que trop vrai qu'il y a au troisième acte de cette pièce un vers où la sagacité maladroite de quelques familiers du palais a découvert une allusion (je vous demande un peu, moi, une allusion!) à laquelle ni le public ni l'auteur n'avaient songé jusque-là, mais qui, une fois dénoncée de cette façon, devient la plus cruelle et la plus sanglante des injures. Il n'est que trop vrai que ce vers a suffi pour que l'affiche déconcertée du Théâtre-Français reçût l'ordre de ne plus offrir une seule fois à la curiosité du public la petite phrase séditieuse : *le Roi s'amuse*. Ce vers, qui est un fer rouge, nous ne le citerons pas ici; nous ne le signalerons même ailleurs qu'à la dernière extrémité, et si l'on est assez imprudent pour y acculer notre défense. Nous ne ferons pas revivre de vieux scandales historiques. Nous épargnerons autant que possible à une personne haut placée les conséquences de cette étourderie de courtisan. On peut faire, même à un roi, une guerre généreuse. Nous entendons la faire ainsi. Seulement, que les puissants méditent sur l'inconvénient d'avoir pour ami l'ours qui ne sait écraser qu'avec le pavé de la censure les allusions imperceptibles qui viennent se poser sur leur visage.

Nous ne savons même pas si nous n'aurons pas dans la lutte quelque indulgence pour le ministère lui-même. Tout ceci, à vrai dire, nous inspire une grande pitié. Le gouvernement de juillet est tout nouveau né, il n'a que trente-trois mois, il est encore au berceau, il a de petites fureurs d'enfant. Mérite-t-il en effet qu'on dépense contre lui beaucoup de colère virile? Quand il sera grand, nous verrons.

Cependant, à n'envisager la question, pour un instant, que sous le point de vue privé, la confiscation censoriale dont il s'agit cause encore plus de dommage peut-être à l'auteur de ce drame qu'à tout autre. En effet, depuis quatorze ans qu'il écrit, il n'est pas un de ses ouvrages qui n'ait eu l'honneur malheureux d'être choisi pour champ de bataille à son apparition, et qui n'ait disparu d'abord pendant un temps plus ou moins long sous la poussière, la fumée et le bruit. Aussi, quand il donne une pièce au théâtre, ce qui lui importe avant tout, ne pouvant espérer un auditoire calme dès la première soirée, c'est la série des représentations. S'il arrive que le premier jour sa voix soit couverte par le tumulte, que sa pensée ne soit pas comprise, les jours suivants peuvent corriger le premier jour. *Hernani* a eu cinquante-trois représentations; *Marion de Lorme* a eu soixante et une représentations; *le Roi s'amuse*, grâce à une violence ministérielle, n'aura eu qu'une représentation. Assurément le tort fait à l'auteur est grand. Qui lui rendra intacte et au point où elle en était cette troisième expérience si importante pour lui? Qui lui dira de quoi eût été suivie cette première représentation? Qui lui rendra le public du lendemain, ce public ordinairement impartial, ce public sans amis et sans ennemis, ce public qui enseigne le poëte et que le poëte enseigne?

Le moment de transition politique où nous sommes est curieux. C'est un de ces instants de fatigue générale ou tous les actes despotiques sont possibles dans la société même la plus infiltrée d'idées d'émancipation et de liberté. La France a marché vite en juillet 1830; elle a fait trois bonnes journées; elle a fait trois grandes étapes dans le champ de la civilisation et du progrès. Maintenant beaucoup sont essoufflés, beaucoup demandent à faire halte. On veut retenir les esprits généreux qui ne se lassent pas et qui vont toujours. On veut attendre les tardifs qui sont restés en arrière et leur donner le temps de rejoindre. De là une crainte singulière de tout ce qui marche, de tout ce qui remue, de tout ce qui parle, de tout ce qui pense. Situation bizarre, facile à comprendre, difficile à définir. Ce sont toutes les existences qui ont peur de toutes les idées. C'est la ligue des intérêts froissés du mouvement des théories. C'est le commerce qui s'effarouche des systèmes; c'est le marchand qui veut vendre; c'est la rue qui effraye le comptoir; c'est la boutique armée qui se défend.

A notre avis, le gouvernement abuse de cette disposition au repos et de cette crainte des révolutions nouvelles. Il en est venu à tyranniser petitement. Il a tort pour lui et pour nous. S'il croit qu'il y a maintenant indifférence dans les esprits pour les idées de liberté, il se trompe; il n'y a que lassitude. Il lui sera demandé sévèrement compte un jour de tous les actes illégaux que nous voyons s'accumuler depuis quelque temps. Que de chemin il nous a fait faire! Il y a deux ans on pouvait craindre pour l'ordre, on en est maintenant à trembler pour la liberté. Des questions de libre pensée, d'intelligence et d'art, sont tranchées impérialement par les vizirs du roi des barricades.

Il est profondément triste de voir comment se termine la Révolution de juillet, *mulier formosa supernè.*

Sans doute, si l'on ne considère que le peu d'importance de l'ouvrage et de l'auteur dont il est ici question, la mesure ministérielle qui les frappe n'est pas grand'chose. Ce n'est qu'un méchant petit coup d'Etat littéraire, qui n'a d'autre mérite que de ne pas trop dépareiller la collection d'actes arbitraires à laquelle il fait suite. Mais, si l'on s'élève plus haut, on verra qu'il ne s'agit pas seulement dans cette affaire d'un drame et d'un poëte, mais, nous l'avons dit en commençant, que la liberté et la propriété sont toutes deux, sont tout entières engagées dans la question. Ce sont là de hauts et sérieux intérêts; et, quoique l'auteur soit obligé d'entamer cette importante affaire par un simple procès commercial au Théâtre-Français, ne pouvant attaquer directement le ministère, barricadé derrière les fins de non-recevoir du conseil d'Etat, il espère que sa cause sera aux yeux de tous une grande cause, le jour où il se présentera à la barre du tribunal consulaire, avec la liberté à sa droite et la propriété à sa gauche. Il parlera lui-même, au besoin, pour l'indépendance de son art. Il plaidera son droit fermement, avec gravité et simplicité, sans haine des personnes et sans crainte aussi. Il compte sur le concours de tous, sur l'appui franc et cordial de la presse, sur la justice de l'opinion, sur l'équité des tribunaux. Il réussira, il n'en doute pas. L'état de siége sera levé dans la cité littéraire comme dans la cité politique.

Quand cela sera fait, quand il aura rapporté chez lui, intacte, inviolable et sacrée, sa liberté de poëte et de citoyen, il se remettra paisiblement à l'œuvre de sa vie dont on l'arrache violemment et qu'il eût voulu ne jamais quitter un instant. Il a sa besogne à faire, il le sait, et rien ne l'en distraira. Pour le moment un rôle politique lui vient; il ne l'a pas cherché, il l'accepte. Vraiment, le pouvoir qui s'attaque à nous n'aura pas gagné grand'chose à ce que nous, hommes d'art, nous quittions notre tâche consciencieuse, tranquille, sincère, profonde, notre tâche sainte, notre tâche du passé et de l'avenir, pour aller nous mêler, indignés, offensés et sévères, à cet auditoire irrévérent et railleur qui depuis quinze ans regarde passer, avec des huées et des sifflets, quelques pauvres diables de gâcheurs politiques, lesquels s'imaginent qu'ils bâtissent un édifice social parce qu'ils vont tous les jours à grand'peine, suant et soufflant, brouetter des tas de projets de lois des Tuileries au Palais-Bourbon et du Palais-Bourbon au Luxembourg !

30 novembre 1832.

NOTE

AJOUTÉE A LA CINQUIÈME ÉDITION.

— Décembre 1832. —

L'auteur, ainsi qu'il en avait pris l'engagement, a traduit l'acte arbitraire du gouvernement devant les tribunaux. La cause a été débattue le 19 décembre, en audience solennelle, devant le Tribunal de commerce. Le jugement n'est pas encore prononcé à l'heure où nous écrivons; mais l'auteur compte sur des juges intègres, qui sont jurés en même temps que juges, et qui ne voudront pas démentir leurs honorables antécédents.

L'auteur s'empresse de joindre à cette édition du drame défendu son plaidoyer complet, tel qu'il l'a prononcé. Il est heureux que cette occasion se présente pour remercier et féliciter encore une fois hautement M. Odilon Barrot, dont la belle improvisation, lucide et grave dans l'exposition de la cause, véhémente et magnifique dans la réplique, a fait sur le tribunal et sur l'assemblée cette impression profonde que la parole de cet orateur renommé est habituée à produire sur tous les auditoires. L'auteur est heureux aussi de remercier le public, ce public immense qui encombrait les vastes salles de la Bourse; ce public qui était venu en foule assister, non à un simple débat commercial et privé, mais au procès de l'arbitraire fait par la liberté; ce public auquel des journaux, honorables d'ailleurs, ont reproché à tort, selon nous, des tumultes inséparables de toute foule, de toute réunion trop nombreuse pour ne pas être gênée, et qui avaient toujours eu lieu dans toutes les occasions pareilles, et notamment aux derniers procès politiques si célèbres de la Restauration; ce public désintéressé et loyal que certaines autres feuilles, acquises en toute occasion au ministère, ont cru devoir insulter, parce qu'il a accueilli par des murmures et des signes d'antipathie l'apologie officielle d'un acte illégal, révoltant, et par des applaudissements l'écrivain qui venait réclamer fermement en face de tous l'affranchissement de sa pensée. Sans doute, en général, il est à souhaiter que la justice des tribunaux soit troublée le moins possible par des manifestations extérieures d'approbation ou d'improbation; cependant il n'est peut-être pas de procès politique où cette réserve ait pu être observée; et dans la circonstance actuelle, comme il s'agissait ici d'un acte important dans la carrière d'un citoyen, l'auteur range parmi les plus précieux souvenirs de sa vie les marques éclatantes de sympathie qui sont venues prêter tant d'autorité à sa parole, si peu importante par elle-même, et qui lui ont donné le redoutable caractère d'une réclamation générale. Il n'oubliera jamais quels témoignages d'affection et de faveur cette foule intelligente et amie de toutes les idées d'honneur et d'indépendance lui a prodigués avant, pendant et après l'audience. Avec de pareils encouragements, il est impossible que l'art ne se maintienne pas imperturbablement dans la double voie de la liberté littéraire et de la liberté politique.

Paris, 21 décembre 1832.

DISCOURS

PRONONCÉ

PAR MONSIEUR VICTOR HUGO

LE 19 DÉCEMBRE 1832

DEVANT LE TRIBUNAL DE COMMERCE

Pour contraindre le Théâtre-Français à représenter, et le gouvernement à laisser représenter LE ROI S'AMUSE.

« Messieurs, après l'orateur éloquent qui me prête si généreusement l'assistance puissante de sa parole, je n'aurais rien à dire si je ne croyais de mon devoir de ne pas laisser passer sans une protestation solennelle et sévère l'acte hardi et coupable qui a violé tout notre droit public dans ma personne.

« Cette cause, messieurs, n'est pas une cause ordinaire. Il semble à quelques personnes, au premier aspect, que ce n'est qu'une simple action commerciale, qu'une réclamation d'indemnités pour la non-exécution d'un contrat privé, en un mot, que le procès d'un auteur à un théâtre. Non, messieurs, c'est plus que cela, c'est le procès d'un citoyen à un gouvernement. Au fond de cette affaire, il y a une pièce défendue *par ordre*; or, une pièce défendue par ordre, c'est la censure, et la Charte abolit la censure; une pièce défendue par ordre, c'est la confiscation, et la Charte abolit la confiscation. Votre jugement, s'il m'est favorable, et il me semble que je vous ferais injure d'en douter, sera un blâme manifeste, quoique indirect, de la censure et de la confiscation. Vous voyez, messieurs, combien l'horizon de la cause s'élève et s'élargit. Je plaide ici pour quelque chose de plus haut que mon intérêt propre; je plaide pour mes droits les plus généraux, pour mon droit de penser et pour mon droit de posséder, c'est-à-dire pour le droit de tous. C'est une cause générale que la mienne, comme c'est une équité absolue que la vôtre. Les petits détails du procès s'effacent devant la question ainsi posée. Je ne suis plus simplement un écrivain, vous n'êtes plus simplement des juges consulaires. Votre conscience est face à face avec la mienne. Sur ce tribunal vous représentez une idée auguste, et moi, à cette barre, j'en représente une autre. Sur votre siège il y a la justice, sur le mien il y a la liberté.

« Or, la justice et la liberté sont faites pour s'entendre. La liberté est juste et la justice est libre.

« Ce n'est pas la première fois, M. Odilon Barrot vous l'a dit avant moi, messieurs, que le Tribunal de commerce aura été appelé à condamner, sans sortir de sa compétence, les actes arbitraires du pouvoir. Le premier tribunal qui a déclaré illégales les ordonnances du 25 juillet 1830, personne ne l'a oublié, c'est le Tribunal de commerce. Vous suivrez, messieurs, ces mémorables antécédents, et, quoique la question soit bien moindre, vous maintiendrez le droit aujourd'hui, comme vous l'avez maintenu alors; vous écouterez, je l'espère, avec sympathie, ce que j'ai à vous dire; vous avertirez par votre sentence le gouvernement qu'il entre dans une voie mauvaise, et qu'il a eu tort de brutaliser l'art et la pensée; vous me rendrez mon droit et mon bien; vous flétrirez au front la police et la censure qui sont venues chez moi, de nuit, me voler ma liberté et ma propriété avec effraction de la Charte.

« Et ce que je dis ici, je le dis sans colère; cette réparation que je vous demande, je la demande avec gravité et modération. A Dieu ne plaise que je gâte la beauté et la bonté de ma cause par des paroles violentes. Qui a le droit a la force, et qui a la force dédaigne la violence.

« Oui, messieurs, le droit est de mon côté. L'admirable discussion de M. Odilon Barrot vous a prouvé victorieusement qu'il n'y a rien dans l'acte ministériel qui a défendu *le Roi s'amuse* que d'arbitraire, d'illégal et d'inconstitutionnel. En vain essayerait-on de faire revivre, pour attribuer la censure au pouvoir, une loi de la terreur, une loi qui ordonne en propres termes aux théâtres de jouer trois fois par semaine les tragédies de *Brutus* et de *Guillaume Tell*, de ne monter que des *pièces républicaines* et d'arrêter les représentations de tout ouvrage qui tendrait, je cite textuellement, *à dépraver l'esprit public et à réveiller la honteuse superstition de la royauté*. Cette loi, messieurs, les appuis actuels de la royauté nouvelle oseraient-ils bien l'invoquer, et l'invoquer contre *le Roi s'amuse?* N'est-elle pas évidemment abrogée dans son texte comme dans son esprit? Faite pour la terreur, elle est morte avec la terreur. N'en est-il pas de même de tous ces décrets impériaux, d'après lesquels, par exemple, le pouvoir aurait non-seulement le droit de censurer les ouvrages de théâtre, mais encore la faculté d'envoyer, selon son bon plaisir et sans jugement, un acteur en prison? Est-ce que tout cela existe à l'heure qu'il est? Est-ce que toute cette législation d'exception et de raccroc n'a pas été solennellement raturée par la Charte de 1830? Nous en appelons au serment sérieux du 9 août. La France de Juillet n'a à compter ni avec le despotisme conventionnel, ni avec le despotisme impérial. La Charte de 1830 ne se laisse bâillonner ni par 1807, ni par 93.

« La liberté de la pensée, dans tous ses modes de publication, par le théâtre comme par la presse, par la chaire comme par la tribune, c'est là, messieurs, une des principales bases de notre droit public. Sans doute il faut pour chacun de ces modes de publication une loi organique, une loi répressive et non préventive, une loi de bonne foi, d'accord avec la loi fondamentale, et qui, en laissant toute carrière à la liberté, emprisonne la licence dans une pénalité sévère. Le théâtre en particulier, comme lieu public, nous nous empressons de le déclarer, ne saurait se soustraire à la surveillance légitime de l'autorité municipale. Eh bien! messieurs, cette loi sur les théâtres, cette loi plus facile à faire peut-être qu'on ne pense communément, et que chacun de nous, poëtes dramatiques, a probablement construite plus d'une fois dans son esprit, cette loi manque, cette loi n'est pas faite. Nos ministres, qui produisent, bon an, mal an, soixante-dix à quatre-vingts lois par session, n'ont pas jugé à propos de produire celle-là. Une loi sur les théâtres, cela leur aura paru chose peu urgente. Chose peu urgente en effet, qui n'intéresse que la liberté de la pensée, le progrès de la civilisation, la morale publique, le nom des familles, l'honneur des particuliers, et, à de certains moments, la tranquillité de Paris, c'est-à-dire la tranquillité de la France, c'est-à-dire la tranquillité de l'Europe!

« Cette loi de la liberté des théâtres, qui aurait dû être formulée depuis 1830 dans l'esprit de la nouvelle Charte, cette loi manque, je le répète, et manque par la faute du gouvernement. La législation antérieure est évidemment écroulée, et tous les sophismes dont on replâtrerait sa ruine ne la reconstruiraient pas. Donc, entre une loi qui n'existe plus et une loi qui n'existe pas encore, le pouvoir est sans droit pour arrêter une pièce de théâtre. Je n'insisterai pas sur ce que M. Odilon Barrot a si souverainement démontré.

« Ici se présente une objection de second ordre que je

vais cependant discuter. — La loi manque, il est vrai, dira-t-on ; mais, dans l'absence de la législation, le pouvoir doit-il rester complétement désarmé ? Ne peut-il pas apparaître tout à coup sur le théâtre une de ces pièces infâmes, faites évidemment dans un but de marchandise et de scandale, où tout ce qu'il y a de saint, de religieux et de moral dans le cœur de l'homme soit effrontément raillé et moqué, où tout ce qui fait le repos de la famille et la paix de la cité soit remis en question, où même des personnes vivantes soient piloriées sur la scène au milieu des huées de la multitude ? la raison d'Etat n'imposerait-elle pas au gouvernement le devoir de fermer le théâtre à des ouvrages si monstrueux, malgré le silence de la loi ? — Je ne sais pas, messieurs, s'il a jamais été fait de pareils ouvrages, je ne veux pas le savoir, je ne le crois pas et je ne veux pas le croire, et je n'accepterais en aucune façon la charge de les dénoncer ici ; mais, dans ce cas-là même, je le déclare, tout en déplorant le scandale causé, tout en comprenant que d'autres conseillent au pouvoir d'arrêter sur-le-champ un ouvrage de ce genre, et d'aller ensuite demander aux Chambres un bill d'indemnité, je ne ferai pas, moi, fléchir la rigueur du principe. Je dirais au gouvernement : Voilà les conséquences de votre négligence à présenter une loi aussi pressante que la loi de la liberté théâtrale! vous êtes dans votre tort, réparez-le, hâtez-vous de demander une législation pénale aux Chambres, et, en attendant, poursuivez le drame coupable avec le code de la presse qui, jusqu'à ce que les lois spéciales soient faites, régit, selon moi, tous les modes de publicité. Je dis, selon moi, car ce n'est ici que mon opinion personnelle. Mon illustre défenseur, je le sais, n'admet qu'avec plus de restriction que moi la liberté des théâtres ; je parle ici, non avec les lumières du jurisconsulte, mais avec le simple bon sens du citoyen ; si je me trompe, qu'on ne prenne acte de mes paroles que contre moi, et non contre mon défenseur. Je le répète, messieurs, je ne ferais pas fléchir la rigueur du principe ; je n'accorderais pas au pouvoir la faculté de confisquer la liberté dans un cas même légitime en apparence, de peur qu'il n'en vînt un jour à la confisquer dans tous les cas ; je penserais que réprimer le scandale par l'arbitraire, c'est faire deux scandales au lieu d'un ; et je dirais avec un homme éloquent et grave, qui doit gémir aujourd'hui de la façon dont ses disciples appliquent ses doctrines : *Il n'y a pas de droit au-dessus du droit.*

« Or, messieurs, si un pareil abus de pouvoir, tombant même sur une œuvre de licence, d'effronterie et de diffamation, serait déjà inexcusable, combien ne l'est-il pas davantage et que ne doit-on pas dire quand il tombe sur un ouvrage d'art pur, quand il s'en va choisir, pour la proscrire, à travers toutes les pièces qui ont été données depuis deux ans, précisément une composition sérieuse, austère et morale ! C'est pourtant là ce que le gauche pouvoir qui nous administre a fait en arrêtant *le Roi s'amuse.* M. Odilon Barrot vous a prouvé qu'il avait agi sans droit : je vous prouve, moi, qu'il a agi sans raison.

« Les motifs que les familiers de la police ont murmurés pendant quelques jours autour de nous, pour expliquer la prohibition de cette pièce, sont de trois espèces : il y a la raison morale, la raison politique, et, il faut bien le dire aussi, quoique cela soit risible, la raison littéraire. Virgile raconte qu'il entrait plusieurs ingrédients dans les foudres que Vulcain fabriquait pour Jupiter. Le petit foudre ministériel qui a frappé ma pièce, et que la censure avait forgé pour la police, est fait avec trois mauvaises raisons tordues ensemble, mêlées et amalgamées, *tres imbris torti radios.* Examinons-les l'une après l'autre.

« Il y a d'abord, ou plutôt il y avait, la raison morale. Oui, messieurs, je l'affirme, parce que cela est incroyable, la police a prétendu d'abord que *le Roi s'amuse* était, je cite l'expression, *une pièce immorale*. J'ai déjà imposé silence à la police sur ce point. Elle s'est tue, et elle a bien fait. En publiant *le Roi s'amuse*, j'ai déclaré hautement, non pour la police, mais pour les hommes honorables qui veulent bien me lire, que ce drame était profondément moral et sévère. Personne ne m'a démenti, et personne ne me démentira, j'en ai l'intime conviction au fond de ma conscience d'honnête homme. Toutes les préventions que la police avait un moment réussi à soulever contre la moralité de cette œuvre sont évanouies à l'heure où je parle. Quatre mille exemplaires du livre, répandus dans le public, ont plaidé ce procès chacun de leur côté, et ces quatre mille avocats ont gagné ma cause. Dans une pareille matière, d'ailleurs, mon affirmation suffisait. Je ne rentrerai donc pas dans une discussion superflue. Seulement, pour l'avenir comme pour le passé, que la police sache une fois pour toutes que je ne fais pas de pièces immorales. Qu'elle se le tienne pour dit. Je n'y reviendrai plus

« Après la raison morale, il y a la raison politique. Ici, messieurs, comme je ne pourrais que répéter les mêmes idées en d'autres termes, permettez-moi de vous citer une page de la préface que j'ai attachée au drame (1)............

« Ces ménagements que je me suis engagé à garder, je les garderai, messieurs. Les hautes personnes intéressées à ce que cette discussion reste digne et décente n'ont rien à craindre de moi. Je suis sans colère et sans haine. Seulement que la police ait donné à l'un de mes vers un sens qu'il n'a pas, qu'il n'a jamais eu dans ma pensée, je déclare que cela est insolent, et que cela n'est pas moins insolent pour le roi que pour le poëte. Que la police sache une fois pour toutes que je ne fais pas de pièces à allu-

(1) Voir la préface, page 168.

sions. Qu'elle se tienne encore ceci pour dit. C'est aussi là une chose sur laquelle je ne reviendrai plus.

« Après la raison morale et la raison politique, il y a la raison littéraire. Un gouvernement arrêtant une pièce pour des raisons littéraires, ceci est étrange, et ceci n'est pourtant pas sans réalité. Souvenez-vous, si toutefois cela vaut la peine qu'on s'en souvienne, qu'en 1829, à l'époque où les premiers ouvrages dits *romantiques* apparaissaient sur le théâtre, vers le moment où la Comédie-Française recevait *Marion de Lorme*, une pétition, signée par sept personnes, fut présentée au roi Charles X pour obtenir que le Théâtre-Français fût fermé tout bonnement, et de par le roi, aux ouvrages de ce qu'on appelait la *nouvelle école*. Charles X se prit à rire, et répondit spirituellement qu'en matière littéraire il n'avait, comme nous tous, *que sa place au parterre*. La pétition expira sous le ridicule. Eh bien! messieurs, aujourd'hui plusieurs des signataires de cette pétition sont députés, députés influents de la majorité, ayant part au pouvoir et votant le budget. Ce qu'ils pétitionnaient timidement en 1829, ils ont pu, tout-puissants qu'ils sont, le faire en 1832. La notoriété publique raconte, en effet, que ce sont eux qui, le lendemain de la première représentation, ont abordé le ministre à la chambre des députés, et ont obtenu de lui, sous tous les prétextes moraux et politiques possibles, que *le Roi s'amuse* fût arrêté. Le ministre, homme ingénu, innocent et candide, a bravement pris le change; il n'a pas su démêler sous toutes ces enveloppes l'animosité directe et personnelle; il a cru faire de la proscription politique, j'en suis fâché pour lui, on lui a fait faire de la proscription littéraire. Je n'insisterai pas davantage là-dessus. C'est une règle pour moi de m'abstenir des personnalités et des noms propres pris en mauvaise part, même quand il y aurait lieu à de justes représailles. D'ailleurs cette toute petite manigance littéraire m'inspire infiniment moins de colère que de pitié. Cela est curieux, voilà tout. Le gouvernement prêtant main-forte à l'Académie en 1832 ! Aristote redevenu loi de l'Etat ! une imperceptible contre-révolution littéraire manœuvrant à fleur d'eau au milieu de nos grandes révolutions politiques ! des députés qui ont déposé Charles X travaillant dans un petit coin à restaurer Boileau ! quelle pauvreté !

« Ainsi, messieurs, en admettant pour un instant, ce qui est si invinciblement contesté par nous, que le ministère ait eu le droit d'arrêter *le Roi s'amuse*, il n'a pas une raison *raisonnable* à alléguer pour l'avoir fait. Raisons morales, nulles ; raisons politiques, inadmissibles ; raisons littéraires, ridicules. Mais y a-t-il donc quelques raisons personnelles ? Suis-je un de ces hommes qui vivent de diffamation et de désordre, un de ces hommes chez lesquels l'intention mauvaise peut toujours être présupposée, un de ces hommes qu'on peut prendre à toute heure en flagrant délit de scandale, un de ces hommes enfin contre lesquels la société se défend comme elle peut ? Messieurs, l'arbitraire n'est permis contre personne, pas même contre ces hommes-là, s'il en existe. Assurément je ne descendrai pas à vous prouver que je ne suis pas de ces hommes-là. Il est des idées que je ne laisse pas approcher de moi. Seulement j'affirme que le pouvoir a eu tort de venir se heurter à celui qui vous parle en ce moment, et je vous demande la permission, sans entrer dans une apologie inutile, et que nul n'a droit de me demander, de vous redire ici ce que je disais il y a peu de jours au public (1)......

« Messieurs, je me résume. En arrêtant ma pièce, le ministre n'a, d'une part, pas un texte de loi valide à citer : d'autre part, pas une raison valable à donner. Cette me-

(1) Voir la préface, page 168.

sure a deux aspects également mauvais : selon la loi elle est arbitraire, selon le raisonnement elle est absurde. Que peut-il donc alléguer dans cette affaire le pouvoir, qui n'a pour lui ni la raison ni le droit? Son caprice, sa fantaisie, sa volonté, c'est-à-dire rien.

« Vous ferez justice, messieurs, de cette volonté, de cette fantaisie, de ce caprice. Votre jugement, en me donnant gain de cause, apprendra au pays, dans cette affaire, qui est petite, comme dans celle des ordonnances de Juillet, qui était grande, qu'il n'y a en France d'autre *force majeure* que celle de la loi, et qu'il y a au fond de ce procès un ordre illégal que le ministre a eu tort de donner, et que le théâtre a eu tort d'exécuter.

« Votre jugement apprendra au pouvoir que ses amis eux-mêmes le blâment loyalement dans cette occasion, que le droit de tout citoyen est sacré pour tout ministre, qu'une fois les conditions d'ordre et de sûreté générale remplies, le théâtre doit être respecté comme une des voix avec lesquelles parle la pensée publique, et qu'enfin, que ce soit la presse, la tribune ou le théâtre, aucun des soupiraux par où s'échappe la liberté de l'intelligence ne peut être fermé sans péril. Je m'adresse à vous avec une foi profonde dans l'excellence de ma cause. Je ne craindrai jamais, dans de pareilles occasions, de prendre un ministère corps à corps; et les tribunaux sont les juges naturels de ces honorables duels du bon droit contre l'arbitraire; duels moins inégaux qu'on ne pense, car, s'il y a d'un côté tout un gouvernement, et de l'autre rien qu'un simple citoyen, ce simple citoyen est bien fort quand il peut traîner à votre barre un acte illégal, tout honteux d'être ainsi exposé au grand jour, et le souffleter publiquement devant vous, comme je le fais, avec quatre articles de la Charte.

« Je ne me dissimule pas cependant que l'heure où nous sommes ne ressemble plus à ces dernières années de la Restauration où la résistance aux empiétements du gouvernement était si applaudie, si encouragée, si populaire. Les idées d'immobilité et de pouvoir ont momentanément plus de faveur que les idées de progrès et d'affranchissement. C'est une réaction naturelle après cette brusque reprise de toutes nos libertés au pas de course, qu'on a appelée la Révolution de 1830. Mais cette réaction durera peu. Nos ministres seront étonnés un jour de la mémoire implacable avec laquelle les hommes mêmes qui composent à cette heure leur majorité leur rappelleront tous les griefs qu'on a l'air d'oublier si vite aujourd'hui. D'ailleurs, que ce jour vienne tard ou bientôt, cela ne m'importe guère. Dans cette circonstance, je ne cherche pas plus l'applaudissement que je ne crains l'invective; je n'ai suivi que le conseil austère de mon droit et de mon devoir.

« Je dois le dire ici, j'ai de fortes raisons de croire que le gouvernement profitera de cet engourdissement passager de l'esprit public pour rétablir formellement la censure, et que mon affaire n'est autre chose qu'un prélude, qu'une préparation, qu'un acheminement à une mise hors la loi générale de toutes les libertés du théâtre. En ne faisant pas de loi répressive; en laissant exprès déborder depuis deux ans la licence sur la scène, le gouvernement s'imagine avoir créé dans l'opinion des hommes honnêtes, que cette licence peut révolter, un préjugé favorable à la censure dramatique. Mon avis est qu'il se trompe, et que jamais la censure ne sera en France autre chose qu'une illégalité impopulaire. Quant à moi, que la censure des théâtres soit rétablie par une ordonnance qui serait illégale, ou par une loi qui serait inconstitutionnelle, je déclare que je ne m'y soumettrai jamais que comme on se soumet à un pouvoir de fait, en protestant; et cette protestation, messieurs, je la fais ici solennellement, et pour le présent et pour l'avenir.

« Et observez d'ailleurs comme, dans cette série d'actes arbitraires qui se succèdent depuis quelque temps, le gouvernement manque de grandeur, de franchise et de courage. Cet édifice, beau, quoique incomplet, qu'avait improvisé la Révolution de juillet, il le mine lentement, souterrainement, sourdement, obliquement, tortueusement. Il nous prend toujours en traître, par derrière, au moment où l'on ne s'y attend pas. Il n'ose pas censurer ma pièce avant la représentation, il l'arrête le lendemain. Il nous conteste nos franchises les plus essentielles; il nous chicane nos facultés les mieux acquises; il échafaude son arbitraire sur un tas de vieilles lois vermoulues et abrogées; il s'embusque, pour nous dérober nos droits, dans cette forêt de Bondy des décrets impériaux, à travers lesquels la liberté ne passe jamais sans être dévalisée.

« Je dois vous faire remarquer ici, en passant, messieurs, que je n'entends franchir dans mon langage aucune des convenances parlementaires. Il importe à ma loyauté qu'on sache bien quelle est la portée précise de mes paroles quand j'attaque le gouvernement dont un membre actuel a dit : *Le roi règne et ne gouverne pas.* Il n'y a pas d'arrière-pensée dans ma polémique. Le jour où je croirai devoir me plaindre d'une personne couronnée, je lui adresserai ma plainte à elle-même, je la regarderai en face, et je lui dirai : Sire! En attendant, c'est à ses conseillers que j'en veux : c'est sur les ministres seulement que tombe ma parole, quoique cela puisse sembler singulier dans un temps où les ministres sont inviolables et les rois responsables.

« Je reprends, et je dis que le gouvernement nous retire petit à petit tout ce que nos quarante ans de révolution nous avaient acquis de droits et de franchises. Je dis que c'est à la probité des tribunaux de l'arrêter dans cette voie fatale pour lui comme pour nous. Je dis que le pouvoir actuel manque particulièrement de grandeur et de courage dans la manière mesquine dont il fait cette opération hasardeuse que chaque gouvernement, par un aveuglement étrange, tente à son tour, et qui consiste à substituer plus ou moins rapidement l'arbitraire à la constitution, le despotisme à la liberté.

« Bonaparte, quand il fut consul et quand il fut empereur, voulut aussi le despotisme. Mais il fit autrement. Il y entra de front et de plain-pied. Il n'employa aucune des misérables petites précautions avec lesquelles on escamote aujourd'hui une à une toutes nos libertés, les aînées comme les cadettes, celles de 1830 comme celles de 1789. Napoléon ne fut ni sournois ni hypocrite. Napoléon ne nous filouta pas nos droits l'un après l'autre à la faveur de notre assoupissement, comme on fait maintenant. Napoléon prit tout, à la fois, d'un seul coup et d'une seule main. Le lion n'a pas les mœurs du renard.

« Alors, messieurs, c'était grand! L'Empire, comme gouvernement et comme administration, fut assurément une époque d'intolérable tyrannie, mais souvenons-nous que notre liberté nous fut largement payée en gloire. La France d'alors avait, comme Rome sous César, une attitude tout à la fois soumise et superbe. Ce n'était pas la France comme nous la voulons, la France libre, la France souveraine d'elle-même, c'était la France esclave d'un homme et maîtresse du monde.

« Alors on nous prenait notre liberté, c'est vrai; mais on nous donnait un bien sublime spectacle. On disait : Tel jour, à telle heure, j'entrerai dans telle capitale; et l'on y entrait au jour dit et à l'heure dite. On faisait se coudoyer toutes sortes de rois dans ses antichambres. On détrônait une dynastie avec un décret du *Moniteur*. Si l'on avait la fantaisie d'une colonne, on en faisait fournir le bronze par l'empereur d'Autriche. On réglait un peu arbitrairement, je l'avoue, le sort des comédiens français, mais on datait le règlement de Moscou. On nous prenait toutes nos libertés, dis-je, on avait un bureau de censure, on mettait nos livres au pilon, on rayait nos pièces de l'affiche; mais, à toutes nos plaintes, on pouvait faire d'un seul mot des réponses magnifiques, on pouvait nous répondre : Marengo! Iéna! Austerlitz!

« Alors, je le répète, c'était grand; aujourd'hui, c'est petit. Nous marchons à l'arbitraire comme alors, mais nous ne sommes pas des colosses. Notre gouvernement n'est pas de ceux qui peuvent consoler une grande nation de la perte de sa liberté. En fait d'art, nous déformons les Tuileries; en fait de gloire, nous laissons périr la Pologne. Cela n'empêche pas nos petits hommes d'Etat de traiter la liberté comme s'ils étaient taillés en despotes; de mettre la France sous leurs pieds, comme s'ils avaient des épaules à porter le monde. Pour peu que cela continue encore quelque temps, pour peu que les lois proposées soient adoptées, la confiscation de tous nos droits sera complète. Aujourd'hui on me fait prendre ma liberté de poëte par un censeur, demain on me fera prendre ma liberté de citoyen par un gendarme; aujourd'hui on me bannit du théâtre, demain on me bannira du pays; aujourd'hui on me bâillonne, demain on me déportera; aujourd'hui l'état de siége est dans la littérature, demain il sera dans la cité. De liberté, de garanties, de Charte, de droit public, plus un mot. Néant. Si le gouvernement, mieux conseillé par ses propres intérêts, ne s'arrête sur cette pente pendant qu'il en est temps encore, avant peu nous aurons tout le despotisme de 1807, moins la gloire. Nous aurons l'Empire sans l'empereur.

« Je n'ai plus que quatre mots à dire, messieurs, et je désire qu'ils soient présents à votre esprit au moment où vous délibérerez. Il n'y a eu dans ce siècle qu'un grand homme, Napoléon, et une grande chose, la liberté. Nous n'avons plus le grand homme, tâchons d'avoir la grande chose.»

PERSONNAGES.

FRANÇOIS PREMIER.
TRIBOULET.
BLANCHE.
MONSIEUR DE SAINT-VALLIER.
SALTABADIL.
MAGUELONNE.
CLÉMENT MAROT.
MONSIEUR DE PIENNE.
MONSIEUR DE GORDES.
MONSIEUR DE PARDAILLAN.
MONSIEUR DE BRION.
MONSIEUR DE MONTCHENU.
MONSIEUR DE MONTMORENCY.
MONSIEUR DE COSSÉ.
MONSIEUR DE LA TOUR-LANDRY.
MADAME DE COSSÉ.
DAME BÉRARDE.
Un Gentilhomme de la reine.
Un Valet du roi.
Un Médecin.
Seigneurs, Pages.
Gens du Peuple.

Paris, 152..

I

MONSIEUR DE SAINT-VALLIER

ACTE PREMIER

Une fête de nuit au Louvre. Salles magnifiques pleines d'hommes et de femmes en parure. Flambeaux, musique, danses, éclats de rire — Des valets portent des plats d'or et des vaisselles d'émail; des groupes de seigneurs et de dames passent et repassent sur le théâtre. — La fête tire à sa fin; l'aube blanchit les vitraux. Une certaine liberté règne; la fête a un peu le caractère d'une orgie. — Dans l'architecture, dans les ameublements, dans les vêtements, le goût de la renaissance.

SCÈNE PREMIÈRE.

LE ROI, — comme l'a peint Titien. — MONSIEUR DE LA TOUR-LANDRY.

LE ROI.
Comte, je veux mener à fin cette aventure.
Une femme bourgeoise, et de naissance obscure
Sans doute, mais charmante !
  MONSIEUR DE LA TOUR-LANDRY.
      Et vous la rencontrez
Le dimanche à l'église?
  LE ROI.
    A Saint-Germain-des-Prés.
J'y vais chaque dimanche.

MONSIEUR DE LA TOUR-LANDRY.

Et voilà tout à l'heure
Deux mois que cela dure?

LE ROI.

Oui.

MONSIEUR DE LA TOUR-LANDRY.

La belle demeure?

LE ROI.

Au cul-de-sac Bussy.

MONSIEUR DE LA TOUR-LANDRY.

Près de l'hôtel Cossé?

LE ROI, *avec un signe affirmatif.*
Dans l'endroit où l'on trouve un grand mur.

MONSIEUR DE LA TOUR-LANDRY.

Ah! je sai.
Et vous la suivez, sire?

LE ROI.

Une farouche vieille
Qui lui garde les yeux, et la bouche et l'oreille,
Est toujours là.

MONSIEUR DE LA TOUR-LANDRY.

Vraiment?

LE ROI.

Et le plus curieux,
C'est que le soir un homme, à l'air mystérieux,
Très-bien enveloppé, pour se glisser dans l'ombre,
D'une cape fort noire et de la nuit fort sombre,
Entre dans la maison.

MONSIEUR DE LA TOUR-LANDRY.

Hé! faites de même!

LE ROI.

Hein!
La maison est fermée et murée au prochain!

MONSIEUR DE LA TOUR-LANDRY.

Par Votre Majesté quand la dame est suivie,
Vous a-t-elle parfois donné signe de vie ?

LE ROI.

Mais, à certains regards, je crois, sans trop d'erreur,
Qu'elle n'a pas pour moi d'insurmontable horreur.

MONSIEUR DE LA TOUR-LANDRY.

Sait-elle que le roi l'aime ?

LE ROI, *avec un signe négatif.*

Je me déguise
D'une livrée en laine et d'une robe grise.

MONSIEUR DE LA TOUR-LANDRY, *riant.*

Je vois que vous aimez d'un amour épuré
Quelque auguste Toinon, maîtresse d'un curé !

Entrent plusieurs seigneurs et Triboulet.

LE ROI, *à monsieur de la Tour-Landry.*

Chut ! on vient. — En amour il faut savoir se taire
Quand on veut réussir.

Se tournant vers Triboulet, qui s'est approché pendant ces dernières paroles et les a entendues.

N'est-ce pas ?

TRIBOULET.

Le mystère
Est la seule enveloppe où la fragilité
D'une intrigue d'amour puisse être en sûreté.

SCÈNE II.

LE ROI, TRIBOULET, MONSIEUR DE GORDES, plusieurs Seigneurs. Les seigneurs superbement vêtus. Triboulet, dans son costume de fou, comme l'a peint Boniface.

Le roi regarde passer un groupe de femmes.

MONSIEUR DE LA TOUR-LANDRY.
Madame de Vendosme est divine!
MONSIEUR DE GORDES.
Mesdames
D'Albe et de Montchevreuil sont de fort belles femmes.
LE ROI.
Madame de Cossé les passe toutes trois.
MONSIEUR DE GORDES.
Madame de Cossé! sire, baissez la voix.
*Lui montrant monsieur de Cossé, qui passe au fond du théâtre.
— Monsieur de Cossé, court et ventru, « un des quatre plus gros gentilshommes de France, » dit Brantôme.*
Le mari vous entend.
LE ROI.
Hé! mon cher Simiane,
Qu'importe!
MONSIEUR DE GORDES.
Il l'ira dire à madame Diane.
LE ROI.
Qu'importe!
Il va au fond du théâtre parler à d'autres femmes qui passent.
TRIBOULET, *à monsieur de Gordes.*
Il va fâcher Diane de Poitiers.
Il ne lui parle pas depuis huit jours entiers.
MONSIEUR DE GORDES.
S'il l'allait renvoyer à son mari?

ACTE I, SCÈNE II.

TRIBOULET.
J'espère
Que non.

MONSIEUR DE GORDES.
Elle a payé la grâce de son père.
Partant, quitte.

TRIBOULET.
A propos du sieur de Saint-Vallier,
Quelle idée avait-il, ce vieillard singulier,
De mettre dans un lit nuptial sa Diane,
Sa fille, une beauté choisie et diaphane,
Un ange que du ciel la terre avait reçu,
Tout pêle-mêle avec un sénéchal bossu !

MONSIEUR DE GORDES.
C'est un vieux fou. — J'étais sur son échafaud même
Quand il reçut sa grâce. — Un vieillard grave et blême.
— J'étais plus près de lui que je ne suis de toi.
— Il ne dit rien, sinon : Que Dieu garde le roi !
Il est fou maintenant tout à fait.

LE ROI, *passant avec madame de Cossé.*
Inhumaine !
Vous partez !

MADAME DE COSSÉ, *soupirant.*
Pour Soissons, où mon mari m'emmène.

LE ROI.
N'est-ce pas une honte, alors que tout Paris,
Et les plus grands seigneurs et les plus beaux esprits,
Fixent sur vous des yeux pleins d'amoureuse envie,
A l'instant le plus beau d'une si belle vie,
Quand tous faiseurs de duels et de sonnets, pour vous,
Gardent leurs plus beaux vers et leurs plus fameux coups,
A l'heure où vos beaux yeux, semant partout les flammes,
Font sur tous leurs amants veiller toutes les femmes.
Que vous, qui d'un tel lustre éblouissez la cour,

Que, ce soleil parti, l'on doute s'il fait jour,
Vous alliez, méprisant duc, empereur, roi, prince,
Briller, astre bourgeois, dans un ciel de province!

MADAME DE COSSÉ.

Calmez-vous!

LE ROI.

Non, non, rien. Caprice original
Que d'éteindre le lustre au beau milieu du bal!

Entre monsieur de Cossé.

MADAME DE COSSÉ.

Voici mon jaloux, sire!

Elle quitte vivement le roi.

LE ROI.

Ah! le diable ait son âme!

A Triboulet.

Je n'en ai pas moins fait un quatrain à sa femme!
Marot t'a-t-il montré ces derniers vers de moi?...

TRIBOULET.

Je ne lis pas de vers de vous. — Des vers de roi
Sont toujours très-mauvais.

LE ROI.

Drôle!

TRIBOULET.

Que la canaille
Fasse rimer amour et jour vaille que vaille.
Mais près de la beauté gardez vos lots divers,
Sire, faites l'amour, Marot fera les vers.
Roi qui rime déroge.

LE ROI, *avec enthousiasme*.

Ah! rimer pour les belles,
Cela hausse le cœur. — Je veux mettre des ailes
A mon donjon royal.

TRIBOULET.

C'est en faire un moulin.

LE ROI.

Si je ne voyais là madame de Coislin,
Je te ferais fouetter.

Il court à madame de Coislin et paraît lui adresser quelques galanteries.

TRIBOULET, *à part.*

Suis le vent qui t'emporte
Aussi vers celle-là.

MONSIEUR DE GORDES, *s'approchant de Triboulet et lui faisant remarquer ce qui se passe au fond du théâtre.*

Voici par l'autre porte
Madame de Cossé. Je te gage ma foi
Qu'elle laisse tomber son gant pour que le roi
Le ramasse.

TRIBOULET.

Observons.

Madame de Cossé, qui voit avec dépit les intentions du roi pour madame de Coislin, laisse en effet tomber son bouquet. Le roi quitte madame de Coislin et ramasse le bouquet de madame de Cossé, avec qui il entame une conversation qui paraît fort tendre.

MONSIEUR DE GORDES, *à Triboulet.*

L'ai-je dit?

TRIBOULET.

Admirable!

MONSIEUR DE GORDES.

Voilà le roi repris!

TRIBOULET.

Une femme est un diable
Très-perfectionné.

Le roi serre la taille de madame de Cossé, et lui baise la main. Elle rit et babille gaiement. Tout à coup monsieur de Cossé entre par la porte du fond. Monsieur de Gordes le fait remarquer à Triboulet. — Monsieur de Cossé s'arrête, l'œil fixé sur le groupe du roi et de sa femme.

MONSIEUR DE GORDES, *à Triboulet.*
Le mari !
MADAME DE COSSÉ, *apercevant son mari, au roi, qui la tient presque embrassée.*
Quittons-nous !
Elle glisse des mains du roi et s'enfuit.

TRIBOULET.
Que vient-il faire ici, ce gros ventru jaloux?
Le roi s'approche du buffet au fond et se fait verser à boire.

MONSIEUR DE COSSÉ, *s'avançant sur le devant du théâtre, tout rêveur.*
A part.
Que se disaient-ils ?
Il s'approche avec vivacité de monsieur de la Tour-Landry, qui lui fait signe qu'il a quelque chose à lui dire.
Quoi?

MONSIEUR DE LA TOUR-LANDRY, *mystérieusement.*
Votre femme est bien belle !
Monsieur de Cossé se rebiffe et va à monsieur de Gordes, qui paraît avoir quelque chose à lui confier.

MONSIEUR DE GORDES, *bas.*
Qu'est-ce donc qui vous trotte ainsi par la cervelle?
Pourquoi regardez-vous si souvent de côté?
Monsieur de Cossé le quitte avec humeur et se trouve face à face avec Triboulet, qui l'attire d'un air discret dans un coin du théâtre, pendant que messieurs de Gordes et de la Tour-Landry rient à gorge déployée.

TRIBOULET, *bas à monsieur de Cossé.*
Monsieur, vous avez l'air tout encharibotté !
Il éclate de rire et tourne le dos à monsieur de Cossé, qui sort furieux.

LE ROI, *revenant.*
Oh ! que je suis heureux ! Près de moi, non, Hercules
Et Jupiter ne sont que des fats ridicules !

L'Olympe est un taudis ! — Ces femmes, c'est charmant !
Je suis heureux ! et toi ?

TRIBOULET.
Considérablement.
Je ris tout bas du bal, des jeux, des amourettes ;
Moi, je critique, et vous, vous jouissez ; vous êtes
Heureux comme un roi, sire, et moi, comme un bossu.

LE ROI.
Jour de joie où ma mère en riant m'a conçu !

Regardant monsieur de Cossé, qui sort.

Ce monsieur de Cossé seul dérange la fête.
Comment te semble-t-il ?

TRIBOULET.
Outrageusement bête.

LE ROI.
Ah ! n'importe ! excepté ce jaloux, tout me plaît.
Tout pouvoir, tout vouloir, tout avoir, Triboulet !
Quel plaisir d'être au monde, et qu'il fait bon de vivre !
Quel bonheur !

TRIBOULET.
Je crois bien, sire, vous êtes ivre !

LE ROI.
Mais là-bas j'aperçois... les beaux yeux ! les beaux bras !

TRIBOULET.
Madame de Cossé ?

LE ROI.
Viens, tu nous garderas !

Il chante.

Vivent les gais dimanches
Du peuple de Paris !
Quand les femmes sont blanches...

TRIBOULET, *chantant.*
Quand les hommes sont gris.

Ils sortent. Entrent plusieurs gentilshommes.

SCÈNE III.

MONSIEUR DE GORDES, MONSIEUR DE PARDAILLAN, jeune page blond; MONSIEUR DE VIC, maître CLÉMENT MAROT, en habit de valet de chambre du roi; puis MONSIEUR DE PIENNE, un ou deux autres gentilshommes. De temps en temps MONSIEUR DE COSSÉ, qui se promène d'un air rêveur et très-sérieux.

CLÉMENT MAROT, *saluant monsieur de Gordes.*
Que savez-vous ce soir ?
MONSIEUR DE GORDES.
Rien ; que la fête est belle,
Et que le roi s'amuse.
MAROT.
Ah ! c'est une nouvelle !
Le roi s'amuse ? Ah ! diable !
MONSIEUR DE COSSÉ, *qui passe derrière eux.*
Et c'est très-malheureux ;
Car un roi qui s'amuse est un roi dangereux.
Il passe outre.
MONSIEUR DE GORDES.
Ce pauvre gros Cossé me met la mort dans l'âme.
MAROT, *bas.*
Il paraît que le roi serre de près sa femme ?
Monsieur de Gordes lui fait un signe affirmatif. Entre monsieur de Pienne.
MONSIEUR DE GORDES.
Eh ! voilà ce cher duc !
Ils se saluent.
MONSIEUR DE PIENNE, *d'un air mystérieux.*
Mes amis ! du nouveau !
Une chose à brouiller le plus sage cerveau !

ACTE I, SCÈNE III.

Une chose admirable ! une chose risible !
Une chose amoureuse ! une chose impossible !

MONSIEUR DE GORDES.

Quoi donc ?

MONSIEUR DE PIENNE.

Il les ramasse en groupe autour de lui.

Chut !

A Marot, qui est allé causer avec d'autres dans un coin.

Venez çà, maître Clément Marot !

MAROT, *approchant.*

Que me veut monseigneur ?

MONSIEUR DE PIENNE.

Vous êtes un grand sot.

MAROT.

Je ne me croyais grand en aucune manière.

MONSIEUR DE PIENNE.

J'ai lu dans votre écrit du siége de Peschière
Ces vers sur Triboulet ? « Fou de tête écorné,
Aussi sage à trente ans que le jour qu'il est né... — »
Vous êtes un grand sot !

MAROT.

Que Cupido me damne
Si je vous comprends !

MONSIEUR DE PIENNE.

Soit !

A monsieur de Gordes.

Monsieur de Simiane,

A monsieur de Pardaillan.

Monsieur de Pardaillan,

Monsieur de Gordes, monsieur de Pardaillan, Marot et monsieur de Cossé, qui est venu se joindre au groupe, font cercle autour du duc.

devinez, s'il vous plaît.
Une chose inouïe arrive à Triboulet.

MONSIEUR DE PARDAILLAN.

Il est devenu droit ?

MONSIEUR DE COSSÉ.
On l'a fait connétable ?

MAROT.
On l'a servi tout cuit par hasard sur la table ?

MONSIEUR DE PIENNE.
Non. C'est plus drôle. Il a... — Devinez ce qu'il a. —
C'est incroyable !

MONSIEUR DE GORDES.
Un duel avec Gargantua !

MONSIEUR DE PIENNE.
Point.

MONSIEUR DE PARDAILLAN.
Un singe plus laid que lui ?

MONSIEUR DE PIENNE.
Non pas.

MAROT.
Sa poche
Pleine d'écus ?

MONSIEUR DE COSSÉ.
L'emploi du chien du tourne-broche ?

MAROT.
Un rendez-vous avec la Vierge au Paradis ?

MONSIEUR DE GORDES.
Une âme, par hasard ?

MONSIEUR DE PIENNE.
Je vous le donne en dix !
Triboulet le bouffon, Triboulet le difforme,
Cherchez bien ce qu'il a... — quelque chose d'énorme !

MAROT.
Sa bosse ?

MONSIEUR DE PIENNE.
Non, il a... — Je vous le donne en cent !

ACTE I, SCÈNE III.

Une maîtresse!

Tous éclatent de rire.

MAROT.

Ah! ah! le duc est fort plaisant.

MONSIEUR DE PARDAILLAN.

Le bon conte!

MONSIEUR DE PIENNE.

Messieurs, j'en jure sur mon âme,
Et je vous ferai voir la porte de la dame.
Il y va tous les soirs, vêtu d'un manteau brun,
L'air sombre et furieux, comme un poëte à jeun.
Je lui veux faire un tour. Rôdant à la nuit close,
Près de l'hôtel Cossé, j'ai découvert la chose.
Gardez-moi le secret.

MAROT.

Quel sujet de rondeau!
Quoi! Triboulet la nuit se change en Cupido!

MONSIEUR DE PARDAILLAN, *riant*.

Une femme à messer Triboulet!

MONSIEUR DE GORDES, *riant*.

Une selle
Sur un cheval de bois!

MAROT, *riant*.

Je crois que la donzelle,
Si quelque autre Bedfort débarquait à Calais,
Aurait tout ce qu'il faut pour chasser les Anglais!

Tous rient. Survient monsieur de Vic. Monsieur de Pienne met
son doigt sur sa bouche.

MONSIEUR DE PIENNE.

Chut!

MONSIEUR DE PARDAILLAN, *à monsieur de Pienne*.

D'où vient que le roi sort aussi vers la brune,
Tous les jours et tout seul, comme cherchant fortune?

MONSIEUR DE PIENNE.

Vic nous dira cela.

MONSIEUR DE VIC.

Ce que je sais d'abord,
C'est que Sa Majesté paraît s'amuser fort.

MONSIEUR DE COSSÉ.

Ah! ne m'en parlez pas!

MONSIEUR DE VIC.

Mais que je me soucie
De quel côté le vent pousse sa fantaisie,
Pourquoi le soir il sort, dans sa cape d'hiver,
Méconnaissable en tout de vêtements et d'air,
Si de quelque fenêtre il se fait une porte,
N'étant pas marié, mes amis, que m'importe!

MONSIEUR DE COSSÉ, *hochant la tête.*

Un roi, — les vieux seigneurs, messieurs, savent cela, —
Prend toujours chez quelqu'un tout le plaisir qu'il a.
Gare à quiconque a sœur, femme ou fille à séduire!
Un puissant en gaîté ne peut songer qu'à nuire.
Il est bien des sujets de craindre là dedans.
D'une bouche qui rit on voit toutes les dents.

MONSIEUR DE VIC, *bas aux autres.*

Comme il a peur du roi!

MONSIEUR DE PARDAILLAN.

Sa femme fort charmante
En a moins peur que lui.

MAROT.

C'est ce qui l'épouvante.

MONSIEUR DE GORDES.

Cossé, vous avez tort. Il est très-important
De maintenir le roi gai, prodigue et content.

MONSIEUR DE PIENNE, *à monsieur de Gordes.*

Je suis de ton avis, comte! un roi qui s'ennuie,
C'est une fille en noir, c'est un été de pluie.

MONSIEUR DE PARDAILLAN.

C'est un amour sans duel.

MONSIEUR DE VIC.

C'est un flacon plein d'eau.

MAROT, *bas.*

Le roi revient avec Triboulet-Cupido.

Entrent le roi et Triboulet. Les courtisans s'écartent avec respect.

SCÈNE IV.

LES MÊMES, LE ROI, TRIBOULET.

TRIBOULET, *entrant, et comme poursuivant une conversation commencée.*

Des savants à la cour ! monstruosité rare !

LE ROI.

Fais entendre raison à ma sœur de Navarre.
Elle veut m'entourer de savants.

TRIBOULET.

Entre nous,
Convenez de ceci, — que j'ai bu moins que vous.
Donc, sire, j'ai sur vous, pour bien juger les choses,
Dans tous leurs résultats et dans toutes leurs causes,
Un avantage immense, et même deux, je croi,
C'est de n'être pas gris et de n'être pas roi.
— Plutôt que des savants, ayez ici la peste,
La fièvre, et cætera !

LE ROI.

L'avis est un peu leste.
Ma sœur veut m'entourer de savants !

TRIBOULET.

C'est bien mal

De la part d'une sœur. — Il n'est pas d'animal,
Pas de corbeau goulu, pas de loup, pas de chouette,
Pas d'oison, pas de bœuf, pas même de poëte,
Pas de mahométan, pas de théologien,
Pas d'échevin flamand, pas d'ours et pas de chien,
Plus laid, plus chevelu, plus repoussant de formes,
Plus caparaçonné d'absurdités énormes,
Plus hérissé, plus sale, et plus gonflé de vent,
Que cet âne bâté qu'on appelle un savant!
— Manquez-vous de plaisirs, de pouvoir, de conquêtes,
Et de femmes en fleur pour parfumer vos fêtes?

LE ROI.

Hai... ma sœur Marguerite un soir m'a dit très-bas
Que les femmes toujours ne me suffiraient pas,
Et quand je m'ennuirai...

TRIBOULET.

Médecine inouïe!
Conseiller les savants à quelqu'un qui s'ennuie!
Madame Marguerite est, vous en conviendrez,
Toujours pour les partis les plus désespérés.

LE ROI.

Eh bien! pas de savants, mais cinq ou six poëtes...

TRIBOULET.

Sire! j'aurais plus peur, étant ce que vous êtes,
D'un poëte, toujours de rime barbouillé,
Que Belzébuth n'a peur d'un goupillon mouillé.

LE ROI.

Cinq ou six...

TRIBOULET.

Cinq ou six! c'est toute une écurie!
C'est une académie, une ménagerie!

Montrant Marot.

N'avons-nous pas assez de Marot que voici,
Sans nous empoisonner de poëtes ainsi!

MAROT.

Grand merci !
    A part.
        Le bouffon eût mieux fait de se taire !

TRIBOULET.

Les femmes, sire ! ah Dieu ! c'est le ciel, c'est la terre !
C'est tout ! Mais vous avez les femmes ! vous avez
Les femmes ! laissez-moi tranquille ! vous rêvez,
De vouloir des savants !

LE ROI.

        Moi, foi de gentilhomme !
Je m'en soucie autant qu'un poisson d'une pomme.

Éclats de rire dans un groupe au fond. — A Triboulet.

Tiens, voilà des muguets qui se raillent de toi.

Triboulet va les écouter et revient.

TRIBOULET.

Non, c'est d'un autre fou.

LE ROI.

    Bah ! de qui donc ?

TRIBOULET.

                Du roi.

LE ROI.

Vrai ! Que chantent-ils ?

TRIBOULET.

        Sire, ils vous disent avare,
Et qu'argent et faveurs s'en vont dans la Navarre,
Qu'on ne fait rien pour eux.

LE ROI.

        Oui, je les vois d'ici
Tous les trois. — Montchenu, Brion, Montmorency.

TRIBOULET.

Juste.

LE ROI.

Ces courtisans ! engeance détestable !

J'ai fait l'un amiral, le second connétable,
Et l'autre, Montchenu, maître de mon hôtel.
Ils ne sont pas contents ! as-tu vu rien de tel ?

TRIBOULET.

Mais vous pouvez encor, c'est justice à leur rendre,
Les faire quelque chose.

LE ROI.

Et quoi ?

TRIBOULET.

Faites-les pendre.

MONSIEUR DE PIENNE, *riant, aux trois seigneurs qui sont toujours au fond du théâtre.*

Messieurs, entendez-vous ce que dit Triboulet ?

MONSIEUR DE BRION.

Il jette sur le fou un regard de colère.

Oui, certe !

MONSIEUR DE MONTMORENCY.

Il le paîra !

MONSIEUR DE MONTCHENU.

Misérable valet !

TRIBOULET, *au roi.*

Mais, sire, vous devez avoir parfois dans l'âme
Un vide... — Autour de vous n'avoir pas une femme
Dont l'œil vous dise non, dont le cœur dise oui !

LE ROI.

Qu'en sais-tu ?

TRIBOULET.

N'être aimé que d'un cœur ébloui,
Ce n'est pas être aimé.

LE ROI.

Sais-tu si pour moi-même
Il n'est pas dans ce monde une femme qui m'aime ?

TRIBOULET.

Sans vous connaître ?

LE ROI.
Eh! oui.
A part.
Sans compromettre ici
Ma petite beauté du cul-de-sac Bussy.
TRIBOULET.
Une bourgeoise donc?
LE ROI.
Pourquoi non?
TRIBOULET, *vivement.*
Prenez garde.
Une bourgeoise! ô ciel! votre amour se hasarde.
Les bourgeois sont parfois de farouches Romains.
Quand on touche à leur bien, la marque en reste aux mains.
Tenez, contentons-nous, fous et rois que nous sommes,
Des femmes et des sœurs de vos bons gentilshommes.
LE ROI.
Oui, je m'arrangerais de la femme à Cossé.
TRIBOULET.
Prenez-la.
LE ROI, *riant.*
C'est facile à dire et malaisé
A faire.
TRIBOULET.
Enlevons-la cette nuit.
LE ROI, *montrant monsieur de Cossé.*
Et le comte?
TRIBOULET.
Et la Bastille?
LE ROI.
Oh! non.
TRIBOULET.
Pour régler votre compte,
Faites-le duc.

LE ROI.
Il est jaloux comme un bourgeois.
Il refusera tout, et criera sur les toits.
TRIBOULET, *rêveur.*
Cet homme est fort gênant : qu'on le paye ou l'exile...

Depuis quelques instants, monsieur de Cossé s'est rapproché par derrière du roi et du fou, et il écoute leur conversation. Triboulet se frappe le front avec joie.

Mais il est un moyen commode, très-facile,
Simple, auquel je devrais avoir déjà pensé.

Monsieur de Cossé se rapproche encore et écoute.

— Faites couper la tête à monsieur de Cossé.

Monsieur de Cossé recule tout effaré.

— ... On suppose un complot avec l'Espagne ou Rome...

MONSIEUR DE COSSÉ, *éclatant.*
Oh ! le petit satan !

LE ROI, *riant, et frappant sur l'épaule de monsieur de Cossé.*
A Triboulet.
Là, foi de gentilhomme,
Y penses-tu ? couper la tête que voilà !
Regarde cette tête, ami ! vois-tu cela ?
S'il en sort une idée, elle est toute cornue.

TRIBOULET.
Comme le moule auquel elle était contenue.

MONSIEUR DE COSSÉ.
Couper ma tête !

TRIBOULET.
Eh bien ?

LE ROI, *à Triboulet.*
Tu le pousses à bout ?

TRIBOULET.
Que diable ! on n'est pas roi pour se gêner en tout,

Pour ne point se passer la moindre fantaisie.
MONSIEUR DE COSSÉ.
Me couper la tête ! ah ! j'en ai l'âme saisie !
TRIBOULET.
Mais c'est tout simple. — Où donc est la nécessité
De ne vous pas couper la tête ?
MONSIEUR DE COSSÉ.
En vérité !
Je te châtirai, drôle !
TRIBOULET.
Oh ! je ne vous crains guère !
Entouré de puissants auxquels je fais la guerre,
Je ne crains rien, monsieur, car je n'ai sur le cou
Autre chose à risquer que la tête d'un fou.
Je ne crains rien, sinon que ma bosse me rentre
Au corps, et comme à vous me tombe dans le ventre,
Ce qui m'enlaidirait.
MONSIEUR DE COSSÉ, *la main sur son épée.*
Maraud !
LE ROI.
Comte, arrêtez. —
Viens, fou !
Il s'éloigne avec Triboulet en riant.
MONSIEUR DE GORDES.
Le roi se tient de rire les côtés !
MONSIEUR DE PARDAILLAN.
Comme à la moindre chose il rit, il s'abandonne !
MAROT.
C'est curieux, un roi qui s'amuse en personne !

Une fois le fou et le roi éloignés, les courtisans se rapprochent, et suivent Triboulet d'un regard de haine.

MONSIEUR DE BRION.
Vengeons-nous du bouffon !

TOUS.

Hun !

MAROT.

Il est cuirassé.
Par où le prendre? où donc le frapper?

MONSIEUR DE PIENNE.

Je le sai.
Nous avons contre lui chacun quelque rancune,
Nous pouvons nous venger.

Tous se rapprochent avec curiosité de monsieur de Pienne.

Trouvez-vous à la brune,
Ce soir, tous bien armés, au cul-de-sac Bussy, —
Près de l'hôtel Cossé. — Plus un mot de ceci.

MAROT.

Je devine.

MONSIEUR DE PIENNE.

C'est dit?

TOUS.

C'est dit.

MONSIEUR DE PIENNE.

Silence! il rentre.

Rentrent Triboulet, et le roi entouré de femmes.

TRIBOULET, *seul de son côté, à part.*

A qui jouer un tour maintenant? — au roi... — Diantre!

UN VALET, *entrant, bas à Triboulet.*

Monsieur de Saint-Vallier, un vieillard tout en noir,
Demande à voir le roi.

TRIBOULET, *se frottant les mains.*

Mortdieu! laissez-nous voir
Monsieur de Saint=Vallier.

Le valet sort.

C'est charmant! comment diable!
Mais cela va nous faire un esclandre effroyable!

Bruit, tumulte au fond du théâtre, à la grande porte.

ACTE I, SCÈNE IV.

UNE VOIX, *au dehors.*

Je veux parler au roi!

LE ROI, *s'interrompant de sa causerie.*

Non!... Qui donc est entré?

LA MÊME VOIX.

Parler au roi!

LE ROI, *vivement.*

Non, non!

Un vieillard, vêtu de deuil, perce la foule et vient se placer devant le roi, qu'il regarde fixement. Tous les courtisans s'écartent avec étonnement.

SCÈNE V.

Les Mêmes, MONSIEUR DE SAINT-VALLIER, grand deuil, barbe et cheveux blancs.

MONSIEUR DE SAINT-VALLIER, *au roi.*

Si! je vous parlerai!

LE ROI.

Monsieur de Saint-Vallier!

MONSIEUR DE SAINT-VALLIER, *immobile au seuil.*

C'est ainsi qu'on me nomme.

Le roi fait un pas vers lui avec colère. Triboulet l'arrête.

TRIBOULET.

Oh! sire! laissez-moi haranguer le bonhomme.

A monsieur de Saint-Vallier, avec une attitude théâtrale.

Monseigneur!—Vous aviez conspiré contre nous,
Nous vous avons fait grâce en roi clément et doux.
C'est au mieux. Quelle rage à présent vient vous prendre
D'avoir des petits-fils de monsieur votre gendre?
Votre gendre est affreux, mal bâti, mal tourné,
Marqué d'une verrue au beau milieu du né,

Borgne, disent les uns, velu, chétif et blême,
Ventru comme monsieur,

   Il montre monsieur de Cossé, qui se cabre.

     Bossu comme moi-même.
Qui verrait votre fille à son côté rirait.
Si le roi n'y mettait bon ordre, il vous ferait
Des petits-fils tortus, des petits-fils horribles,
Roux, brèche-dents, manqués, effroyables, risibles,
Ventrus comme monsieur,

 Montrant encore monsieur de Cossé, qu'il salue et qui s'indigne.

    Et bossus comme moi!
Votre gendre est trop laid! — Laissez faire le roi,
Et vous aurez un jour des petits-fils ingambes
Pour vous tirer la barbe et vous grimper aux jambes.

 Les courtisans applaudissent Triboulet avec des huées et des éclats de rire.

 MONSIEUR DE SAINT-VALLIER, *sans regarder le bouffon.*
Une insulte de plus! — Vous, sire, écoutez-moi
Comme vous le devez, puisque vous êtes roi!
Vous m'avez fait un jour mener pieds nus en Grève;
Là, vous m'avez fait grâce, ainsi que dans un rêve,
Et je vous ai béni, ne sachant en effet
Ce qu'un roi cache au fond d'une grâce qu'il fait.
Or, vous aviez caché ma honte dans la mienne.
Oui, sire, sans respect pour une race ancienne,
Pour le sang de Poitiers, noble depuis mille ans,
Tandis que, revenant de la Grève à pas lents,
Je priais dans mon cœur le dieu de la victoire
Qu'il vous donnât mes jours de vie en jours de gloire,
Vous, François de Valois, le soir du même jour,
Sans crainte, sans pitié, sans pudeur, sans amour,
Dans votre lit, tombeau de la vertu des femmes,
Vous avez froidement, sous vos baisers infâmes,

Terni, flétri, souillé, déshonoré, brisé
Diane de Poitiers, comtesse de Brezé !
Quoi ! lorsque j'attendais l'arrêt qui me condamne,
Tu courais donc au Louvre, ô ma chaste Diane !
Et lui, ce roi, sacré chevalier par Bayard,
Jeune homme auquel il faut des plaisirs de vieillard,
Pour quelques jours de plus dont Dieu seul sait le compte.
Ton père sous ses pieds, te marchandait ta honte,
Et cet affreux tréteau, chose horrible à penser !
Qu'un matin le bourreau vint en Grève dresser,
Avant la fin du jour devait être, ô misère !
Ou le lit de la fille, ou l'échafaud du père !
O Dieu ! qui nous jugez, qu'avez-vous dit là-haut,
Quand vos regards ont vu sur ce même échafaud
Se vautrer, triste et louche, et sanglante et souillée,
La luxure royale en clémence habillée?
Sire ! en faisant cela, vous avez mal agi.
Que du sang d'un vieillard le pavé fût rougi,
C'était bien. Ce vieillard, peut-être respectable,
Le méritait, étant de ceux du connétable.
Mais que pour le vieillard vous ayez pris l'enfant,
Que vous ayez broyé sous un pied triomphant
La pauvre femme en pleurs, à s'effrayer trop prompte,
C'est une chose impie, et dont vous rendrez compte !
Vous avez dépassé votre droit d'un grand pas.
Le père était à vous, mais la fille, non pas.
Ah ! vous m'avez fait grâce !—Ah ! vous nommez la chose
Une grâce ! et je suis un ingrat, je suppose !
—Sire, au lieu d'abuser ma fille, bien plutôt
Que n'êtes-vous venu vous-même en mon cachot !
Je vous aurais crié : — Faites-moi mourir, grâce !
Oh ! grâce pour ma fille et grâce pour ma race !
Oh ! faites-moi mourir ! la tombe et non l'affront !
Pas de tête plutôt qu'une souillure au front !

19.

Oh! monseigneur le roi, puisqu'ainsi l'on vous nomme,
Croyez-vous qu'un chrétien, un comte, un gentilhomme,
Soit moins décapité, répondez, monseigneur,
Quand, au lieu de la tête, il lui manque l'honneur?
— J'aurais dit cela, sire, et le soir, dans l'église,
Dans mon cercueil sanglant baisant ma barbe grise,
Ma Diane au cœur pur, ma fille au front sacré,
Honorée, eût prié pour son père honoré!
—Sire, je ne viens pas redemander ma fille;
Quand on n'a plus d'honneur, on n'a plus de famille.
Qu'elle vous aime ou non d'un amour insensé,
Je n'ai rien à reprendre où la honte a passé.
Gardez-la.—Seulement je me suis mis en tête
De venir vous troubler ainsi dans chaque fête,
Et jusqu'à ce qu'un père, un frère ou quelque époux,
—La chose arrivera,—nous ait vengés de vous,
Pâle, à tous vos banquets, je reviendrai vous dire :
—Vous avez mal agi, vous avez mal fait, sire!—
Et vous m'écouterez, et votre front terni
Ne se relèvera que quand j'aurai fini.
Vous voudrez, pour forcer ma vengeance à se taire,
Me rendre au bourreau. Non. Vous ne l'oserez faire,
De peur que ce ne soit mon spectre qui demain

Montrant sa tête.

Revienne vous parler,—cette tête à la main!

LE ROI, *comme suffoqué de colère.*

On s'oublie à ce point d'audace et de délire!...—

A monsieur de Pienne.

Duc! arrêtez monsieur!

Monsieur de Pienne fait un signe, et deux hallebardiers se placent de chaque côté de monsieur de Saint-Vallier.

TRIBOULET, *riant.*

Le bonhomme est fou, sire!

MONSIEUR DE SAINT-VALLIER, *levant le bras.*
Soyez maudits tous deux !—
                    Au roi.
                        Sire, ce n'est pas bien.
Sur le lion mourant vous lâchez votre chien !
        A Triboulet.
Qui que tu sois, valet à langue de vipère,
Qui fais risée ainsi de la douleur d'un père,
Sois maudit !—
            Au roi
                J'avais droit d'être par vous traité
Comme une Majesté par une Majesté.
Vous êtes roi, moi père, et l'âge vaut le trône.
Nous avons tous les deux au front une couronne
Où nul ne doit lever de regards insolents,
Vous, de fleurs de lis d'or, et moi, de cheveux blancs.
Roi, quand un sacrilége ose insulter la vôtre,
C'est vous qui la vengez ;—c'est Dieu qui venge l'autre.

II

SALTABADIL

ACTE DEUXIÈME

Le recoin le plus désert du cul-de-sac Bussy. A droite, une petite maison de discrète apparence, avec une petite cour entourée d'un mur qui occupe une partie du théâtre. Dans cette cour, quelques arbres, un banc de pierre. Dans le mur, une porte qui donne sur la rue; sur le mur, une terrasse étroite couverte d'un toit supporté par des arcades dans le goût de la renaissance. — La porte du premier étage de la maison donne sur cette terrasse, qui communique avec la cour par un degré. — A gauche, les murs très-hauts des jardins de l'hôtel de Cossé. — Au fond, des maisons éloignées; le clocher de Saint-Séverin.

SCÈNE PREMIÈRE.

TRIBOULET, SALTABADIL. — Pendant une partie de la scène, MONSIEUR DE PIENNE et MONSIEUR DE GORDES, au fond du théâtre.

Triboulet, enveloppé d'un manteau et sans aucun de ses attributs de bouffon, paraît dans la rue et se dirige vers la porte pratiquée dans le mur. Un homme vêtu de noir et également couvert d'une cape, dont le bas est relevé par une épée, le suit.

TRIBOULET, *rêveur.*
Ce vieillard m'a maudit!
L'HOMME, *le saluant.*
Monsieur...

ACTE II, SCÈNE I.

TRIBOULET, *se détournant avec humeur.*

Ah !

Cherchant dans sa poche.

Je n'ai rien.

L'HOMME.

Je ne demande rien, monsieur ! fi donc !

TRIBOULET, *lui faisant signe de le laisser tranquille et de s'éloigner.*

C'est bien !

Entrent monsieur de Pienne et monsieur de Gordes, qui s'arrêtent en observation au fond du théâtre.

L'HOMME, *le saluant.*

Monsieur me juge mal. Je suis homme d'épée.

TRIBOULET, *reculant.*

Est-ce un voleur ?

L'HOMME, *s'approchant d'un air doucereux.*

Monsieur a la mine occupée.
Je vous vois tous les soirs de ce côté rôder.
Vous avez l'air d'avoir une femme à garder !

TRIBOULET, *à part.*

Diable !

Haut.

Je ne dis pas mes affaires aux autres.

Il veut passer outre ; l'homme le retient.

L'HOMME.

Mais c'est pour votre bien qu'on se mêle des vôtres.
Si vous me connaissiez, vous me traiteriez mieux.

S'approchant.

Peut-être à votre femme un fat fait les doux yeux,
Et vous êtes jaloux ?...

TRIBOULET, *impatienté.*

Que voulez-vous, en somme ?

L'HOMME, *avec un sourire aimable, bas et vite.*
Pour quelque paraguante on vous tûra votre homme.

TRIBOULET, *respirant.*
Ah ! c'est fort bien !

L'HOMME.
Monsieur, vous voyez que je suis
Un honnête homme.

TRIBOULET.
Peste !

L'HOMME.
Et que si je vous suis
C'est pour de bons desseins.

TRIBOULET.
Oui, certe, un homme utile !

L'HOMME, *modestement.*
Le gardien de l'honneur des dames de la ville.

TRIBOULET.
Et combien prenez-vous pour tuer un galant?

L'HOMME.
C'est selon le galant qu'on tue, — et le talent
Qu'on a.

TRIBOULET.
Pour dépêcher un grand seigneur?

L'HOMME.
Ah ! diantre !
On court plus d'un péril de coups d'épée au ventre.
Ces gens-là sont armés. On y risque sa chair.
Le grand seigneur est cher.

TRIOULET.
Le grand seigneur est cher !
Est-ce que les bourgeois, par hasard, se permettent
De se faire tuer entre eux?

ACTE II, SCÈNE I.

L'HOMME, *souriant.*

　　　　Mais ils s'y mettent!
— C'est un luxe pourtant, — luxe, vous comprenez,
Qui reste en général parmi les gens bien nés.
Il est quelques faquins qui, pour de grosses sommes,
Tiennent à se donner des airs de gentilshommes,
Et me font travailler. — Mais ils me font pitié.
— On me donne moitié d'avance, et la moitié
Après. —

TRIBOULET, *hochant la tête.*

　　Oui, vous risquez le gibet, le supplice...

L'HOMME, *souriant.*

Non, non, nous redevons un droit à la police.

TRIBOULET.

Tant pour un homme?

L'HOMME, *avec un signe affirmatif.*

　　　　　A moins... que vous dirai-je, moi?...
Qu'on n'ait tué, mon Dieu... qu'on n'ait tué... le roi!

TRIBOULET.

Et comment t'y prends-tu?

L'HOMME.

　　　　　　Monsieur, je tue en ville
Ou chez moi, comme on veut.

TRIBOULET.

　　　　　　Ta manière est civile.

L'HOMME.

J'ai pour aller en ville un estoc bien pointu.
J'attends l'homme le soir...

TRIBOULET.

　　　　　Chez toi, comment fais-tu?

L'HOMME.

J'ai ma sœur Maguelonne, une fort belle fille

Qui danse dans la rue et qu'on trouve gentille.
Elle attire chez nous le galant une nuit...

TRIBOULET.

Je comprends.

L'HOMME.

Vous voyez, cela se fait sans bruit,
C'est décent. — Donnez-moi, monsieur, votre pratique.
Vous en serez content. Je ne tiens pas boutique,
Je ne fais pas d'éclat. Surtout je ne suis point
De ces gens à poignard, serrés dans leur pourpoint,
Qui vont se mettre dix pour la moindre équipée,
Bandits dont le courage est court comme l'épée.

Il tire de dessous sa cape une épée démesurément longue

Voici mon instrument. —

Triboulet recule d'effroi.

Pour vous servir.

TRIBOULET, *considérant l'épée avec surprise.*

Vraiment !

— Merci, je n'ai besoin de rien pour le moment.

L'HOMME, *remettant l'épée au fourreau.*

Tant pis. — Quand vous voudrez me voir, je me promène
Tous les jours à midi devant l'hôtel du Maine.
Mon nom, Saltabadil.

TRIBOULET.

Bohême ?

L'HOMME, *saluant.*

Et Bourguignon.

MONSIEUR DE GORDES, *écrivant sur ses tablettes au fond du théâtre.*

Bas, à monsieur de Pienne.
Un homme précieux, et dont je prends le nom.

L'HOMME, *à Triboulet.*

Monsieur, ne pensez pas mal de moi, je vous prie.

TRIBOULET.
Non. Que diable! il faut bien avoir une industrie!
L'HOMME.
A moins de mendier et d'être un fainéant,
Un gueux. — J'ai quatre enfants...
TRIBOULET.
Qu'il serait malséant
De ne pas élever. . —
Le congédiant.
Le ciel vous tienne en joie!
MONSIEUR DE PIENNE, *à monsieur de Gordes, au fond, montrant Triboulet.*
Il fait grand jour encor, je crains qu'il ne vous voie.
Tous deux sortent.
TRIBOULET, *à l'homme.*
Bonsoir!
L'HOMME, *le saluant.*
Adiusias. Tout votre serviteur.
Il sort.
TRIBOULET, *le regardant s'éloigner.*
Nous sommes tous les deux à la même hauteur.
Une langue acérée, une lame pointue.
Je suis l'homme qui rit, il est l'homme qui tue.

SCÈNE II.

L'homme disparu, Triboulet ouvre doucement la petite porte pratiquée dans le mur de la cour; il regarde au dehors avec précaution, puis il tire la clef de la serrure et referme soigneusement la porte en dedans; il fait quelques pas dans la cour d'un air soucieux et préoccupé.

TRIBOULET, seul.

Ce vieillard m'a maudit... — Pendant qu'il me parlait,
Pendant qu'il me criait : — Oh! sois maudit, valet ! —
Je raillais sa douleur. — Oh! oui, j'étais infâme,
Je riais, mais j'avais l'épouvante dans l'âme. —

Il va s'asseoir sur le petit banc près de la table de pierre.
Maudit !

Profondément rêveur et la main sur son front.

Ah! la nature et les hommes m'ont fait
Bien méchant, bien cruel et bien lâche, en effet.
O rage! être bouffon! ô rage! être difforme!
Toujours cette pensée! et, qu'on veille ou qu'on dorme,
Quand du monde en rêvant vous avez fait le tour,
Retomber sur ceci : Je suis bouffon de cour!
Ne vouloir, ne pouvoir, ne devoir et ne faire
Que rire ! — Quel excès d'opprobre et de misère!
Quoi ! ce qu'ont les soldats ramassés en troupeau
Autour de ce haillon qu'ils appellent drapeau,
Ce qui reste, après tout, au mendiant d'Espagne,
A l'esclave en Tunis, au forçat dans son bagne,
A tout homme ici-bas qui respire et se meut,
Le droit de ne pas rire et de pleurer s'il veut,
Je ne l'ai pas ! — O Dieu! triste et l'humeur mauvaise,
Pris dans un corps mal fait où je suis mal à l'aise,

Tout rempli de dégoût de ma difformité,
Jaloux de toute force et de toute beauté,
Entouré de splendeurs qui me rendent plus sombre,
Parfois, farouche et seul, si je cherche un peu l'ombre,
Si je veux recueillir et calmer un moment
Mon âme qui sanglote et pleure amèrement,
Mon maître tout à coup survient, mon joyeux maître,
Qui, tout-puissant, aimé des femmes, content d'être,
A force de bonheur oubliant le tombeau,
Grand, jeune, et bien portant, et roi de France, et beau,
Me pousse avec le pied dans l'ombre où je soupire,
Et me dit en bâillant : Bouffon, fais-moi donc rire !
— O pauvre fou de cour ! — C'est un homme après tout !
— Eh bien ! la passion qui dans son âme bout,
La rancune, l'orgueil, la colère hautaine,
L'envie et la fureur dont sa poitrine est pleine,
Le calcul éternel de quelque affreux dessein,
Tous ces noirs sentiments qui lui rongent le sein,
Sur un signe du maître, en lui-même il les broie,
Et, pour quiconque en veut, il en fait de la joie !
— Abjection ! s'il marche, ou se lève, ou s'assied,
Toujours il sent le fil qui lui tire le pied.
— Mépris de toute part ! — Tout homme l'humilie.
Ou bien c'est une reine, une femme jolie,
Demi-nue et charmante, et dont il voudrait bien,
Qui le laisse jouer sur son lit, comme un chien !
Aussi, mes beaux seigneurs, mes railleurs gentilshommes,
Hun ! comme il vous hait bien ! quels ennemis nous sommes !
Comme il vous fait parfois payer cher vos dédains !
Comme il sait leur trouver des contre-coups soudains !
Il est le noir démon qui conseille le maître.
Vos fortunes, messieurs, n'ont plus le temps de naître,
Et, sitôt qu'il a pu dans ses ongles saisir
Quelque belle existence, il l'effeuille à plaisir !

— Vous l'avez fait méchant! — O douleur! est-ce vivre?
Mêler du fiel au vin dont un autre s'enivre.
Si quelque bon instinct germe en soi, l'effacer,
Etourdir de grelots l'esprit qui veut penser,
Traverser chaque jour, comme un mauvais génie,
Des fêtes qui pour vous ne sont qu'une ironie,
Démolir le bonheur des heureux, par ennui,
N'avoir d'ambition qu'aux ruines d'autrui,
Et contre tous, partout où le hasard vous pose,
Porter toujours en soi, mêler à toute chose,
Et garder, et cacher sous un rire moqueur
Un fond de vieille haine extravasée au cœur!
Oh! je suis malheureux! —

Se levant du banc de pierre où il est assis.

      Mais ici que m'importe?
Suis-je pas un autre homme en passant cette porte?
Oublions un instant le monde dont je sors.
Ici je ne dois rien apporter du dehors.

Retombant dans sa rêverie.

— Ce vieillard m'a maudit! — Pourquoi cette pensée
Revient-elle toujours lorsque je l'ai chassée?
Pourvu qu'il n'aille rien m'arriver!

Haussant les épaules.

      Suis-je fou?

Il va à la porte de la maison et frappe. Elle s'ouvre. Une jeune fille, vêtue de blanc, en sort, et se jette joyeusement dans ses bras.

SCÈNE III.

TRIBOULET, BLANCHE, ensuite DAME BÉRARDE.

TRIBOULET.

Ma fille !

Il la serre sur sa poitrine avec transport.

Oh ! mets tes bras à l'entour de mon cou !
— Sur mon cœur ! — Près de toi, tout rit, rien ne me pèse,
Enfant, je suis heureux et je respire à l'aise !

Il la regarde d'un œil enivré.

— Plus belle tous les jours ! — Tu ne manques de rien,
Dis ? — Es-tu bien ici ? — Blanche, embrasse-moi bien !

BLANCHE, *dans ses bras.*

Comme vous êtes bon, mon père !

TRIBOULET, *s'asseyant.*

Non, je t'aime,
Voilà tout. N'es-tu pas ma vie et mon sang même ?
Si je ne t'avais point, qu'est-ce que je ferais,
Mon Dieu !

BLANCHE, *lui posant la main sur le front.*

Vous soupirez : quelques chagrins secrets,
N'est-ce pas ? Dites-les à votre pauvre fille.
Hélas ! je ne sais pas, moi, quelle est ma famille.

TRIBOULET.

Enfant, tu n'en as pas.

BLANCHE.

J'ignore votre nom.

TRIBOULET.

Que t'importe mon nom ?

20.

BLANCHE.

Nos voisins de Chinon,
De la petite ville où je fus élevée,
Me croyaient orpheline avant votre arrivée.

TRIBOULET.

J'aurais dû t'y laisser. C'eût été plus prudent.
Mais je ne pouvais plus vivre ainsi cependant.
J'avais besoin de toi, besoin d'un cœur qui m'aime.

Il la serre de nouveau dans ses bras.

BLANCHE.

Si vous ne voulez pas me parler de vous-même...

TRIBOULET.

Ne sors jamais!

BLANCHE.

Je suis ici depuis deux mois,
Je suis allée en tout à l'église huit fois.

TRIBOULET.

Bien.

BLANCHE.

Mon bon père, au moins parlez-moi de ma mère!

TRIBOULET.

Oh! ne réveille pas une pensée amère;
Ne me rappelle pas qu'autrefois j'ai trouvé,
— Et, si tu n'étais là, je dirais : J'ai rêvé, —
Une femme contraire à la plupart des femmes,
Qui dans ce monde, où rien n'appareille les âmes,
Me voyant seul, infirme, et pauvre, et détesté,
M'aima pour ma misère et ma difformité.
Elle est morte, emportant dans la tombe avec elle
L'angélique secret de son amour fidèle,
De son amour, passé sur moi comme un éclair,
Rayon du paradis tombé dans mon enfer!
Que la terre, toujours à nous recevoir prête,

Soit légère à ce sein qui reposa ma tête!
— Toi seule m'es restée! —

Levant les yeux au ciel.

Eh bien! mon Dieu, merci!

Il pleure et cache son front dans ses mains.

BLANCHE.

Que vous devez souffrir! vous voir pleurer ainsi,
Non, je ne le veux pas, non, cela me déchire!

TRIBOULET.

Et que dirais-tu donc si tu me voyais rire?

BLANCHE.

Mon père, qu'avez-vous? dites-moi votre nom.
Oh! versez dans mon sein toutes vos peines!

TRIBOULET.

Non.
A quoi bon me nommer? Je suis ton père. — Ecoute :
Hors d'ici, vois-tu bien, peut-être on me redoute,
Qui sait? l'un me méprise et l'autre me maudit.
Mon nom, qu'en ferais-tu, quand je te l'aurais dit?
Je veux ici du moins, je veux, en ta présence,
Dans ce seul coin du monde où tout soit innocence,
N'être pour toi qu'un père, un père vénéré,
Quelque chose de saint, d'auguste et de sacré!

BLANCHE.

Mon père!

TRIBOULET, *la serrant avec emportement dans ses bras.*

Est-il ailleurs un cœur qui me réponde?
Oh! je t'aime pour tout ce que je hais au monde!
— Assieds-toi près de moi. Viens, parlons de cela.
Dis, aimes-tu ton père? Et, puisque nous voilà
Ensemble, et que ta main entre mes mains repose,
Qu'est-ce donc qui nous force à parler d'autre chose?
Ma fille, ô seul bonheur que le ciel m'ait permis,

D'autres ont des parents, des frères, des amis,
Une femme, un mari, des vassaux, un cortége
D'aïeux et d'alliés, plusieurs enfants, que sais-je ?
Moi, je n'ai que toi seule ! Un autre est riche, — eh bien !
Toi seule es mon trésor et toi seule es mon bien !
Un autre croit en Dieu. Je ne crois qu'en ton âme !
D'autres ont la jeunesse et l'amour d'une femme,
Ils ont l'orgueil, l'éclat, la grâce et la santé,
Ils sont beaux; moi, vois-tu, je n'ai que ta beauté !
Chère enfant ! — Ma cité, mon pays, ma famille,
Mon épouse, ma mère, et ma sœur, et ma fille,
Mon bonheur, ma richesse, et mon culte, et ma loi,
Mon univers, c'est toi, toujours toi, rien que toi !
De tout autre côté ma pauvre âme est froissée.
— Oh ! si je te perdais !... — Non, c'est une pensée
Que je ne pourrais pas supporter un moment !
— Souris-moi donc un peu. — Ton sourire est charmant.
Oui, c'est toute ta mère ! — elle était aussi belle.
Tu te passes souvent la main au front comme elle,
Comme pour l'essuyer; car il faut au cœur pur
Un front tout innocence et des yeux tout azur.
Tu rayonnes pour moi d'une angélique flamme,
A travers ton beau corps mon âme voit ton âme :
Même les yeux fermés, c'est égal, je te vois.
Le jour me vient de toi. Je me voudrais parfois
Aveugle et l'œil voilé d'obscurité profonde,
Afin de n'avoir pas d'autre soleil au monde !

BLANCHE.

Oh ! que je voudrais bien vous rendre heureux !

TRIBOULET.

Qui ? moi ?
Je suis heureux ici ! quand je vous aperçoi,
Ma fille, c'est assez pour que mon cœur se fonde.

ACTE I, SCÈNE III.

Il lui passe la main dans les cheveux en souriant.

Oh! les beaux cheveux noirs! enfant, vous étiez blonde;
Qui le croirait?

BLANCHE, *prenant un air caressant.*

Un jour, avant le couvre-feu,
Je voudrais bien sortir et voir Paris un peu.

TRIBOULET, *impétueusement.*

Jamais, jamais! — Ma fille, avec dame Bérarde
Tu n'es jamais sortie, au moins?

BLANCHE, *tremblante.*

Non.

TRIBOULET.

Prends-y garde!

BLANCHE.

Je ne vais qu'à l'église.

TRIBOULET, *à part.*

O ciel! on la verrait,
On la suivrait, peut-être on me l'enlèverait!
La fille d'un bouffon, cela se déshonore,
Et l'on ne fait qu'en rire! oh! —

Haut.

Je t'en prie encore,
Reste ici renfermée! Enfant, si tu savais
Comme l'air de Paris aux femmes est mauvais!
Comme les débauchés vont courant par la ville!
Oh! les seigneurs surtout!

Levant les yeux au ciel.

O Dieu! dans cet asile,
Fais croître sous tes yeux, préserve des douleurs
Et du vent orageux qui flétrit d'autres fleurs,
Garde de toute haleine impure, même en rêve,
Pour qu'un malheureux père, à ses heures de trêve,

En puisse respirer le parfum abrité,
Cette rose de grâce et de virginité!

Il cache sa tête dans ses mains et pleure.

BLANCHE.

Je ne parlerai plus de sortir; mais, par grâce,
Ne pleurez pas ainsi!

TRIBOULET.

     Non, cela me délasse.
J'ai tant ri l'autre nuit!

Se levant.

      Mais c'est trop m'oublier.
Blanche, il est temps d'aller reprendre mon collier.
Adieu.

Le jour baisse.

BLANCHE, *l'embrassant*.

Reviendrez-vous bientôt, dites?

TRIBOULET.

      Peut-être.
Vois-tu, ma pauvre enfant, je ne suis pas mon maître.

 Appelant.
Dame Bérarde!

Une vieille duègne paraît à la porte de la maison.

DAME BÉRARDE.

 Quoi, monsieur?

TRIBOULET.

     Lorsque je vien,
Personne ne me voit entrer?

DAME BÉRARDE.

     Je le crois bien,
C'est si désert!

Il est presque nuit. De l'autre côté du mur, dans la rue, paraît le
 roi, déguisé sous des vêtements simples et de couleur sombre;

il examine la hauteur du mur et la porte, qui est fermée, avec des signes d'impatience et de dépit.

TRIBOULET, *tenant Blanche embrassée.*

Adieu, ma fille bien-aimée !

A dame Bérarde.

La porte sur le quai, vous la tenez fermée ?

Dame Bérarde fait un signe affirmatif.

Je sais une maison, derrière Saint-Germain,
Plus retirée encor. Je la verrai demain.

BLANCHE.

Mon père, celle-ci me plaît pour la terrasse
D'où l'on voit les jardins.

TRIBOULET.

N'y monte pas, de grâce !

Ecoutant.

Marche-t-on pas dehors ?

Il va à la porte de la cour, l'ouvre et regarde avec inquiétude dans la rue. Le roi se cache dans un enfoncement près de la porte, que Triboulet laisse entr'ouverte.

BLANCHE, *montrant la terrasse.*

Quoi ! ne puis-je le soir
Aller respirer là ?

TRIBOULET, *revenant.*

Prends garde, on peut t'y voir.

Pendant qu'il a le dos tourné, le roi se glisse dans la cour par la porte entre-bâillée et se cache derrière un gros arbre.

A dame Bérarde.

Vous, ne mettez jamais de lampe à la fenêtre.

DAME BÉRARDE, *joignant les mains.*

Et comment voulez-vous qu'un homme ici pénètre ?

Elle se retourne et aperçoit le roi derrière l'arbre. Elle s'interrompt, ébahie. Au moment où elle ouvre la bouche pour crier, le roi lui jette dans la gorgerette une bourse, qu'elle prend, qu'elle pèse dans sa main, et qui la fait taire.

BLANCHE, *à Triboulet qui est allé visiter la terrasse avec une lanterne.*

Quelles précautions ! mon père, dites-moi,
Mais que craignez-vous donc ?

TRIBOULET.

Rien pour moi, tout pour toi !

Il la serre encore une fois dans ses bras.

Blanche, ma fille, adieu !

Un rayon de la lanterne que tient dame Bérarde éclaire Triboulet et Blanche.

LE ROI, *à part, derrière l'arbre.*

Triboulet !

Il rit.

Comment, diable !
La fille à Triboulet ! l'histoire est impayable !

TRIBOULET.

Au moment de sortir, il revient sur ses pas.

J'y pense, quand tu vas à l'église prier,
Personne ne vous suit ?

Blanche baisse les yeux avec embarras.

DAME BÉRARDE.

Jamais !

TRIBOULET.

Il faut crier
Si l'on vous suivait.

DAME BÉRARDE.

Ah ! j'appellerais main-forte !

TRIBOULET.

Et puis n'ouvrez jamais si l'on frappe à la porte.

DAME BÉRARDE, *comme enchérissant sur les précautions de Triboulet.*

Quand ce serait le roi !

TRIBOULET.

Surtout si c'est le roi !

Il embrasse encore une fois sa fille, et sort en refermant la porte avec soin.

SCÈNE IV.

BLANCHE, DAME BÉRARDE, LE ROI.

Pendant la première partie de la scène, le roi reste caché derrière l'arbre.

BLANCHE, *pensive, écoutant les pas de son père qui s'éloigne.*

J'ai du remords pourtant !

DAME BÉRARDE.

Du remords ! et pourquoi ?

BLANCHE.

Comme à la moindre chose il s'effraie et s'alarme !
En partant, dans ses yeux j'ai vu luire une larme.
Pauvre père ! si bon ! j'aurais dû l'avertir
Que le dimanche, à l'heure où nous pouvons sortir,
Un jeune homme nous suit. Tu sais, ce beau jeune homme ?

DAME BÉRARDE.

Pourquoi donc lui conter cela, madame ? En somme,
Votre père est un peu sauvage et singulier.
Vous haïssez donc bien ce jeune cavalier ?

BLANCHE.

Moi, le haïr ! oh ! non. — Hélas ! bien au contraire,
Depuis que je l'ai vu, rien ne peut m'en distraire.
Du jour où son regard à mon regard parla,
Le reste n'est plus rien, je le vois toujours là.
Je suis à lui ! vois-tu, je m'en fais une idée... —

Il me semble plus grand que tous d'une coudée !
Comme il est brave et doux ! comme il est noble et fier,
Bérarde ! et qu'à cheval il doit avoir bel air !

DAME BÉRARDE.

C'est vrai qu'il est charmant !

Elle passe près du roi, qui lui donne une poignée de pièces d'or, qu'elle empoche.

BLANCHE.

Un tel homme doit être...

DAME BÉRARDE, *tendant la main au roi, qui lui donne toujours de l'argent.*

Accompli.

BLANCHE.

Dans ses yeux on voit son cœur paraître.
Un grand cœur !

DAME BÉRARDE.

Certe ! un cœur immense !

A chaque mot que dit dame Bérarde, elle tend la main au roi, qui la lui remplit de pièces d'or.

BLANCHE.

Valeureux.

DAME BÉRARDE, *continuant son manége.*

Formidable !

BLANCHE.

Et pourtant... bon.

DAME BÉRARDE, *tendant la main.*

Tendre !

BLANCHE.

Généreux.

DAME BÉRARDE, *tendant la main.*

Magnifique.

BLANCHE, *avec un profond soupir.*

Il me plaît !

DAME BÉRARDE, *tendant toujours la main à chaque mot qu'elle dit.*

Sa taille est sans pareille!
Ses yeux!—son front!—son nez!...—

LE ROI, *à part.*

O Dieu! voilà la vieille
Qui m'admire en détail! je suis dévalisé!

BLANCHE.

Je t'aime d'en parler aussi bien.

DAME BÉRARDE.

Je le sai.

LE ROI, *à part.*

De l'huile sur le feu!

DAME BÉRARDE.

Bon, tendre, un cœur immense!
Valeureux, généreux...

LE ROI, *vidant ses poches.*

Diable! elle recommence!

DAME BÉRARDE, *continuant.*

C'est un très-grand seigneur, il a l'air élégant,
Et quelque chose en or de brodé sur son gant.

Elle tend la main. Le roi lui fait signe qu'il n'a plus rien.

BLANCHE.

Non, je ne voudrais pas qu'il fût seigneur ni prince,
Mais un pauvre écolier qui vient de sa province!
Cela doit mieux aimer.

DAME BÉRARDE.

C'est possible, après tout,
Si vous le préférez ainsi.

A part.

Drôle de goût!
Cerveau de jeune fille, où tout se contrarie!

Essayant encore de tendre la main au roi.

Ce beau jeune homme-là vous aime à la furie.

Le roi ne donne pas.

À part.

Je crois notre homme à sec.—Plus un sou, plus un mot.

BLANCHE, *toujours sans voir le roi.*

Le dimanche jamais ne revient assez tôt.
Quand je ne le vois pas, ma tristesse est bien grande.
Oh! j'ai cru l'autre jour, au moment de l'offrande,
Qu'il allait me parler, et le cœur m'a battu!
J'y songe nuit et jour! De son côté, vois-tu,
L'amour qu'il a pour moi l'absorbe. Je suis sûre
Que toujours dans son âme il porte ma figure.
C'est un homme ainsi fait, oh! cela se voit bien!
D'autres femmes que moi ne le touchent en rien;
Il n'est pour lui ni jeux, ni passe-temps, ni fête.
Il ne pense qu'à moi.

DAME BÉRARDE, *faisant un dernier effort et tendant la main au roi.*

J'en jurerais ma tête.!

LE ROI, *ôtant son anneau qu'il lui donne.*

Ma bague pour la tête!

BLANCHE.

Ah! je voudrais souvent,

En y songeant le jour, la nuit en y rêvant,
L'avoir là... — devant moi...

Le roi sort de sa cachette et va se mettre à genoux près d'elle. Elle a le visage tourné du côté opposé.

pour lui dire à lui-même :

Sois heureux! sois content! oh! oui, je t'ai...

Elle se retourne, voit le roi à ses genoux, et s'arrête, pétrifiée.

LE ROI, *lui tendant les bras.*

Je t'aime!

Achève! achève! — Oh! dis : je t'aime! Ne crains rien.
Dans une telle bouche un tel mot va si bien!

BLANCHE, *effrayée, cherche des yeux dame Bérarde qui a disparu.*

Bérarde! — Plus personne, ô Dieu! qui me réponde!
Personne!

LE ROI, *toujours à genoux.*

Deux amants heureux, c'est tout un monde!

BLANCHE, *tremblante.*

Monsieur, d'où venez-vous?

LE ROI.

De l'enfer ou du ciel,
Qu'importe! que je sois Satan ou Gabriel,
Je t'aime!

BLANCHE.

O ciel! ô ciel! ayez pitié... — J'espère
Qu'on ne vous a point vu! sortez! — Dieu! si mon père...

LE ROI.

Sortir, quand palpitante en mes bras je te tiens,
Lorsque je t'appartiens! lorsque tu m'appartiens!
— Tu m'aimes! tu l'as dit.

BLANCHE, *confuse.*

Il m'écoutait!

LE ROI.

Sans doute.
Quel concert plus divin veux-tu donc que j'écoute

BLANCHE, *suppliante.*

Ah! vous m'avez parlé. — Maintenant, par pitié,
Sors!

LE ROI.

Sortir, quand mon sort à ton sort est lié,
Quand notre double étoile au même horizon brille,

Quand je viens éveiller ton cœur de jeune fille,
Quand le ciel m'a choisi pour ouvrir à l'amour
Ton âme vierge encore et ta paupière au jour!
Viens, regarde! oh! l'amour, c'est le soleil de l'âme!
Te sens-tu réchauffée à cette douce flamme?
Le sceptre que la mort vous donne et vous reprend,
La gloire qu'on ramasse à la guerre en courant,
Se faire un nom fameux, avoir de grands domaines,
Etre empereur ou roi, ce sont choses humaines;
Il n'est sur cette terre, où tout passe à son tour,
Qu'une chose qui soit divine, et c'est l'amour!
Blanche, c'est le bonheur que ton amant t'apporte,
Le bonheur; qui, timide, attendait à ta porte!
La vie est une fleur, l'amour en est le miel.
C'est la colombe unie à l'aigle dans le ciel,
C'est la grâce tremblante à la force appuyée,
C'est ta main dans ma main doucement oubliée...
—Aimons-nous! aimons-nous!

Il cherche à l'embrasser. Elle se débat.

BLANCHE.

Non! Laissez!

Il la serre dans ses bras, et lui prend un baiser.

DAME BÉRARDE, *au fond du théâtre, sur a terrasse, à part.*

Il va bien!

LE ROI, *à part.*

Elle est prise!

Haut.

Dis-moi que tu m'aimes!

DAME BÉRARDE, *au fond, à part.*

Vaurien!

LE ROI.

Blanche! redis-le-moi!

BLANCHE, *baissant les yeux.*

Vous m'avez entendue.

Vous le savez.

LE ROI *l'embrasse de nouveau avec transport.*

Je suis heureux!

BLANCHE.

Je suis perdue!

LE ROI.

Non, heureuse avec moi!

BLANCHE, *s'arrachant de ses bras.*

Vous m'êtes étranger.

Dites-moi votre nom.

DAME BÉRARDE, *au fond, à part.*

Il est temps d'y songer!

BLANCHE.

Vous n'êtes pas au moins seigneur ni gentilhomme?
Mon père les craint tant!

LE ROI.

Mon Dieu, non, je me nomme...

A part.

— Voyons?...

Il cherche.

Gaucher Mahiet. — Je suis un écolier...

Très-pauvre!

DAME BÉRARDE, *occupée en ce moment même à compter
l'argent qu'il lui a donné.*

Est-il menteur!

Entrent dans la rue monsieur de Pienne et monsieur de Pardaillan, enveloppés de manteaux, une lanterne sourde à la main.

MONSIEUR DE PIENNE, *bas à monsieur de Pardaillan.*

C'est ici, chevalier!

DAME BÉRARDE, *bas, et descendant précipitamment la
terrasse.*

J'entends quelqu'un dehors,

BLANCHE, *effrayée.*
C'est mon père peut-être!
DAME BÉRARDE, *au roi.*
Partez, monsieur!
LE ROI.
Que n'ai-je entre mes mains le traître
Qui me dérange ainsi!
BLANCHE, *à dame Bérarde.*
Fais-le vite passer
Par la porte du quai.
LE ROI, *à Blanche.*
Quoi! déjà te laisser!
M'aimeras-tu demain?
BLANCHE.
Et vous?
LE ROI.
Ma vie entière!
BLANCHE.
Ah! vous me tromperez, car je trompe mon père.
LE ROI.
Jamais! — Un seul baiser, Blanche, sur tes beaux yeux.
DAME BÉRARDE, *à part*
Mais c'est un embrasseur tout à fait furieux!
BLANCHE, *faisant quelque résistance.*
Non, non!

Le roi l'embrasse, et rentre avec dame Bérarde dans la maison.

Blanche reste quelque temps les yeux fixés sur la porte par où il est sorti; puis elle rentre elle-même. Pendant ce temps-là, la rue se peuple de gentilshommes armés, couverts de manteaux et masqués. Monsieur de Gordes, monsieur de Cossé, messieurs de Montchenu, de Brion et de Montmorency, Clément Marot, rejoignent successivement monsieur de Pienne et monsieur de Pardaillan. La nuit est très-noire. La lanterne sourde de ces messieurs est bouchée. Ils se font entre eux des signes de reconnaissance, et se montrent la maison de Blanche. Un valet les suit portant une échelle.

SCÈNE V.

LES GENTILSHOMMES, puis TRIBOULET, puis BLANCHE.

Blanche reparaît par la porte du premier étage sur la terrasse. Elle tient à la main un flambeau qui éclaire son visage.

BLANCHE, *sur la terrasse.*

Gaucher Mahiet! nom de celui que j'aime,
Grave-toi dans mon cœur!

MONSIEUR DE PIENNE, *aux gentilshommes.*

Messieurs, c'est elle-même!

MONSIEUR DE PARDAILLAN

Voyons!

MONSIEUR DE GORDES, *dédaigneusement.*

Quelque beauté bourgeoise!

A monsieur de Pienne.

Je te plains
Si tu fais ton régal de femmes de vilains!

En ce moment Blanche se retourne, de façon que les gentilshommes peuvent la voir.

MONSIEUR DE PIENNE, *à monsieur de Gordes.*

Comment la trouves-tu?

MAROT.

La vilaine est jolie!

MONSIEUR DE GORDES.

C'est une fée! un ange! une grâce accomplie!

MONSIEUR DE PARDAILLAN.

Quoi! c'est là la maîtresse à messer Triboulet!
Le sournois!

MONSIEUR DE GORDES.

Le faquin!

MAROT.

La plus belle au plus laid
C'est juste. — Jupiter aime à croiser les races.

Blanche rentre chez elle. On ne voit plus qu'une lumière à la fenêtre.

MONSIEUR DE PIENNE.

Messieurs, ne perdons pas notre temps en grimaces.
Nous avons résolu de punir Triboulet.
Or, nous sommes ici, tous, à l'heure qu'il est,
Avec notre rancune, et, de plus, une échelle.
Escaladons le mur et volons-lui sa belle;
Portons la dame au Louvre, et que Sa Majesté
A son lever demain trouve cette beauté.

MONSIEUR DE COSSÉ.

Le roi mettra la main dessus, que je suppose.

MAROT.

Le diable à sa façon débrouillera la chose !

MONSIEUR DE PIENNE.

Bien dit. A l'œuvre !

MONSIEUR DE GORDES.

Au fait, c'est un morceau de roi.

Entre Triboulet.

TRIBOULET, *rêveur, au fond du théâtre.*

Je reviens... à quoi bon ? Ah ! je ne sais pourquoi !

MONSIEUR DE COSSÉ, *aux gentilshommes.*

Çà, trouvez-vous si bien, messieurs, que, brune et blonde,
Notre roi prenne ainsi la femme à tout le monde ?
Je voudrais bien savoir ce que le roi dirait
Si quelqu'un usurpait la reine.

TRIBOULET, *avançant de quelques pas.*

Oh ! mon secret !
— Ce vieillard m'a maudit ! — Quelque chose me trouble !

La nuit est si épaisse qu'il ne voit pas monsieur de Gordes près
de lui et qu'il le heurte en passant.

Qui va là?

MONSIEUR DE GORDES, *revenant effaré, bas aux gentilshommes.*

Triboulet, messieurs!

MONSIEUR DE COSSÉ, *bas.*

Victoire double!

Tuons le traître!

MONSIEUR DE PIENNE.

Oh! non.

MONSIEUR DE COSSÉ.

Il est dans notre main.

MONSIEUR DE PIENNE.

Eh! nous ne l'aurions plus pour en rire demain!

MONSIEUR DE GORDES.

Oui, si nous le tuons, le tour n'est plus si drôle.

MONSIEUR DE COSSÉ.

Mais il va nous gêner.

MAROT.

Laissez-moi la parole.

Je vais arranger tout.

TRIBOULET, *qui est resté dans son coin aux aguets et
l'oreille tendue.*

On s'est parlé tout bas.

MAROT, *approchant.*

Triboulet!

TRIBOULET, *d'une voix terrible.*

Qui va là?

MAROT.

Là! ne nous mange pas;

C'est moi.

TRIBOULET.

Qui, toi?

MAROT.

Marot.

TRIBOULET

Ah! la nuit est si noire!

MAROT.

Oui, le diable s'est fait du ciel une écritoire.

TRIBOULET.

Dans quel but?...

MAROT.

Nous venons, ne l'as-tu pas pensé?
Enlever pour le roi madame de Cossé.

TRIBOULET, *respirant.*

Ah!... — très-bien!

MONSIEUR DE COSSÉ, *à part.*

Je voudrais lui rompre quelque membre!

TRIBOULET, *à Marot.*

Mais comment ferez-vous pour entrer dans sa chambre?

MAROT, *bas à monsieur de Cossé.*

Donnez-moi votre clé.

Monsieur de Cossé lui passe la clef, qu'il transmet à Triboulet.

Tiens, touche cette clé.
Y sens-tu le blason de Cossé ciselé?

TRIBOULET, *palpant la clef.*

Les trois feuilles de scie, oui.

A part.

Mon Dieu, suis-je bête!

Montrant le mur à gauche.

Voilà l'hôtel Cossé. Que diable avais-je en tête?

A Marot en lui rendant la clef.

Vous enlevez sa femme au gros Cossé? j'en suis!

ACTE I, SCÈNE V.

MAROT.

Nous sommes tous masqués.

TRIBOULET.

Eh bien! un masque!

Marot lui met un masque et ajoute au masque un bandeau, qu'il lui attache sur les yeux et sur les oreilles.

Et puis?

MAROT.

Tu nous tiendras l'échelle.

Les gentilshommes appliquent l'échelle au mur de la terrasse. Marot y conduit Triboulet, auquel il la fait tenir.

TRIBOULET, *les mains sur l'échelle.*

Hum! êtes-vous en nombre?
Je n'y vois plus du tout.

MAROT.

C'est que la nuit est sombre.

Aux autres en riant.

Vous pouvez crier haut et marcher d'un pas lourd.
Le bandeau que voilà le rend aveugle et sourd.

Les gentilshommes montent l'échelle, enfoncent la porte du premier étage sur la terrasse, et pénètrent dans la maison. Un moment après, l'un d'eux reparaît dans la cour, dont il ouvre la porte en dedans; puis le groupe tout entier arrive à son tour dans la cour et franchit la porte, emportant Blanche, demi-nue et bâillonnée, qui se débat.

BLANCHE, *échevelée, dans l'éloignement.*

Mon père, à mon secours! ô mon père!

VOIX DE GENTILSHOMMES, *dans l'éloignement.*

Victoire!

Ils disparaissent avec Blanche.

TRIBOULET, *resté seul au bas de l'échelle.*

Çà, me font-ils ici faire mon purgatoire?
— Ont-ils bientôt fini? quelle dérision!

Il lâche l'échelle, porte la main à son masque et rencontre le bandeau.

J'ai les yeux bandés!

Il arrache son bandeau et son masque. A la lumière de la lanterne sourde qui a été oubliée à terre, il y voit quelque chose de blanc; il le ramasse et reconnaît le voile de sa fille : il se retourne; l'échelle est appliquée au mur de sa terrasse, la porte de sa maison est ouverte; il y entre comme un furieux, et reparaît un moment après traînant dame Bérarde bâillonnée et demi-vêtue. Il la regarde avec stupeur, puis il s'arrache les cheveux en poussant quelques cris inarticulés. Enfin la voix lui revient.

Oh! la malédiction!

Il tombe évanoui.

III

LE ROI

ACTE TROISIÈME

L'antichambre du roi, au Louvre. — Dorures, ciselures, meubles, tapisseries, dans le goût de la renaissance. — Sur le devant de la scène, une table, un fauteuil, un pliant. — Au fond, une grande porte dorée — A gauche, la porte de la chambre à coucher du roi, revêtue d'une portière en tapisserie. — A droite, un dressoir chargé de vaisselle d'or et d'émaux — La porte du fond s'ouvre sur un mail.

SCÈNE PREMIÈRE.

LES GENTILSHOMMES.

MONSIEUR DE GORDES.
Maintenant arrangeons la fin de l'aventure.
MONSIEUR DE PARDAILLAN.
Il faut que Triboulet s'intrigue, se torture,
Et ne devine pas que sa belle est ici !
MONSIEUR DE COSSÉ.
Qu'il cherche sa maîtresse, oui, c'est fort bien ! mais si
Les portiers cette nuit nous ont vus l'introduire ?
MONSIEUR DE MONTCHENU.
Tous les huissiers du Louvre ont ordre de lui dire
Qu'ils n'ont point vu de femme entrer céans la nuit.

MONSIEUR DE PARDAILLAN.

De plus, un mien laquais, drôle aux ruses instruit,
Pour lui donner le change est allé sur sa porte
Dire aux gens du bouffon que, d'une et d'autre sorte,
Il avait vu traîner à l'hôtel d'Hautefort
Une femme à minuit qui se débattait fort.

MONSIEUR DE COSSÉ, *riant.*

Bon, l'hôtel d'Hautefort le jette loin du Louvre !

MONSIEUR DE GORDES.

Serrons bien sur ses yeux le bandeau qui les couvre.

MAROT.

J'ai ce matin au drôle envoyé ce billet :

Il tire un papier et lit.

« Je viens de t'enlever ta belle, ô Triboulet !
Je l'emmène, s'il faut t'en donner des nouvelles,
Hors de France avec moi. »

Tous rient.

MONSIEUR DE GORDES, *à Marot.*

Signé ?

MAROT.

« Jean de Nivelles ! »

Les éclats de rire redoublent.

MONSIEUR DE PARDAILLAN.

Oh ! comme il va chercher !

MONSIEUR DE COSSÉ.

Je jouis de le voir !

MONSIEUR DE GORDES.

Qu'il va, le malheureux, avec son désespoir,
Ses poings crispés, ses dents de colère serrées,
Nous payer en un jour de dettes arriérées !

La porte latérale s'ouvre. Entre le roi, vêtu d'un magnifique négligé du matin. Il est accompagné de monsieur de Pienne. Tous les courtisans se rangent et se découvrent. Le roi et monsieur de Pienne rient aux éclats.

LE ROI, *désignant la porte du fond.*

Elle est là ?

MONSIEUR DE PIENNE.

La maîtresse à Triboulet !

LE ROI.

Vraiment !
Dieu ! souffler la maîtresse à mon fou ! c'est charmant !

MONSIEUR DE PIENNE.

Sa maîtresse ou sa femme !

LE ROI, *à part*

Une femme ! une fille !
Je ne le savais pas si père de famille !

MONSIEUR DE PIENNE.

Le roi la veut-il voir ?

LE ROI.

Pardieu !

Monsieur de Pienne sort, et revient un moment après soutenant Blanche, voilée et toute chancelante. Le roi s'assied nonchalamment dans son fauteuil.

MONSIEUR DE PIENNE, *à Blanche.*

Ma belle, entrez.
Vous tremblerez après tant que vous le voudrez.
Vous êtes près du roi.

BLANCHE, *toujours voilée.*

C'est le roi, ce jeune homme !

Elle court se jeter aux pieds du roi.

A la voix de Blanche, le roi tressaille et fait signe à tous de sortir.

SCÈNE II.

LE ROI, BLANCHE.

Le roi, resté seul avec Blanche, soulève le voile qui la cache.

LE ROI.

Blanche !

BLANCHE.

Gaucher Mahiet ! ciel !

LE ROI, *éclatant de rire.*

Foi de gentilhomme !
Méprise ou fait exprès, je suis ravi du tour.
Vive Dieu ! ma beauté, ma Blanche, mon amour,
Viens dans mes bras !

BLANCHE, *reculant.*

Le roi ! le roi ! Laissez-moi, sire, —
Mon Dieu ! je ne sais plus comment parler ni dire... —
Monsieur Gaucher Mahiet... — Non, vous êtes le roi. —

Retombant à genoux.

Oh ! qui que vous soyez, ayez pitié de moi.

LE ROI.

Avoir pitié de toi, Blanche ! moi qui t'adore !
Ce que Gaucher disait, François le dit encore.
Tu m'aimes et je t'aime, et nous sommes heureux !
Être roi ne saurait gâter un amoureux.
Enfant ! tu me croyais bourgeois, clerc, moins peut-être.
Parce que le hasard m'a fait un peu mieux naître,
Parce que je suis roi, ce n'est pas un motif
De me prendre en horreur subitement tout vif !
Je n'ai pas le bonheur d'être un manant, qu'importe !

BLANCHE, *à part.*

Comme il rit ! O mon Dieu ! je voudrais être morte !

LE ROI, *souriant et riant plus encore.*

Oh! les fêtes, les jeux, les danses, les tournois,
Les doux propos d'amour le soir au fond des bois,
Cent plaisirs que la nuit couvrira de son aile :
Voilà ton avenir, auquel le mien se mêle !
Oh! soyons deux amants, deux heureux, deux époux !
Il faut un jour vieillir; et la vie, entre nous,
Cette étoffe où, malgré les ans qui la morcellent,
Quelques instants d'amour par places étincellent,
N'est qu'un triste haillon sans ces paillettes-là !
Blanche, j'ai réfléchi souvent à tout cela,
Et voici la sagesse : honorons Dieu le Père,
Aimons et jouissons, et faisons bonne chère !

BLANCHE, *atterrée et reculant.*

O mes illusions! qu'il est peu ressemblant!

LE ROI.

Quoi! me croyais-tu donc un amoureux tremblant,
Un cuistre, un de ces fous lugubres et sans flammes,
Qui pensent qu'il suffit, pour que toutes les femmes
Et tous les cœurs charmés se rendent devant eux,
De pousser des soupirs avec un air piteux?

BLANCHE, *le repoussant.*

Laissez-moi ! — Malheureuse!

LE ROI.

Oh! sais-tu qui nous sommes?
La France, un peuple entier, quinze millions d'hommes,
Richesse, honneurs, plaisirs, pouvoir sans frein ni loi,
Tout est pour moi, tout est à moi, je suis le roi !
Eh bien! du souverain tu seras souveraine.
Blanche, je suis le roi; toi, tu seras la reine!

BLANCHE.

La reine! et votre femme?

LE ROI, *riant.*

Innocence! ô vertu !

Ah! ma femme n'est pas ma maîtresse, vois-tu!
BLANCHE.
Votre maîtresse! oh! non! quelle honte!
LE ROI.
La fière!
BLANCHE.
Je ne suis pas à vous, non, je suis à mon père!
LE ROI.
Ton père! mon bouffon! mon fou! mon Triboulet!
Ton père! il est à moi! j'en fais ce qui me plaît!
Il veut ce que je veux!

BLANCHE, *pleurant amèrement et la tête dans ses mains.*
O Dieu! mon pauvre père!
Quoi! tout est donc à vous?

Elle sanglote. Il se jette à ses pieds pour la consoler.

LE ROI, *avec un accent attendri.*
Blanche! oh! tu m'es bien chère!
Blanche, ne pleure plus! Viens sur mon cœur.
BLANCHE, *résistant.*
Jamais!
LE ROI, *tendrement.*
Tu ne m'as pas encor redit que tu m'aimais.
BLANCHE.
Oh! c'est fini!
LE ROI.
Je t'ai, sans le vouloir, blessée.
Ne sanglote donc pas comme une délaissée.
Oh! plutôt que de faire ainsi pleurer tes yeux,
J'aimerais mieux mourir, Blanche! j'aimerais mieux
Passer dans mon royaume et dans ma seigneurie
Pour un roi sans courage et sans chevalerie!
Un roi qui fait pleurer une femme! ô mon Dieu!
Lâcheté!

ACTE III, SCÈNE II.

BLANCHE, *égarée et sanglotant.*

N'est-ce pas, tout ceci n'est qu'un jeu?
Si vous êtes le roi, j'ai mon père. Il me pleure.
Faites-moi ramener près de lui. Je demeure
Devant l'hôtel Cossé. Mais vous le savez bien.
Oh! qui donc êtes-vous? je n'y comprends plus rien.
Comme ils m'ont emportée avec des cris de fête!
Tout ceci comme un rêve est brouillé dans ma tête!

Pleurant.

Je ne sais même plus, vous que j'ai cru si doux,
Si je vous aime encor!

Reculant avec un mouvement d'horreur.

Vous roi! — J'ai peur de vous!

LE ROI, *cherchant à la prendre dans ses bras.*

Je vous fais peur, méchante!

BLANCHE, *le repoussant.*

Oh! laissez-moi!

LE ROI, *la serrant de plus près.*

Qu'entends-je?
Un baiser de pardon!

BLANCHE, *se débattant.*

Non!

LE ROI, *riant, à part.*

Quelle fille étrange!

BLANCHE, *s'échappant de ses bras.*

Laissez-moi! — Cette porte!...

Elle aperçoit la porte de la chambre du roi ouverte, s'y précipite, et la referme violemment sur elle.

LE ROI, *prenant une petite clef d'or à sa ceinture.*

Oh! j'ai la clef sur moi.

Il ouvre la porte, la pousse vivement, entre, et la referme sur lui.

MAROT, *en observation à la porte du fond depuis quelques instants. Il rit.*

Elle se réfugie en la chambre du roi!
O la pauvre petite!

Appelant monsieur de Gordes.

Hé! comte.

SCÈNE III.

MAROT, puis LES GENTILSHOMMES, ensuite TRIBOULET.

MONSIEUR DE GORDES, *à Marot.*

Est-ce qu'on rentre?

MAROT.

Le lion a traîné la brebis dans son antre.

MONSIEUR DE PARDAILLAN, *sautant de joie.*

Oh! pauvre Triboulet!

MONSIEUR DE PIENNE, *qui est resté à la porte, et qui a les yeux fixés vers le dehors.*

Chut! le voici!

MONSIEUR DE GORDES, *bas aux seigneurs.*

Tout doux!
Çà, n'ayons l'air de rien, et tenons-nous bien tous.

MAROT.

Messieurs, je suis le seul qu'il puisse reconnaître.
Il n'a parlé qu'à moi.

MONSIEUR DE PIENNE.

Ne faisons rien paraître.

Entre Triboulet. Rien ne paraît changé en lui. Il a le costume et l'air indifférent du bouffon. Seulement il est très-pâle.

MONSIEUR DE PIENNE, *ayant l'air de poursuivre une conversation commencée et faisant des yeux aux plus jeunes gentilshommes, qui compriment des rires étouffés en voyant Triboulet.*

Oui, messieurs, c'est alors, — Hé! bonjour, Triboulet! — Qu'on fit cette chanson en forme de couplet :

Il chante:

> Quand Bourbon vit Marseille,
> Il a dit à ses gens :
> Vrai Dieu ! quel capitaine
> Trouverons-nous dedans ?

TRIBOULET, *continuant la chanson.*

> Au mont de la Coulombe
> Le passage est étroit,
> Montèrent tous ensemble
> En soufflant à leurs doigts.

Rires et applaudissements ironiques.

TOUS.

Parfait !

TRIBOULET, *qui s'est avancé lentement jusque sur le devant du théâtre, à part.*

Où peut-elle être ?

Il se remet à fredonner.

> Montèrent tous ensemble
> En soufflant à leurs doigts.

MONSIEUR DE GORDES, *applaudissant.*

Ah ! Triboulet, bravo !

TRIBOULET, *examinant tous ces visages qui rient autour de lui. — A part.*

Ils ont tous fait le coup, c'est sûr !

MONSIEUR DE COSSÉ, *frappant sur l'épaule de Triboulet avec un gros rire.*

Quoi de nouveau, Bouffon ?

TRIBOULET, *aux autres, montrant monsieur de Cossé.*
Ce gentilhomme est lugubre à voir rire.
Contrefaisant monsieur de Cossé.
— Quoi de nouveau, bouffon?
MONSIEUR DE COSSÉ, *riant toujours.*
Oui, que viens-tu nous dire?
TRIBOULET, *le regardant de la tête aux pieds.*
Que si vous vous mettez à faire le charmant
Vous allez devenir encor plus assommant.

Pendant toute la première partie de la scène, Triboulet a l'air de chercher, d'examiner, de fureter. Le plus souvent son regard seul indique cette préoccupation. Quelquefois, quand il croit qu'on n'a pas l'œil sur lui, il déplace un meuble, il tourne le bouton d'une porte pour voir si elle est fermée. Du reste, il cause avec tous, comme à son habitude, d'une manière railleuse, insouciante et dégagée. Les gentilshommes, de leur côté, ricanent entre eux et se font des signes, tout en parlant de choses et d'autres.

Où l'ont-ils cachée? — Oh! si je la leur demande,
Ils se riront de moi!
Accostant Marot d'un air riant.
Marot, ma joie est grande
Que tu ne le sois pas cette nuit enrhumé.
MAROT, *jouant la surprise.*
Cette nuit?
TRIBOULET, *clignant de l'œil d'un air d'intelligence.*
Un bon tour, et dont je suis charmé!
MAROT.
Quel tour?
TRIBOULET, *hochant la tête.*
Oui!
MAROT, *d'un air candide.*
Je me suis, pour toutes aventures,
Le couvre-feu sonnant, mis sous mes couvertures,
Et le soleil brillait quand je me suis levé.

TRIBOULET.
Ah! tu n'es pas sorti cette nuit? J'ai rêvé!

Il aperçoit un mouchoir sur la table et se jette dessus.

MONSIEUR DE PARDAILLAN, *bas à monsieur de Pienne.*
Tiens, duc, de mon mouchoir il regarde la lettre.

TRIBOULET, *laissant tomber le mouchoir, à part.*
Non, ce n'est pas le sien.

MONSIEUR DE PIENNE, *à quelques jeunes gens qui rient au fond.*
Messieurs!

TRIBOULET, *à part.*
Où peut-elle être?

MONSIEUR DE PIENNE, *à monsieur de Gordes.*
Qu'avez-vous donc à rire ainsi?

MONSIEUR DE GORDES, *montrant Marot.*
Pardieu, c'est lui
Qui nous fait rire!

TRIBOULET, *à part.*
Ils sont bien joyeux aujourd'hui!

MONSIEUR DE GORDES, *à Marot, en riant.*
Ne me regarde pas de cet air malhonnête,
Ou je vais te jeter Triboulet à la tête.

TRIBOULET, *à monsieur de Pienne.*
Le roi n'est pas encore éveillé!

MONSIEUR DE PIENNE.
Non, vraiment!

TRIBOULET.
Se fait-il quelque bruit dans son appartement?

Il veut approcher de la porte. Monsieur de Pardaillan le retient.

MONSIEUR DE PARDAILLAN.
Ne va pas réveiller Sa Majesté!

MONSIEUR DE GORDES, *à monsieur de Pardaillan.*
Vicomte!

Ce faquin de Marot nous fait un plaisant conte!
Les trois Guy, revenus, ma foi, l'on ne sait d'où,
Ont trouvé l'autre nuit, — qu'en dit ce maître fou? —
Leurs femmes, toutes trois, avec d'autres...

MAROT.

Cachées.

TRIBOULET.

Les morales du temps se font si relâchées!

MONSIEUR DE COSSÉ.

Les femmes, c'est si traître!

TRIBOULET, *à monsieur de Cossé.*

Oh! prenez garde!

MONSIEUR DE COSSÉ.

Quoi?

TRIBOULET.

Prenez garde, monsieur de Cossé!

MONSIEUR DE COSSÉ.

Quoi?

TRIBOULET.

Je voi
Quelque chose d'affreux qui vous pend à l'oreille.

MONSIEUR DE COSSÉ.

Quoi donc?

TRIBOULET, *lui riant au nez.*

Une aventure absolument pareille!

MONSIEUR DE COSSÉ, *le menaçant avec colère.*

Hun!

TRIBOULET.

Messieurs, l'animal est, vraiment, curieux.
Voilà le cri qu'il fait quand il est furieux.

Contrefaisant monsieur de Cossé.

— Hun!

Tous rient. Entre un gentilhomme à la livrée de la reine.

MONSIEUR DE PIENNE.

Qu'est-ce, Vaudragon ?

LE GENTILHOMME.

La reine ma maîtresse
Demande à voir le roi pour affaire qui presse.

Monsieur de Pienne lui fait signe que la chose est impossible, le gentilhomme insiste.

Madame de Brézé n'est pas chez lui pourtant.

MONSIEUR DE PIENNE, *avec impatience.*

Le roi n'est pas levé.

LE GENTILHOMME.

Comment, duc ! dans l'instant
Il était avec vous.

MONSIEUR DE PIENNE, *dont l'humeur redouble, et qui fait au gentilhomme des signes que celui-ci ne comprend pas, et que Triboulet observe avec une attention profonde.*

Le roi chasse !

LE GENTILHOMME.

Sans pages
Et sans piqueurs alors ; car tous ses équipages
Sont là.

MONSIEUR DE PIENNE, *à part.*

Diable !

Parlant au gentilhomme entre deux yeux et avec colère.

On vous dit, comprenez-vous ceci ?
Que le roi ne peut voir personne !

TRIBOULET, *éclatant et d'une voix de tonnerre.*

Elle est ici !
Elle est avec le roi !

Étonnement dans les gentilshommes.

MONSIEUR DE GORDES.

Qu'a-t-il donc? il délire!

Elle!

TRIBOULET.

Oh! vous savez bien, messieurs, qui je veux dire!
Ce n'est pas une affaire à me dire : Va-t'en!
— La femme qu'à vous tous, Cossé, Pienne et Satan,
Brion, Montmorency!... la femme désolée
Que vous avez hier dans ma maison volée,
— Monsieur de Pardaillan, vous en étiez aussi! —
Oh! je la reprendrai, messieurs! — Elle est ici!

MONSIEUR DE PIENNE, *riant*.

Triboulet a perdu sa maîtresse! — gentille
Ou laide, qu'il la cherche ailleurs.

TRIBOULET, *effrayant*.

Je veux ma fille!

TOUS.

Sa fille!

Mouvement de surprise.

TRIBOULET, *croisant les bras.*

C'est ma fille! — Oui, riez maintenant!
Ah! vous restez muets! vous trouvez surprenant
Que ce bouffon soit père et qu'il ait une fille?
Les loups et les seigneurs n'ont-ils pas leur famille?
Ne puis-je avoir aussi la mienne? Allons! assez!

D'une voix terrible.

Que si vous plaisantiez, c'est charmant, finissez!
Ma fille, je la veux, voyez-vous! — Oui, l'on cause,
On chuchote, on se parle en riant de la chose.
Moi, je n'ai pas besoin de votre air triomphant.
Messeigneurs, je vous dis qu'il me faut mon enfant!

Il se jette sur la porte du roi.

Elle est là!

Tous les gentilshommes se placent devant la porte,
et l'empêchent.

MAROT.

Sa folie en furie est tournée.

TRIBOULET, *reculant avec désespoir.*

Courtisans! courtisans! démons! race damnée!
C'est donc vrai qu'ils m'ont pris ma fille, ces bandits!
— Une femme à leurs yeux, ce n'est rien, je vous dis!
Quand le roi, par bonheur, est un roi de débauches,
Les femmes des seigneurs, lorsqu'ils ne sont pas gauches,
Les servent fort. — L'honneur d'une vierge, pour eux,
C'est un luxe inutile, un trésor onéreux.
Une femme est un champ qui rapporte, une ferme
Dont le royal loyer se paye à chaque terme.
Ce sont mille faveurs pleuvant on ne sait d'où,
C'est un gouvernement, un collier sur le cou,
Un tas d'accroissements que sans cesse on augmente!

Les regardant tous en face.

— En est-il parmi vous un seul qui me démente?
N'est-ce pas que c'est vrai, messeigneurs? — En effet,

Il va de l'un à l'autre.

Vous lui vendriez tous, si ce n'est déjà fait,
Pour un nom, pour un titre, ou toute autre chimère,

A monsieur de Brion.

Toi, ta femme, Brion!

A monsieur de Gordes.

Toi, ta sœur!

Au jeune page Pardaillan.

Toi, ta mère!

Un page se verse un verre de vin au buffet, et se met à boire en
fredonnant :

Quand Bourbon vit Marseille,
Il a dit à ses gens :
Vrai Dieu! quel capitaine...

TRIBOULET, *se retournant.*

Je ne sais à quoi tient, vicomte d'Aubusson,
Que je te brise aux dents ton verre et ta chanson !
  A tous.
Qui le croirait? des ducs et pairs, des grands d'Espagne,
O honte ! un Vermandois qui vient de Charlemagne,
Un Brion, dont l'aïeul était duc de Milan,
Un Gordes-Simiane, un Pienne, un Pardaillan,
Vous, un Montmorency ! les plus grands noms qu'on nomme,
Avoir été voler sa fille à ce pauvre homme !
— Non, il n'appartient point à ces grandes maisons
D'avoir des cœurs si bas sous d'aussi fiers blasons !
Non, vous n'en êtes pas ! — Au milieu des huées,
Vos mères aux laquais se sont prostituées !
Vous êtes tous bâtards !

MONSIEUR DE GORDES.

Ah çà, drôle !

TRIBOULET.

                     Combien
Le roi vous donne-t-il pour lui vendre mon bien?
Il a payé le coup, dites !
  S'arrachant les cheveux.
          Moi qui n'ai qu'elle !
—Si je voulais.—Sans doute.—Elle est jeune, elle est belle!
Certe, il me la pairait !
  Les regardant tous
          Est-ce que votre roi
S'imagine qu'il peut quelque chose pour moi?
Peut-il couvrir mon nom d'un nom comme les vôtres?
Peut-il me faire beau, bien fait, pareil aux autres?
— Enfer ! il m'a tout pris ! — Oh ! que ce tour charmant
Est vil, atroce, horrible, et s'est fait lâchement !
Scélérats ! assassins ! vous êtes des infâmes,

Des voleurs, des bandits, des tourmenteurs de femmes !
Messeigneurs, il me faut ma fille ! il me la faut
A la fin ! allez-vous me la rendre bientôt ?
— Oh ! voyez cette main, — main qui n'a rien d'illustre,
Main d'un homme du peuple, et d'un serf, et d'un rustre,
Cette main qui paraît désarmée aux rieurs,
Et qui n'a pas d'épée, a des ongles, messieurs !
— Voici longtemps déjà que j'attends, il me semble !
Rendez-la-moi ! — La porte ! ouvrez-la !

> Il se jette de nouveau en furieux sur la porte, que défendent tous les gentilshommes. Il lutte contre eux quelque temps et revient enfin tomber sur le devant du théâtre, épuisé, haletant, à genoux.

Tous ensemble

Contre moi ! dix contre un !

Fondant en larmes et en sanglots.

Hé bien ! je pleure, oui !

A Marot.

Marot, tu t'es de moi bien assez réjoui.
Si tu gardes une âme, une tête inspirée,
Un cœur d'homme du peuple, encor, sous ta livrée,
Où me l'ont-ils cachée, et qu'en ont-ils fait, dis !
Elle est là, n'est-ce pas ? Oh ! parmi ces maudits,
Faisons cause commune en frères que nous sommes !
Toi seul as de l'esprit dans tous ces gentilshommes.
Marot ! mon bon Marot ! — Tu te tais !

Se traînant vers les seigneurs.

Oh ! voyez !
Je demande pardon, messeigneurs, sous vos pieds !
Je suis malade... Ayez pitié, je vous en prie !
— J'aurais un autre jour mieux pris l'espiéglerie.
Mais, voyez-vous, souvent j'ai, quand je fais un pas,
Bien des maux dans le corps dont je ne parle pas.
On a comme cela ses mauvaises journées

Quand on est contrefait. — Depuis bien des années,
Je suis votre bouffon : je demande merci !
Grâce ! ne brisez pas votre hochet ainsi !
Ce pauvre Triboulet qui vous a tant fait rire !
Vraiment, je ne sais plus maintenant que vous dire !
Rendez-moi mon enfant, messeigneurs, rendez-moi
Ma fille, qu'on me cache en la chambre du roi !
Mon unique trésor ! — Mes bons seigneurs, par grâce !
Qu'est-ce que vous voulez à présent que je fasse
Sans ma fille ? — Mon sort est déjà si mauvais !
C'était la seule chose au monde que j'avais !

Tous gardent le silence. Il se relève désespéré.

Ah Dieu ! vous ne savez que rire ou que vous taire !
C'est donc un grand plaisir de voir un pauvre père
Se meurtrir la poitrine, et s'arracher du front
Des cheveux que deux nuits pareilles blanchiront !

La porte de la chambre du roi s'ouvre brusquement. Blanche en sort, éperdue, égarée, en désordre ; elle vient tomber dans les bras de son père avec un cri terrible.

BLANCHE.

Mon père ! ah !

TRIBOULET, *la serrant dans ses bras.*

Mon enfant ! ah ! c'est elle ! ah ! ma fille !
Ah ! messieurs !

Suffoqué de sanglots et riant au travers.

Voyez-vous, c'est toute ma famille,
Mon ange ! — Elle de moins, quel deuil dans ma maison !
— Messeigneurs, n'est-ce pas que j'avais bien raison,
Qu'on ne peut m'en vouloir des sanglots que je pousse,
Et qu'une telle enfant, si charmante et si douce,
Qu'à la voir seulement on deviendrait meilleur,
Cela ne se perd pas sans des cris de douleur !

A Blanche.

— Ne crains plus rien. — C'était une plaisanterie,

C'était pour rire. — Ils t'ont fait bien peur, je parie.
Mais ils sont bons. — Ils ont vu comme je t'aimais.
Blanche, ils nous laisseront tranquilles désormais.

  Aux seigneurs.
— N'est-ce pas ?

   A Blanche en la serrant dans ses bras.

    — Quel bonheur de te revoir encore !
J'ai tant de joie au cœur, que maintenant j'ignore
Si ce n'est pas heureux, — je ris, moi qui pleurais ! —
De te perdre un moment pour te ravoir après !

  La regardant avec inquiétude.

— Mais pourquoi pleurer, toi ?
BLANCHE, *voilant dans ses mains son visage couvert de*
   larmes et de rougeur.

    Malheureux que nous sommes !
La honte...

  TRIBOULET, *tressaillant.*
  Que dis-tu ?
BLANCHE, *cachant sa tête dans la poitrine de son père.*

   Pas devant tous ces hommes !
Rougir devant vous seul !
TRIBOULET, *se tournant avec un tremblement de rage vers*
   la porte du roi.

   Oh ! l'infâme — elle aussi !
BLANCHE, *sanglotant et tombant à ses pieds.*
Rester seule avec vous !
TRIBOULET, *faisant trois pas, et balayant du geste tous*
   les seigneurs interdits.

   Allez-vous-en d'ici !
Et, si le roi François par malheur se hasarde
A passer près d'ici,

  A monsieur de Vermandois.
  vous êtes de sa garde,

Dites-lui de ne pas entrer, — que je suis là.
MONSIEUR DE PIENNE.
On n'a jamais rien vu de fou comme cela.
MONSIEUR DE GORDES, *lui faisant signe de se retirer.*
Aux fous comme aux enfants on cède quelque chose.
Veillons pourtant, de peur d'accident.

Ils sortent.

TRIBOULET, *s'asseyant sur le fauteuil du roi et relevant sa fille.*

Allons, cause,
Dis-moi tout.—

Il se retourne, et, apercevant monsieur de Cossé, qui est resté, il se lève à demi en lui montrant la porte.

M'avez-vous entendu, monseigneur?
MONSIEUR DE COSSÉ, *tout en se retirant comme subjugué par l'ascendant du bouffon.*
Ces fous, cela se croit tout permis, en honneur!

Il sort.

SCÈNE IV.

BLANCHE, TRIBOULET.

TRIBOULET, *grave.*
Parle à présent.
BLANCHE, *les yeux baissés, interrompue de sanglots.*
Mon père, il faut que je vous conte
Qu'il s'est hier glissé dans la maison... —
Pleurant, et les mains sur ses yeux.

J'ai honte!

Triboulet la serre dans ses bras et lui essuie le front avec tendresse.

Depuis longtemps, — j'aurais dû vous parler plus tôt, —

Il me suivait. —

            S'interrompant encore.

        Il faut reprendre de plus haut.
— Il ne me parlait pas. — Il faut que je vous dise
Que ce jeune homme allait le dimanche à l'église...

            TRIBOULET.

Oui ! le roi !

          BLANCHE, *continuant*.

      Que toujours, pour être vu, je croi,
Il remuait ma chaise en passant près de moi.

       D'une voix de plus en plus faible.

Hier, dans la maison il a su s'introduire...

           TRIBOULET.

Que je t'épargne au moins l'angoisse de tout dire !
Je devine le reste ! —

             Il se lève.

          Ô douleur ! il a pris,
Pour en marquer ton front, l'opprobre et le mépris !
Son haleine a souillé l'air pur qui t'environne !
Il a brutalement effeuillé ta couronne !
Blanche ! ô mon seul asile en l'état où je suis !
Jour qui me réveillais au sortir de leurs nuits !
Ame par qui mon âme à la vertu remonte !
Voile de dignité déployé sur ma honte !
Seul abri du maudit à qui tout dit adieu !
Ange oublié chez moi par la pitié de Dieu !
Ciel ! perdue, enfouie, en cette boue immonde,
La seule chose sainte où je crusse en ce monde !
Que vais-je devenir après ce coup fatal,
Moi qui dans cette cour, prostituée au mal,
Hors de moi comme en moi, ne voyais sur la terre
Que vice, effronterie, impudeur, adultère,
Infamie et débauche, et n'avais sous les cieux

Que ta virginité pour reposer mes yeux ! —
Je m'étais résigné, j'acceptais ma misère.
Les pleurs, l'abjection profonde et nécessaire,
L'orgueil qui toujours saigne au fond du cœur brisé,
Le rire du mépris sur mes maux aiguisé,
Oui, toutes ces douleurs où la honte se mêle,
J'en voulais bien pour moi, mon Dieu, mais non pour elle !
Plus j'étais tombé bas, plus je la voulais haut.
Il faut bien un autel auprès d'un échafaud.
L'autel est renversé ! — Cache ton front, — oui, pleure,
Chère enfant ! je t'ai fait trop parler tout à l'heure,
N'est-ce pas ? pleure bien. — Une part des douleurs,
A ton âge, parfois, s'écoule avec les pleurs. —
Verse tout, si tu peux, dans le cœur de ton père !
    Rêvant.
Blanche, quand j'aurai fait ce qui me reste à faire,
Nous quitterons Paris. — Si j'échappe pourtant !
    Rêvant toujours.
Quoi ! suffit-il d'un jour pour que tout change tant ?
    Se relevant avec fureur.
O malédiction ! qui donc m'aurait pu dire
Que cette cour infâme, effrénée, en délire,
Qui va, qui court, broyant et la femme et l'enfant,
Echappée à travers tout ce que Dieu défend,
N'effaçant un forfait que par un plus étrange,
Eparpillant au loin du sang et de la fange,
Irait, jusque dans l'ombre où tu fuyais leurs yeux,
Eclabousser ce front chaste et religieux !
    Se tournant vers la chambre du roi.
O roi François Premier ! puisse Dieu qui m'écoute
Te faire trébucher bientôt dans cette route !
Puisse s'ouvrir demain le sépulcre où tu cours !
   BLANCHE, *levant les yeux au ciel. A part.*
O Dieu ! n'écoutez pas, car je l'aime toujours !

ACTE III, SCÈNE IV.

Bruit de pas au fond du théâtre; dans la galerie extérieure paraît un cortége de soldats et de gentilshommes. A leur tête, monsieur de Pienne.

MONSIEUR DE PIENNE, *appelant.*

Monsieur de Montchenu, faites ouvrir la grille
Au sieur de Saint-Vallier qu'on mène à la Bastille.

Le groupe de soldats défile deux à deux au fond. Au moment où monsieur de Saint-Vallier, qu'ils entourent, passe devant la porte, il s'y arrête et se tourne vers la chambre du roi.

MONSIEUR DE SAINT-VALLIER, *d'une voix haute.*

Puisque, par votre roi d'outrages abreuvé,
Ma malédiction n'a pas encor trouvé
Ici-bas ni là-haut de voix qui me réponde,
Pas une foudre au ciel, pas un bras d'homme au monde,
Je n'espère plus rien. Ce roi prospérera.

TRIBOULET, *relevant la tête et le regardant en face.*

Comte, vous vous trompez! — Quelqu'un vous vengera.

IV

BLANCHE

ACTE QUATRIÈME

Une grève déserte au bord de la Seine, au-dessous de Saint-Germain. — A droite, une masure misérablement meublée de grosses poteries et d'escabeaux de chêne, avec un premier étage en grenier où l'on distingue un grabat par la fenêtre. La devanture de cette masure tournée vers le spectateur est tellement à jour, qu'on en voit tout l'intérieur. Il y a une table, une cheminée, et au fond un roide escalier qui mène au grenier. Celle des faces de cette masure qui est à la gauche de l'acteur est percée d'une porte qui s'ouvre en dedans. Le mur est mal joint, troué de crevasses et de fentes, et il est facile de voir au travers ce qui se passe dans la maison. Il y a un judas grillé à la porte, qui est recouverte au dehors d'un auvent et surmontée d'une enseigne d'auberge. — Le reste du théâtre représente la grève. — A gauche, il y a un vieux parapet en ruine au bas duquel coule la Seine, et dans lequel est scellé le support de la cloche du bac. — Au fond, au delà de la rivière, le bois du Vésinet. A droite, un détour de la Seine laisse voir la colline de Saint-Germain avec la ville et le château dans l'éloignement.

SCÈNE PREMIÈRE.

TRIBOULET, BLANCHE, en dehors; SALTABADIL, dans la maison.

Pendant toute cette scène, Triboulet doit avoir l'air inquiet et préoccupé d'un homme qui craint d'être dérangé, vu et surpris. Il doit regarder souvent autour de lui, et surtout du côté de la masure. Saltabadil, assis dans l'auberge, près d'une table, s'occupe à fourbir son ceinturon, sans rien entendre de ce qui se passe à côté.

TRIBOULET.

Et tu l'aimes ?

BLANCHE.

Toujours !

TRIBOULET.

Je t'ai pourtant laissé
Tout le temps de guérir cet amour insensé.

BLANCHE.

Je l'aime.

TRIBOULET.

O pauvre cœur de femme ! — Mais explique
Tes raisons pour l'aimer.

BLANCHE.

Je ne sais.

TRIBOULET.

C'est unique !
C'est étrange !

BLANCHE.

Oh ! non pas. C'est bien cela qui fait
Justement que je l'aime. On rencontre en effet
Des hommes quelquefois qui vous sauvent la vie,
Des maris qui vous font riche et digne d'envie. —
Les aime-t-on toujours ? — Lui ne m'a fait, je crois,
Que du mal, et je l'aime, et j'ignore pourquoi.
Tenez, c'est à ce point qu'il n'est rien que j'oublie,
Et que, s'il le fallait, — voyez quelle folie ! —
Lui qui m'est si fatal, vous qui m'êtes si doux,
Mon père, je mourrais pour lui comme pour vous !

TRIBOULET.

Je te pardonne, enfant !

BLANCHE.

Mais, écoutez, il m'aime.

TRIBOULET.

Non ! — Folle !

BLANCHE.

Il me l'a dit ! il me l'a juré même !
Et puis il dit si bien, et d'un air si vainqueur,
De ces choses d'amour qui vous prennent au cœur !
Et puis il a des yeux si doux pour une femme !
C'est un roi brave, illustre et beau !

TRIBOULET, *éclatant*.

C'est un infâme !
Il ne sera pas dit, le lâche suborneur,
Qu'il m'ait impunément arraché mon bonheur !

BLANCHE.

Vous aviez pardonné, mon père...

TRIBOULET.

Au sacrilége !
Il me fallait le temps de construire le piége.
Voilà.

BLANCHE.

Depuis un mois, — je vous parle en tremblant, —
Vous avez l'air d'aimer le roi.

TRIBOULET.

Je fais semblant.
— Je te vengerai, Blanche !

BLANCHE, *joignant les mains*.

Epargnez-moi, mon père !

TRIBOULET.

Te viendrait-il du moins au cœur quelque colère
S'il te trompait ?

BLANCHE.

Lui ? non. Je ne crois pas cela.

ACTE IV, SCÈNE I.

TRIBOULET.

Et si tu le voyais de ces yeux que voilà ?
Dis, s'il ne t'aimait plus, tu l'aimerais encore ?

BLANCHE.

Je ne sais pas. — Il m'aime, il me dit qu'il m'adore.
Il me l'a dit hier.

TRIBOULET, *amèrement*.

A quelle heure ?

BLANCHE.

Hier soir.

TRIBOULET.

Eh bien ! regarde donc, et vois si tu peux voir !

Il désigne à Blanche une des crevasses du mur de la maison : elle regarde.

BLANCHE, *bas*.

Je ne vois rien qu'un homme.

TRIBOULET, *baissant aussi la voix*.

Attends un peu.

Le roi, vêtu en simple officier, paraît dans la salle basse de l'hôtellerie. Il entre par une petite porte qui communique avec quelque chambre voisine.

BLANCHE, *tressaillant*.

Mon père !

Pendant toute la scène qui suit, elle demeure collée à la crevasse du mur, regardant, écoutant tout ce qui se passe dans l'intérieur de la salle, inattentive à tout le reste, agitée par moments d'un tremblement convulsif.

24.

SCÈNE II.

Les Mêmes, LE ROI, MAGUELONNE.

Le roi frappe sur l'épaule de Saltabadil, qui se retourne, dérangé brusquement dans son opération.

LE ROI.

Deux choses sur-le-champ.

SALTABADIL.

Quoi?

LE ROI.

Ta sœur et mon verre.

TRIBOULET, *dehors.*

Voilà ses mœurs. Ce roi par la grâce de Dieu
Se risque souvent seul dans plus d'un méchant lieu,
Et le vin qui le mieux le grise et le gouverne
Est celui que lui verse une Hébé de taverne.

LE ROI, *dans le cabaret, chantant.*

  Souvent femme varie,
  Bien fol est qui s'y fie !
  Une femme souvent
  N'est qu'une plume au vent !

Saltabadil est allé silencieusement chercher dans la pièce voisine une bouteille et un verre, qu'il apporte sur la table. Puis il frappe deux coups au plafond avec le pommeau de sa longue épée. A ce signal, une belle jeune fille, vêtue en bohémienne, leste et riante, descend l'escalier en sautant. Dès qu'elle entre, le roi cherche à l'embrasser; mais elle lui échappe.

LE ROI, *à Saltabadil, qui s'est remis gravement à frotter son baudrier.*

L'ami, ton ceinturon deviendrait bien plus clair,
Si tu l'allais un peu nettoyer en plein air.

ACTE IV, SCÈNE II.

SALTABADIL.

Je comprends.

Il se lève, salue gauchement le roi, ouvre la porte du dehors, et sort en la refermant après lui. Une fois hors de la maison, il aperçoit Triboulet, vers qui il se dirige d'un air de mystère. Pendant les quelques paroles qu'ils échangent, la jeune fille fait des agaceries au roi, et Blanche observe avec terreur. — Bas à Triboulet, désignant du doigt la maison.

Voulez-vous qu'il vive ou bien qu'il meure ?
Votre homme est dans nos mains. — Là.

TRIBOULET.

Reviens tout à l'heure.

Il lui fait signe de s'éloigner. Saltabadil disparaît à pas lents derrière le vieux parapet. Pendant ce temps-là, le roi lutine la jeune bohémienne, qui le repousse en riant.

MAGUELONNE, *que le roi veut embrasser.*

Nenni.

LE ROI.

Bon. Dans l'instant, pour te serrer de près,
Tu m'as très-fort battu. Nenni, c'est un progrès.
Nenni, c'est un grand pas. — Toujours elle recule !
— Causons. —

La bohémienne se rapproche.

Voilà huit jours, — c'est à l'hôtel d'Hercule...
— Qui m'avait mené là ? mons Triboulet, je crois, —
Que j'ai vu tes beaux yeux pour la première fois.
Or, depuis ces huit jours, belle enfant, je t'adore.
Je n'aime que toi seule !

MAGUELONNE, *riant.*

Et vingt autres encore !
Monsieur, vous m'avez l'air d'un libertin parfait !

LE ROI, *riant aussi.*

Oui, j'ai fait le malheur de plus d'une, en effet.
C'est vrai, je suis un monstre.

MAGUELONNE.
Oh! le fat!

LE ROI.
Je t'assure.
Çà, tu m'as ce matin mené dans ta masure,
Méchante hôtellerie où l'on dîne fort mal
Avec du vin que fait ton frère, un animal
Fort laid, et qui doit être un drôle bien farouche
D'oser montrer son mufle à côté de ta bouche.
C'est égal, je prétends y passer cette nuit.

MAGUELONNE, *à part.*
Bon, cela va tout seul.

Au roi, qui veut encore l'embrasser.
Laissez-moi!

LE ROI.
Que de bruit!

MAGUELONNE.
Soyez sage!

LE ROI.
Voici la sagesse, ma chère :
— Aimons, et jouissons, et faisons bonne chère.
Je pense là-dessus comme feu Salomon.

MAGUELONNE.
Tu vas au cabaret plus souvent qu'au sermon.

LE ROI, *lui tendant les bras.*
Maguelonne!

MAGUELONNE, *lui échappant.*
Demain!

LE ROI.
Je renverse la table
Si tu redis ce mot sauvage et détestable.
Jamais une beauté ne doit dire demain.

MAGUELONNE, *s'apprivoisant tout d'un coup et venant s'asseoir gaiement sur la table auprès du roi.*

Eh bien! faisons la paix.

LE ROI, *lui prenant la main.*

Mon Dieu, la belle main!
Et qu'on recevrait mieux, sans être un bon apôtre,
Soufflets de celle-là que caresses d'une autre!

MAGUELONNE, *charmée.*

Vous vous moquez!

LE ROI.

Jamais!

MAGUELONNE.

Je suis laide!

LE ROI.

Oh! non pas.
Rends donc plus de justice à tes divins appas!
Je brûle! Ignores-tu, reine des inhumaines,
Comme l'amour nous tient, nous autres capitaines,
Et que, quand la beauté nous accepte pour siens,
Nous sommes braise et feu jusque chez les Russiens?

MAGUELONNE, *éclatant de rire.*

Vous avez lu cela quelque part dans un livre.

LE ROI, *à part.*

C'est possible.

Haut.

Un baiser.

MAGUELONNE.

Allons, vous êtes ivre!

LE ROI, *souriant.*

D'amour.

MAGUELONNE.

Vous vous raillez avec votre air mignon,
Monsieur l'insouciant de belle humeur!

LE ROI.

Oh! non.

Le roi l'embrasse.

MAGUELONNE.

C'est assez!

LE ROI.

Çà, je veux t'épouser.

MAGUELONNE, *riant*.

Ta parole?

LE ROI.

Quelle fille d'amour délicieuse et folle!

Il la prend sur ses genoux et se met à lui parler tout bas Elle rit et minaude. Blanche n'en peut supporter davantage ; elle se retourne, pâle et tremblante, vers Triboulet.

TRIBOULET, *après l'avoir regardée un instant en silence*.

Hé bien! que penses-tu de la vengeance, enfant?

BLANCHE, *pouvant à peine parler*.

O trahison!—L'ingrat! Grand Dieu! mon cœur se fend!
Oh! comme il me trompait! Mais c'est qu'il n'a point d'âme!
Mais c'est abominable! Il dit à cette femme
Des choses qu'il m'avait déjà dites à moi.

Cachant sa tête dans la poitrine de son père.

— Et cette femme, est-elle effrontée! — oh!...

TRIBOULET, *à voix basse*.

Tais-toi.

Pas de pleurs. Laisse-moi te venger!

BLANCHE.

Hélas! — Faites
Tout ce que vous voudrez.

TRIBOULET.

Merci!

BLANCHE.

Grand Dieu! vous êtes

Effrayant. Quel dessein avez-vous?

TRIBOULET.

Tout est prêt.
Ne me le reprends pas, cela m'étoufferait!
Ecoute. Va chez moi, prends-y des habits d'homme,
Un cheval, de l'argent, n'importe quelle somme,
Et pars, sans t'arrêter un instant en chemin,
Pour Evreux, où j'irai te joindre après-demain.
— Tu sais, ce coffre auprès du portrait de ta mère?
L'habit est là. — Je l'ai d'avance exprès fait faire. —
Le cheval est sellé. — Que tout soit fait ainsi.
Va. — Surtout garde-toi de revenir ici :
Car il va s'y passer une chose terrible.
Va.

BLANCHE.

Venez avec moi, mon bon père!

TRIBOULET.

Impossible.

Il l'embrasse.

BLANCHE.

Ah! je tremble!

TRIBOULET.

A bientôt!

Il l'embrasse encore. Blanche se retire en chancelant.

Fais ce que je te dis.

Pendant toute cette scène et la suivante, le roi et Maguelonne,
toujours seuls dans la salle basse, continuent de se faire des
agaceries et de se parler à voix basse en riant. — Une fois
Blanche éloignée, Triboulet va au parapet et fait un signe. Saltabadil reparaît. Le jour baisse.

SCÈNE III.

TRIBOULET, SALTABADIL, dehors. — MAGUELONNE, LE ROI, dans la maison.

TRIBOULET, *comptant des écus d'or devant Saltabadil.*
Tu m'en demandes vingt, en voici d'abord dix.

S'arrêtant au moment de les lui donner.
Il passe ici la nuit, pour sûr?

SALTABADIL, *qui a été examiner l'horizon avant de répondre.*
Le temps se couvre.

TRIBOULET, *à part.*
Au fait, il ne va pas toujours coucher au Louvre.

SALTABADIL.
Soyez tranquille; avant une heure il va pleuvoir.
La tempête et ma sœur le retiendront ce soir.

TRIBOULET.
A minuit je reviens.

SALTABADIL.
N'en prenez pas la peine.
Je puis jeter tout seul un cadavre à la Seine.

TRIBOULET.
Non, je veux l'y jeter moi-même.

SALTABADIL.
A votre gré.
Tout cousu dans un sac je vous le livrerai.

TRIBOULET, *lui donnant l'argent.*
Bien. — A minuit! — J'aurai le reste de la somme.

SALTABADIL.
Tout sera fait.—Comment nommez-vous ce jeune homme ?

ACTE IV, SCÈNE III.

TRIBOULET.

Son nom? Veux-tu savoir le mien également?
Il s'appelle le crime, et moi le châtiment!

Il sort.

SCÈNE IV.

Les Mêmes, moins TRIBOULET.

SALTABADIL, *resté seul, examinant l'horizon qui se charge de nuages du côté de Saint-Germain. La nuit est presque tombée; quelques éclairs.*
L'orage vient, la ville en est presque couverte.
Tant mieux! tantôt la grève en sera plus déserte.

Réfléchissant.

Autant qu'on peut juger de tout ceci, ma foi,
Tous ces gens-là m'ont l'air d'avoir ou ne sait quoi.
Je ne devine rien de plus, l'aze me quille!

Il examine le ciel en hochant la tête. Pendant ce temps-là, le roi badine avec Maguelonne.

LE ROI, *essayant de lui prendre la taille.*
Maguelonne!

MAGUELONNE, *lui échappant.*
Attendez!

LE ROI.
O la méchante fille!

MAGUELONNE, *chantant.*

Bourgeon qui pousse en avril
Met peu de vin au baril.

LE ROI.
Quelle épaule! quel bras! ma charmante ennemie,
Qu'il est blanc! — Jupiter! la belle anatomie!

Pourquoi faut-il que Dieu qui fit ces beaux bras nus
Ait mis le cœur d'un Turc dans ce corps de Vénus?

MAGUELONNE.

Lairelanlaire!

Repoussant encore le roi.

Point. Mon frère vient.

Entre Saltabadil, qui referme la porte sur lui.

LE ROI.

Qu'importe!

On entend un tonnerre éloigné.

MAGUELONNE.

Il tonne.

SALTABADIL.

Il va pleuvoir d'une admirable sorte.

LE ROI, *frappant sur l'épaule de Saltabadil.*

Bon. Qu'il pleuve! — Il me plaît cette nuit de choisir
Ta chambre pour logis.

MAGUELONNE.

C'est votre bon plaisir?
Prend-il des airs de roi! — Monsieur, votre famille
S'alarmera.

Saltabadil la tire par le bras et lui fait des signes.

LE ROI.

Je n'ai ni grand'mère, ni fille,
Et je ne tiens à rien.

SALTABADIL, *à part.*

Tant mieux!

La pluie commence à tomber à larges gouttes. Il est nuit noire.

LE ROI, *à Saltabadil.*

Tu coucheras,
Mon cher, à l'écurie, au diable, où tu voudras.

SALTABADIL, *saluant.*

Merci.

MAGUELONNE, *au roi, très-bas et très-vivement, tout en allumant une lampe.*

Va-t'en !

LE ROI, *éclatant de rire et tout haut.*

Il pleut. Veux-tu pas que je sorte
D'un temps à ne pas mettre un poëte à la porte ?

Il va regarder à la fenêtre.

SALTABADIL, *bas à Maguelonne, lui montrant l'or qu'il a dans la main.*

Laisse-le donc rester ! — Dix écus d'or ! et puis
Dix autres à minuit.

Gracieusement au roi.

Trop heureux si je puis
Offrir pour cette nuit à monseigneur ma chambre !

LE ROI, *riant.*

On y grille en juillet, en revanche en décembre
On y gèle, est-ce pas ?

SALTABADIL.

Monsieur la veut-il voir ?

LE ROI.

Voyons.

Saltabadil prend la lampe. Le roi va dire deux mots en riant à l'oreille de Maguelonne. Puis tous deux montent l'échelle qui mène à l'étage supérieur, Saltabadil précédant le roi.

MAGUELONNE, *restée seule.*

Pauvre jeune homme !

Allant à une fenêtre

O mon Dieu ! qu'il fait noir !

On voit par la lucarne d'en haut Saltabadil et le roi dans le grenier.

SALTABADIL, *au roi.*

Voici le lit, monsieur, la chaise, puis la table.

LE ROI.

Combien de pieds en tout?

Il regarde alternativement le lit, la table et la chaise.

Trois, six, neuf, — admirable!
Tes meubles étaient donc à Marignan, mon cher,
Qu'ils sont tous éclopés?

S'approchant de la lucarne, dont les carreaux sont cassés.

Et l'on dort en plein air.
Ni vitres, ni volets. Impossible qu'on traite
Le vent qui veut entrer de façon plus honnête!

A Saltabadil, qui vient d'allumer une veilleuse sur la table.

Bonsoir.

SALTABADIL.

Que Dieu vous garde!

Il sort, pousse la porte, et on l'entend redescendre lentement l'escalier.

LE ROI, *seul, débouclant son baudrier.*

Ah! je suis las, mordieu! —
Donc, en attendant mieux, je vais dormir un peu.

Il pose sur la chaise son chapeau et son épée, défait ses bottes et s'étend sur le lit.

Que cette Maguelonne est fraîche, vive, alerte!

Se redressant.

J'espère bien qu'il a laissé la porte ouverte.
— Oui, c'est bien!

Il se recouche, et en un moment on le voit profondément endormi sur le grabat. Cependant Maguelonne et Saltabadil sont tous deux dans la salle inférieure. L'orage a éclaté depuis quelques instants. Il couvre le théâtre de pluie et d'éclairs. A chaque instant des coups de tonnerre. Maguelonne est assise près de la table, quelque couture à la main. Son frère achève de vider, d'un air réfléchi, la bouteille qu'a laissée le roi. Tous deux gardent quelque temps le silence, comme préoccupés d'une idée grave.

MAGUELONNE.
Ce jeune homme est charmant!

SALTABADIL.
Je crois bien.
Il met vingt écus d'or dans ma poche.

MAGUELONNE.
Combien?

SALTABADIL.
Vingt écus.

MAGUELONNE.
Il valait plus que cela.

SALTABADIL.
Poupée!
Va voir là-haut s'il dort. N'a-t-il pas une épée? Descends-la.

Maguelonne obéit. L'orage est dans toute sa violence. On voit paraître, au fond du théâtre, Blanche, vêtue d'habits d'homme, habit de cheval, des bottes et des éperons, en noir; elle s'avance lentement vers la masure, tandis que Saltabadil boit et que Maguelonne, dans le grenier, considère avec sa lampe le roi endormi.

MAGUELONNE, *les larmes aux yeux.*
Quel dommage!

Elle prend l'épée.

Il dort. Pauvre garçon!

Elle redescend et rapporte l'épée à son frère.

SCÈNE V.

LE ROI, endormi dans le grenier, SALTABADIL et MAGUE-
LONNE dans la salle basse, BLANCHE dehors.

BLANCHE, *venant à pas lents dans l'ombre, à la lueur
des éclairs. Il tonne à chaque instant.*
Une chose terrible! — Ah! je perds la raison.
— Il doit passer la nuit dans cette maison même.
— Oh! je sens que je touche à quelque instant suprême. —
Mon père, pardonnez, vous n'êtes plus ici.
Je vous désobéis d'y revenir ainsi;
Mais je n'y puis tenir. —
        S'approchant de la maison.
                Qu'est-ce donc qu'on va faire?
Comment cela va-t-il finir? — Moi qui naguère,
Ignorant l'avenir, le monde et les douleurs,
Pauvre fille, vivais cachée avec des fleurs,
Me voir soudain jetée en des choses si sombres! —
Ma vertu, mon bonheur, hélas! tout est décombres!
Tout est deuil! — Dans les cœurs où ses flammes ont lui
L'amour ne laisse donc que ruine après lui?
De tout cet incendie il reste un peu de cendre.
Il ne m'aime donc plus! —
        Relevant la tête.
                Il me semblait entendre,
Tout à l'heure, à travers ma pensée, un grand bruit
Sur ma tête. Il tonnait, je crois. — L'affreuse nuit!
Il n'est rien qu'une femme au désespoir ne fasse.
Moi qui craignais mon ombre!
        Apercevant la lumière de la maison.
                Oh! qu'est-ce qui se passe?
        Elle avance, puis recule.

Tandis que je suis là, Dieu ! j'ai le cœur saisi !
Pourvu qu'on n'aille pas tuer quelqu'un ici !

Maguelonne et Saltabadil se remettent à causer dans la salle voisine.

SALTABADIL.

Quel temps !

MAGUELONNE.

Pluie et tonnerre.

SALTABADIL.

Oui, l'on fait à cette heure
Mauvais ménage au ciel ; l'un gronde et l'autre pleure.

BLANCHE.

Si mon père savait à présent où je suis !

MAGUELONNE.

Mon frère !

BLANCHE, *tressaillant*.

On a parlé, je crois.

Elle se dirige en tremblant vers la maison, et applique à la fente du mur ses yeux et ses oreilles.

MAGUELONNE.

Mon frère !

SALTABADIL.

Et puis ?

MAGUELONNE.

Sais-tu, mon frère, à quoi je pense ?

SALTABADIL.

Non.

MAGUELONNE.

Devine.

SALTABADIL.

Au diable !

MAGUELONNE.

Ce jeune homme est de fort bonne mine.
Grand, fier comme Apollo, beau, galant par-dessus.

Il m'aime fort. Il dort comme un enfant Jésus.
Ne le tuons pas.
    BLANCHE, *qui entend et voit tout.*
    Ciel!
SALTABADIL, *tirant d'un coffre un vieux sac de toile et un pavé, et présentant le sac à Maguelonne d'un air impassible.*
    Recouds-moi tout de suite
Ce vieux sac.
    MAGUELONNE.
  Pourquoi donc?
    SALTABADIL.
      Pour y mettre au plus vite,
Quand j'aurai dépêché là-haut ton Apollo,
Son cadavre et ce grès, et tout jeter à l'eau.
    MAGUELONNE.
Mais...
    SALTABADIL.
  Ne te mêle pas de cela, Maguelonne.
    MAGUELONNE.
Si...
    SALTABADIL.
  Si l'on t'écoutait, on ne tûrait personne.
Raccommode le sac.
    BLANCHE.
  Quel est ce couple-ci?
N'est-ce pas dans l'enfer que je regarde ainsi?
  MAGUELONNE, *se mettant à raccommoder le sac.*
J'obéis.—Mais causons.
    SALTABADIL.
  Soit.
    MAGUELONNE.
    Tu n'as pas de haine
Contre ce cavalier?

SALTABADIL.
Moi ! C'est un capitaine !
J'aime les gens d'épée, en étant moi-même un.
MAGUELONNE.
Tuer un beau garçon qui n'est pas du commun,
Pour un méchant bossu fait comme un S !
SALTABADIL.
En somme,
J'ai reçu d'un bossu pour tuer un bel homme,
Cela m'est fort égal, dix écus tout d'abord ;
J'en aurai dix de plus en livrant l'homme mort.
Livrons. C'est clair.
MAGUELONNE.
Tu peux tuer le petit homme
Quand il va repasser avec toute la somme.
Cela revient au même.
BLANCHE.
O mon père !
MAGUELONNE.
Est-ce dit ?
SALTABADIL, *regardant Maguelonne en face.*
Hein ! pour qui me prends-tu, ma sœur ? suis-je un bandit ?
Suis-je un voleur ? Tuer un client qui me paie !
MAGUELONNE, *lui montrant un fagot.*
Hé bien ! mets dans le sac ce fagot de futaie.
Dans l'ombre, il le prendra pour son homme.
SALTABADIL.
C'est fort.
Comment veux-tu qu'on prenne un fagot pour un mort ?
C'est immobile, sec, tout d'une pièce, roide,
Cela n'est pas vivant.
BLANCHE.
Que cette pluie est froide !

MAGUELONNE.

Grâce pour lui !

SALTABADIL.

Chansons !

MAGUELONNE.

Mon bon frère !

SALTABADIL.

Plus bas !

Il faut qu'il meure ! Allons, tais-toi.

MAGUELONNE.

Je ne veux pas !

Je l'éveille et le fais évader.

BLANCHE.

Bonne fille !

SALTABADIL.

Et les dix écus d'or ?

MAGUELONNE.

C'est vrai.

SALTABADIL.

Là, sois gentille,
Laisse-moi faire, enfant !

MAGUELONNE.

Non. Je veux le sauver !

Maguelonne se place d'un air déterminé devant l'escalier, pour barrer le passage à son frère. Saltabadil, vaincu par sa résistance, revient sur le devant de la scène et paraît chercher dans son esprit un moyen de tout concilier.

SALTABADIL.

Voyons. — L'autre à minuit viendra me retrouver.
Si d'ici là quelqu'un, un voyageur, n'importe,
Vient nous demander gîte et frappe à notre porte,
Je le prends, je le tue, et puis, au lieu du tien,
Je le mets dans le sac. L'autre n'y verra rien.
Il jouira toujours autant dans la nuit close,

Pourvu qu'il jette à l'eau quelqu'un ou quelque chose.
C'est tout ce que je puis faire pour toi.
MAGUELONNE.

                           Merci.
Mais qui diable veux-tu qui passe par ici?
SALTABADIL.
Seul moyen de sauver ton homme.
MAGUELONNE.

                   A pareille heure!
BLANCHE.
O Dieu! vous me tentez, vous voulez que je meure!
Faut-il que pour l'ingrat je franchisse ce pas?
Oh! non, je suis trop jeune!— Oh! ne me poussez pas,
Mon Dieu!
Il tonne.
MAGUELONNE.

     S'il vient quelqu'un dans une nuit pareille,
Je m'engage à porter la mer dans ma corbeille.
SALTABADIL.
Si personne ne vient, ton beau jeune homme est mort.
BLANCHE, *frissonnant*.
Horreur! — Si j'appelais le guet!... Mais non, tout dort.
D'ailleurs cet homme-là dénoncerait mon père.
Je ne veux pas mourir pourtant. J'ai mieux à faire,
J'ai mon père à soigner, à consoler; et puis
Mourir avant seize ans, c'est affreux! Je ne puis!
O Dieu! sentir le fer entrer dans ma poitrine!
Ah!
Une horloge frappe un coup.
SALTABADIL.
Ma sœur, l'heure sonne à l'horloge voisine.
Deux autres coups.
C'est onze heures trois quarts. Personne avant minuit
Ne viendra. Tu n'entends au dehors aucun bruit?

Il faut pourtant finir, je n'ai plus qu'un quart d'heure.

Il met le pied sur l'escalier. Maguelonne le retient en sanglotant.

MAGUELONNE.

Mon frère, encore un peu!

BLANCHE.

Quoi! cette femme pleure!
Et moi, je reste là, qui peux le secourir!
Puisqu'il ne m'aime plus, je n'ai plus qu'à mourir.
Hé bien! mourons pour lui. —

Hésitant encore.

C'est égal, c'est horrible!

SALTABADIL, *à Maguelonne.*

Non, je ne puis attendre, enfin c'est impossible.

BLANCHE.

Encor si l'on savait comme ils vous frapperont!
Si l'on ne souffrait pas! mais on vous frappe au front,
Au visage... O mon Dieu!

SALTABADIL, *essayant toujours de se dégager de Maguelonne, qui l'arrête.*

Que veux-tu que je fasse?
Crois-tu pas que quelqu'un viendra prendre sa place?

BLANCHE, *grelottant sous la pluie.*

Je suis glacée!

Se dirigeant vers la porte.

Allons!

S'arrêtant.

Mourir ayant si froid!

Elle se traîne en chancelant jusqu'à la porte et y frappe un faible coup.

MAGUELONNE.

On frappe.

SALTABADIL.

C'est le vent qui fait craquer le toit.

Blanche frappe de nouveau.

MAGUELONNE.

On frappe.

Elle court ouvrir la lucarne et regarde au dehors.

SALTABADIL.

C'est étrange !

MAGUELONNE, *à Blanche.*

Holà ! qu'est-ce ?

A Saltabadil.

Un jeune homme.

BLANCHE.

Asile pour la nuit.

SALTABADIL.

Il va faire un fier somme !

MAGUELONNE.

Oui, la nuit sera longue.

BLANCHE.

Ouvrez !

SALTABADIL, *à Maguelonne.*

Attends ! — Mordieu !
Donne-moi mon couteau, que je l'aiguise un peu.

Elle lui donne son couteau, qu'il aiguise au fer d'une faux.

BLANCHE.

Ciel ! j'entends le couteau qu'ils aiguisent ensemble !

MAGUELONNE.

Pauvre jeune homme ! il frappe à son tombeau.

BLANCHE.

Je tremble
Quoi ! je vais donc mourir !

Tombant à genoux.

O Dieu, vers qui je vais,
Je pardonne à tous ceux qui m'ont été mauvais ;

Mon père, et vous, mon Dieu, pardonnez-leur de même,
Au roi François Premier, que je plains et que j'aime,
A tous, même au démon, même à ce réprouvé,
Qui m'attend là, dans l'ombre, avec un fer levé !
J'offre pour un ingrat ma vie en sacrifice.
S'il en est plus heureux, oh! qu'il m'oublie!—et puisse,
Dans sa prospérité que rien ne doit tarir,
Vivre longtemps celui pour qui je vais mourir!

Se levant.

— L'homme doit être prêt !

Elle va frapper de nouveau à la porte.

MAGUELONNE, *à Saltabadil.*

Hé! dépêche, il se lasse.

SALTABADIL, *essayant sa lame sur la table.*

Bon. — Derrière la porte attends que je me place.

BLANCHE.

J'entends tout ce qu'il dit. Oh !

Saltabadil se place derrière la porte, de manière qu'en s'ouvrant en dedans elle le cache à la personne qui entre sans le cacher au spectateur.

MAGUELONNE, *à Saltabadil.*

J'attends le signal.

SALTABADIL, *derrière la porte, le couteau à la main.*

Ouvre.

MAGUELONNE, *ouvrant à Blanche.*

Entrez.

BLANCHE, *à part.*

Ciel! il va me faire bien du mal!

Elle recule.

MAGUELONNE.

Hé bien! qu'attendez-vous?

BLANCHE, *à part*.

La sœur aide le frère.
— O Dieu! pardonnez-leur!—Pardonnez-moi, mon père!

Elle entre. Au moment où elle paraît sur le seuil de la cabane, on voit Saltabadil lever son poignard. La toile tombe.

V

TRIBOULET

ACTE CINQUIÈME

Même décoration ; seulement, quand la toile se lève, la maison de Saltabadil est complétement fermée aux regards : la devanture est garnie de ses volets On n'y voit aucune lumière. Tout est ténèbres.

SCÈNE PREMIÈRE.

TRIBOULET, seul.

Il s'avance lentement du fond du théâtre, enveloppé d'un manteau. L'orage a diminué de violence. La pluie a cessé. Il n'y a que quelques éclairs et par moments un tonnerre lointain.

Je vais donc me venger ! — Enfin ! la chose est faite. —
Voici bientôt un mois que j'attends, que je guette,
Resté bouffon, cachant mon trouble intérieur,
Pleurant des pleurs de sang sous mon masque rieur.
    Examinant une porte basse dans la devanture de la maison.
Cette porte... — Oh ! tenir et toucher sa vengeance !—
C'est bien par là qu'ils vont me l'apporter, je pense !
Il n'est pas l'heure encor. Je reviens cependant.
Oui, je regarderai la porte en attendant.
Oui, c'est toujours cela. —
            Il tonne.

ACTE V, SCÈNE I.

Quel temps! nuit de mystère!
Une tempête au ciel! un meurtre sur la terre!
Que je suis grand ici! ma colère de feu
Va de pair cette nuit avec celle de Dieu.
Quel roi je tue! — un roi dont vingt autres dépendent,
Des mains de qui la paix ou la guerre s'épandent!
Il porte maintenant le poids du monde entier.
Quand il n'y sera plus, comme tout va plier!
Quand j'aurai retiré ce pivot, la secousse
Sera forte et terrible, et ma main qui la pousse
Ebranlera longtemps toute l'Europe en pleurs,
Contrainte de chercher son équilibre ailleurs! —
Songer que si demain Dieu disait à la terre:
— O terre, quel volcan vient d'ouvrir son cratère?
Qui donc émeut ainsi le chrétien, l'ottoman,
Clément Sept, Doria, Charles-Quint, Soliman?
Quel César, quel Jésus, quel guerrier, quel apôtre,
Jette les nations ainsi l'une sur l'autre?
Quel bras te fait trembler, terre, comme il lui plait?
La terre, avec terreur, répondrait: Triboulet. —
Oh! jouis, vil bouffon, dans ta fierté profonde.
La vengeance d'un fou fait osciller le monde!

Au milieu des derniers bruits de l'orage, on entend sonner minuit à une horloge éloignée. Triboulet écoute.

Minuit!

Il court à la maison et frappe à la porte basse.

VOIX DE L'INTÉRIEUR.

Qui va là?

TRIBOULET.

Moi.

LA VOIX.

Bon.

Le panneau inférieur de la porte s'ouvre seul.

TRIBOULET.
Vite !

LA VOIX.
N'entrez pas.

Saltabadil sort en rampant par le panneau inférieur de la porte. Il tire par une ouverture assez étroite quelque chose de pesant, une espèce de paquet de forme oblongue, qu'on distingue avec peine dans l'obscurité. Il n'a pas de lumière à la main, il n'y en a pas dans la maison.

SCÈNE II.

TRIBOULET, SALTABADIL.

SALTABADIL.
Ouf ! c'est lourd. Aidez-moi, monsieur, pour quelques pas.

Triboulet, agité d'une joie convulsive, l'aide à apporter sur le devant de la scène un long sac de couleur brune, qui paraît contenir un cadavre.

Votre homme est dans ce sac.

TRIBOULET.
Voyons-le ! quelle joie !
Un flambeau !

SALTABADIL.
Pardieu non !

TRIBOULET.
Que crains-tu qui nous voie ?

SALTABADIL.
Les archers de l'écuelle et les guetteurs de nuit.
Diable ! pas de flambeau ! c'est bien assez du bruit ! —
L'argent !

TRIBOULET, *lui remettant une bourse.*
Tiens !

Examinant le sac étendu à terre pendant que l'autre compte.

Il est donc des bonheurs dans la haine !

SALTABADIL.

Vous aiderai-je un peu pour le jeter en Seine?

TRIBOULET.

J'y suffirai tout seul.

SALTABADIL, *insistant.*

A nous deux, c'est plus court.

TRIBOULET.

Un ennemi qu'on porte en terre n'est pas lourd.

SALTABADIL.

Vous voulez dire en Seine? Hé bien! maître, à votre aise !

Allant à un point du parapet.

Ne le jetez pas là. Cette place est mauvaise.

Lui montrant une brèche dans le parapet.

Ici, c'est très-profond. — Faites vite. — Bonsoir.

Il rentre et ferme la maison sur lui.

SCÈNE III.

TRIBOULET, seul, l'œil fixé sur le sac.

Il est là ! — Mort ! — Pourtant je voudrais bien le voir.

Tâtant le sac.

C'est égal, c'est bien lui. — Je le sens sous ce voile. —
Voici ses éperons qui traversent la toile.
C'est bien lui.

Se redressant et mettant le pied sur le sac.

Maintenant, monde, regarde-moi.
Ceci c'est un bouffon, et ceci c'est un roi ! —
Et quel roi ! le premier de tous ! le roi suprême !
Le voilà sous mes pieds, je le tiens, c'est lui-même.

La Seine pour sépulcre, et ce sac pour linceul.
Qui donc a fait cela?
Croisant les bras.
Hé bien! oui, c'est moi seul.
Non, je ne reviens pas d'avoir eu la victoire,
Et les peuples demain refuseront d'y croire.
Que dira l'avenir? quel long étonnement,
Parmi les nations, d'un tel événement!
Sort, qui nous mets ici, comme tu nous en ôtes!
Une des majestés humaines les plus hautes,
Quoi, François de Valois, ce prince au cœur de feu,
Rival de Charles-Quint, un roi de France, un dieu,
— A l'éternité près, — un gagneur de batailles
Dont le pas ébranlait les bases des murailles,
Il tonne de temps en temps.
L'homme de Marignan, lui qui, toute une nuit,
Poussa des bataillons l'un sur l'autre à grand bruit,
Et qui, quand le jour vint, les mains de sang trempées,
N'avait plus qu'un tronçon de trois grandes épées,
Ce roi! de l'univers par sa gloire étoilé,
Dieu! comme il se sera brusquement en allé!
Emporté tout à coup, dans toute sa puissance,
Avec son nom, son bruit, et sa cour qui l'encense,
Emporté, comme on fait d'un enfant mal venu,
Une nuit qu'il tonnait, par quelqu'un d'inconnu!
Quoi! cette cour, ce siècle et ce règne, fumée!
Ce roi qui se levait dans une aube enflammée,
Eteint, évanoui, dissipé dans les airs!
Apparu, disparu, — comme un de ces éclairs!
Et peut-être demain, des crieurs inutiles,
Montrant des tonnes d'or, s'en iront par les villes,
Et criront au passant, de surprise éperdu :
— A qui retrouvera François Premier perdu! —
— C'est merveilleux!

ACTE II, SCÈNE IV.

Après un silence.

Ma fille, ô ma pauvre affligée,
Le voilà donc puni, te voilà donc vengée !
Oh ! que j'avais besoin de son sang ! un peu d'or,
Et je l'ai !

Se penchant avec rage sur le cadavre.

Scélérat ! peux-tu m'entendre encor ?
Ma fille, qui vaut plus que ne vaut ta couronne,
Ma fille, qui n'avait fait de mal à personne,
Tu me l'as enviée et prise ! tu me l'as
Rendue avec la honte, — et le malheur, hélas !
Hé bien ! dis, m'entends-tu ? maintenant, c'est étrange,
Oui, c'est moi qui suis là, qui ris et qui me venge !
Parce que je feignais d'avoir tout oublié,
Tu t'étais endormi ! — Tu croyais donc, — pitié !
La colère d'un père aisément édentée ! —
Oh ! non, dans cette lutte entre nous suscitée,
Lutte du faible au fort, le faible est le vainqueur.
Lui qui léchait tes pieds, il te ronge le cœur !
Je te tiens.

Se penchant de plus en plus sur le sac.

M'entends-tu ? c'est moi, roi gentilhomme,
Moi, ce fou, ce bouffon, moi, cette moitié d'homme,
Cet animal douteux à qui tu disais : — Chien ! —

Il frappe le cadavre.

C'est que, quand la vengeance est en nous, vois-tu bien,
Dans le cœur le plus mort il n'est plus rien qui dorme,
Le plus chétif grandit, le plus vil se transforme,
L'esclave tire alors sa haine du fourreau,
Et le chat devient tigre, et le bouffon bourreau !

Se relevant à demi.

Oh ! que je voudrais bien qu'il pût m'entendre encore,
Sans pouvoir remuer ! —

Se penchant de nouveau.

M'entends-tu ? je t'abhorre !
Va voir au fond du fleuve, où tes jours sont finis,
Si quelque courant d'eau remonte à Saint-Denis !

Se relevant.

A l'eau François Premier !

Il prend le sac par un bout et le traîne au bord de l'eau. Au moment où il le dépose sur le parapet, la porte basse de la maison s'entr'ouvre avec précaution. Maguelonne en sort, regarde autour d'elle avec inquiétude, fait le geste de quelqu'un qui ne voit rien, rentre et reparaît un instant après avec le roi, auquel elle explique par signes qu'il n'y a plus personne là, et qu'il peut s'en aller. Elle rentre en refermant la porte, et le roi traverse le fond du théâtre dans la direction que lui a indiquée Maguelonne. C'est le moment où Triboulet se dispose à pousser le sac dans la Seine.

TRIBOULET, *la main sur le sac.*

Allons !

LE ROI, *chantant au fond du théâtre.*

Souvent femme varie,
Bien fol est qui s'y fie !

TRIBOULET, *tressaillant.*

Quelle voix ! quoi !
Illusions des nuits, vous jouez-vous de moi ?

Il se retourne et prête l'oreille, effaré. Le roi a disparu ; mais on l'entend chanter dans l'éloignement.

VOIX DU ROI.

Souvent femme varie,
Bien fol est qui s'y fie !

TRIBOULET.

O malédiction ! ce n'est pas lui que j'ai !
Ils le font évader, quelqu'un l'a protégé,
On m'a trompé ! —

ACTE V, SCÈNE III.

Courant à la maison, dont la fenêtre supérieure est seule ouverte.

Bandit!

La mesurant des yeux comme pour l'escalader.

C'est trop haut, la fenêtre!

Revenant au sac avec fureur.

Mais qui donc m'a-t-il mis à sa place, le traître?
Quel innocent? — Je tremble...

Touchant le sac.

Oui, c'est un corps humain!

Il déchire le sac du haut en bas avec son poignard, et y regarde avec anxiété.

Je n'y vois pas! — La nuit!

Se retournant, égaré.

Quoi! rien dans le chemin!

Rien dans cette maison! pas un flambeau qui brille!

S'accoudant avec désespoir sur le corps.

Attendons un éclair.

Il reste quelques instants l'œil fixé sur le sac entr'ouvert, dont il a tiré Blanche à demi.

SCÈNE IV.

TRIBOULET, BLANCHE.

TRIBOULET.

Un éclair passe; il se lève et recule avec un cri frénétique.

— Ma fille! Ah! Dieu! ma fille!

Ma fille! Terre et cieux! c'est ma fille à présent!

Tâtant sa main.

Dieu! ma main est mouillée! à qui donc est ce sang?

— Ma fille! — Oh! je m'y perds! c'est un prodige horrible!
C'est une vision! Oh! non, c'est impossible,
Elle est partie, elle est en route pour Evreux.

Tombant à genoux près du corps, les yeux au ciel.

O mon Dieu! n'est-ce pas que c'est un rêve affreux,
Que vous avez gardé ma fille sous votre aile,
Et que ce n'est pas elle, ô mon Dieu?

Un second éclair passe et jette une vive lumière sur le visage pâle et les yeux fermés de Blanche.

Si! c'est elle!

C'est bien elle!

Se jetant sur le corps avec des sanglots.

Ma fille! enfant, réponds-moi, dis,

Ils t'ont assassinée! oh! réponds! oh! bandits!
Personne ici, grand Dieu! que l'horrible famille!
Parle-moi! parle-moi! ma fille! ô ciel! ma fille!

BLANCHE, *comme ranimée aux cris de son père, entr'ouvrant la paupière et d'une voix éteinte.*

Qui m'appelle?

TRIBOULET, *éperdu.*

Elle parle! elle remue un peu!
Son cœur bat, son œil s'ouvre, elle est vivante, ô Dieu!

BLANCHE.

Elle se relève à demi ; elle est en chemise, et tout ensanglantée, les cheveux épars. Le bas du corps, qui est resté vêtu, est caché dans le sac.

Où suis-je?

TRIBOULET, *la soulevant dans ses bras.*

Mon enfant, mon seul bien sur la terre,
Reconnais-tu ma voix? m'entends-tu, dis?

BLANCHE.

Mon père!...

TRIBOULET.

Blanche, que t'a-t-on fait? quel mystère infernal? —

Je crains en te touchant de te faire du mal.
Je n'y vois pas. Ma fille, as-tu quelque blessure?
Conduis ma main.

BLANCHE, *d'une voix entrecoupée.*

Le fer a touché, — j'en suis sûre, —
— Le cœur, — je l'ai senti... —

TRIBOULET.

Ce coup, qui l'a frappé?

BLANCHE.

Ah! tout est de ma faute, — et je vous ai trompé. —
— Je l'aimais trop, — je meurs — pour lui.

TRIBOULET.

Sort implacable!
Prise dans ma vengeance! Oh! c'est Dieu qui m'accable!
Comment donc ont-ils fait? Ma fille, explique-toi.
Dis!

BLANCHE, *mourante.*

Ne me faites pas parler.

TRIBOULET, *la couvrant de baisers.*

Pardonne-moi.
Mais, sans savoir comment, te perdre! Oh! ton front penche!

BLANCHE, *faisant un effort pour se retourner.*

Oh!... de l'autre côté!... J'étouffe!

TRIBOULET, *la soulevant avec angoisse.*

Blanche! Blanche!
Ne meurs pas!....

Se retournant, désespéré.

Au secours! quelqu'un! personne ici!
Est-ce qu'on va laisser mourir ma fille ainsi?
— Ah! la cloche du bac est là, sur la muraille.
Ma pauvre enfant, peux-tu m'attendre un peu que j'aille
Chercher de l'eau, sonner pour qu'on vienne? un instant!

Blanche fait signe que c'est inutile.

Non, tu ne le veux pas! — Il le faudrait pourtant!

 Appelant sans la quitter.

Quelqu'un!

 Silence partout. La maison demeure impassible dans l'ombre.

Cette maison, grand Dieu, c'est une tombe!

 Blanche agonise.

Oh! ne meurs pas! enfant, mon trésor, ma colombe,
Blanche! si tu t'en vas, moi, je n'aurai plus rien.
Ne meurs pas, je t'en prie!

   BLANCHE.

    Oh!

   TRIBOULET.

      Mon bras n'est pas bien,
N'est-ce pas, il te gêne! — Attends, que je me place
Autrement. — Es-tu mieux comme cela? — Par grâce,
Tâche de respirer jusqu'à ce que quelqu'un
Vienne nous assister! — Aucun secours! aucun!

  BLANCHE, *d'une voix éteinte et avec effort.*

Pardonnez-lui, mon père... Adieu!

   Sa tête retombe.

  TRIBOULET, *s'arrachant les cheveux.*

     Blanche!... Elle expire!

 Il court à la cloche du bac et la secoue avec fureur.

A l'aide! au meurtre! au feu!

   Revenant à Blanche.

     Tâche encor de me dire
Un mot! un seulement! parle-moi, par pitié!

   Essayant de la relever.

Pourquoi veux-tu rester ainsi le corps plié?
Seize ans! non, c'est trop jeune! oh! non, tu n'as pas morte!
Blanche, as-tu pu quitter ton père de la sorte!
Est-ce qu'il ne doit plus t'entendre? ô Dieu! pourquoi?

Entrent des gens du peuple, accourant au bruit avec des flambeaux.

Le ciel fut sans pitié de te donner à moi !
Que ne t'a-t-il reprise au moins, ô pauvre femme,
Avant de me montrer la beauté de ton âme !
Pourquoi m'a-t-il laissé connaître mon trésor ?
Que n'es-tu morte, hélas ! toute petite encor,
Le jour où des enfants en jouant te blessèrent !
Mon enfant ! mon enfant !

SCÈNE V.

Les Mêmes, HOMMES, FEMMES du peuple.

UNE FEMME.

　　　　Ses paroles me serrent
Le cœur !

TRIBOULET, *se retournant.*

　　　　Ah ! vous voilà ! vous venez, maintenant !
Il est bien temps !

Prenant au collet un charretier, qui tient son fouet à la main.

　　　　As-tu des chevaux, toi, manant !
Une voiture ? dis !

LE CHARRETIER.

　　　　Oui. — Comme il me secoue !

TRIBOULET.

Oui ? Hé bien, prends ma tête, et mets-la sous ta roue !

Il revient se jeter sur le corps de Blanche.

Ma fille !

UN DES ASSISTANTS.

　　　　Quelque meurtre ! un père au désespoir !
Séparons-les.

Ils veulent entraîner Triboulet, qui se débat.

TRIBOULET.
Je veux rester! je veux la voir!
Je ne vous ai point fait de mal pour me la prendre!
Je ne vous connais pas. — Voulez-vous bien m'entendre?
> A une femme.

Madame, vous pleurez? vous êtes bonne, vous!
Dites-leur de ne pas m'emmener.
> La femme intercède pour lui. Il revient près de Blanche.
> Tombant à genoux.

A genoux!
A genoux, misérable, et meurs à côté d'elle!
> LA FEMME.

Ah! calmez-vous. Si c'est pour crier de plus belle,
On va vous remmener.
> TRIBOULET, *égaré*.

Non, non, laissez! —
> Saisissant Blanche dans ses bras.

Je croi
Qu'elle respire encore! elle a besoin de moi!
Allez vite chercher du secours à la ville.
Laissez-la dans mes bras, je serai bien tranquille.
> Il la prend tout à fait sur lui, et l'arrange comme une mère
> son enfant endormi.

Non, elle n'est pas morte! Oh! Dieu ne voudrait pas;
Car enfin, il le sait, je n'ai qu'elle ici-bas..
Tout le monde vous hait quand vous êtes difforme;
On vous fuit, de vos maux personne ne s'informe;
Elle m'aime, elle! — elle est ma joie et mon appui.
Quand on rit de son père, elle pleure avec lui.
Si belle et morte! oh! non. — Donnez-moi quelque chose
Pour essuyer son front.
> Il lui essuie le front.

Sa lèvre est encor rose,

Oh! si vous l'aviez vue! oh! je la vois encor
Quand elle avait deux ans avec ses cheveux d'or!
Elle était blonde alors. —

      La serrant sur son cœur avec emportement.

                    O ma pauvre opprimée!
Ma Blanche! mon bonheur! ma fille bien-aimée!
Lorsqu'elle était enfant, je la tenais ainsi.
Elle dormait sur moi tout comme la voici!
Quand elle s'éveillait, si vous saviez quel ange!
Je ne lui semblais pas quelque chose d'étrange!
Elle me souriait avec ses yeux divins,
Et moi je lui baisais ses deux petites mains!
Pauvre agneau! — Morte! oh! non, elle dort et repose.
Tout à l'heure, messieurs, c'était bien autre chose.
Elle s'est cependant réveillée. — Oh! j'attend.
Vous l'allez voir rouvrir ses yeux dans un instant!
Vous voyez maintenant, messieurs, que je raisonne;
Je suis tranquille et doux, je n'offense personne :
Puisque je ne fais rien de ce qu'on me défend,
On peut bien me laisser regarder mon enfant.

      Il la contemple.

Pas une ride au front! pas de douleurs anciennes! —
J'ai déjà réchauffé ses mains entre les miennes;
Voyez, touchez-les donc un peu!

      Entre un médecin.

      LA FEMME, *à Triboulet.*

                  Le chirurgien.

    TRIBOULET, *au chirurgien qui s'approche.*
Tenez, regardez-la, je n'empêcherai rien.
Elle est évanouie, est-ce pas?

      LE CHIRURGIEN, *examinant Blanche.*

                  Elle est morte.

    Triboulet se lève debout d'un mouvement convulsif.

                                27.

Elle a dans le flanc gauche une plaie assez forte.
Le sang a dû causer la mort en l'étouffant.

TRIBOULET.

J'ai tué mon enfant! j'ai tué mon enfant!

Il tombe sur le pavé.

FIN DU ROI S'AMUSE.

NOTE

Nous avons cru devoir joindre à cette édition le détail du procès dont *le Roi s'amuse* a été l'occasion. Ce détail est emprunté à un journal qui, soutenant à cette époque le pouvoir, ne saurait être suspect de partialité en faveur de l'auteur.

TRIBUNAL DE COMMERCE.

PROCÈS DE MONSIEUR VICTOR HUGO CONTRE LE THÉATRE-FRANÇAIS, ET ACTION EN GARANTIE DU THÉATRE-FRANÇAIS CONTRE LE MINISTRE DES TRAVAUX PUBLICS.

Le drame *le Roi s'amuse* n'avait peut-être point, proportion gardée, attiré autant de foule à la Comédie-Française que le procès auquel il a donné lieu en a amené aujourd'hui à l'audience de la juridiction consulaire.

Ici, comme dans la rue Richelieu, les spectateurs se séparaient en plusieurs classes distinctes. Dans l'enceinte du parquet, des personnes choisies et des dames brillantes de parure; dans le barreau réservé aux agréés, des jurisconsultes, parmi lesquels s'étaient confondus messieurs de Bryas et de Brigode, députés; enfin, dans la partie la plus reculée où les spectateurs sont debout, et que l'on peut comparer au parterre de nos théâtres, on voyait se presser un auditoire plus impatient, et qui, longtemps avant l'ouverture des portes, dés neuf heures du matin, faisait queue dans les vastes galeries du palais de la Bourse. Derrière ces spectateurs, était encore un autre public d'une mise plus modeste, et d'autant plus bruyant qu'il se voyait relégué aux dernières places.

A midi, les portes ayant été ouvertes à ces deux dernières parties du public, tout ce qui restait vide dans l'auditoire a été envahi, et la salle même des Pas-Perdus, espèce de vestibule séparé de l'auditoire proprement dit par des portes vitrées, a été encombrée d'une multitude de curieux.

Quelques-uns des spectateurs semblaient surpris de ne point voir le tribunal, les parties et leurs conseils, aussi ponctuels qu'eux-mêmes, et ils réclamaient le commencement de ce qui semblait être pour eux un spectacle.

Lorsqu'on a vu arriver et se placer aux bancs de la gauche monsieur Victor Hugo et ses conseils, beaucoup d'individus sont montés sur les banquettes, les autres leur ont crié de s'asseoir, et monsieur Victor Hugo a été vivement applaudi. Le tribunal, présidé par monsieur Aubé, prend enfin séance, et le silence ne se rétablit pas sans peine. Les cris : *A la porte!* s'élèvent contre ceux qui, n'ayant pu trouver place, occasionnent quelque tumulte. C'est au milieu de cette agitation que l'on fait l'appel des deux causes : 1° La demande formée par monsieur Hugo contre le Théâtre-Français; 2° L'action récursoire des comédiens contre monsieur le ministre du commerce et des travaux publics.

Mᵉ CHAIX-D'EST-ANGE, avocat de monsieur le ministre, prend des conclusions tendant à ce que le tribunal se déclare incompétent, attendu que la question de la légalité ou de l'illégalité d'un acte administratif, aux termes de la loi du 24 août 1791, défend aux tribunaux de connaître des actes administratifs et de s'immiscer dans les affaires d'administration. Le texte de la loi, dit Mᵉ Chaix-d'Est-Ange, est tellement formel, que l'incompétence ne me paraît pas souffrir la moindre difficulté; j'attendrai au surplus les objections pour y répondre.

Mᵉ ODILON BARROT, avocat de monsieur Victor Hugo, prend les conclusions suivantes : « Attendu que, par convention verbale du 22 août dernier, entre monsieur Victor Hugo et la Comédie-Française, représentée par monsieur Desmousseaux, l'un de messieurs les sociétaires du Théâtre-Français, dûment autorisé, l'administration s'est obligée à jouer la pièce *le Roi s'amuse,* drame en cinq actes et en vers, aux conditions stipulées; que la première représentation a eu lieu le 22 novembre dernier; que, le lendemain, l'auteur a été prévenu *officieusement* que les représentations de sa pièce étaient supendues *par ordre;* que, de fait, l'annonce de la seconde représentation, indiquée au samedi 24 novembre suivant, a disparu de l'affiche du Théâtre-Français pour n'y plus reparaître; que les conventions font la loi des parties; que rien ne peut ici les faire changer dans leur exécution. Plaira au tribunal condamner par toutes les voies de droit, *même par corps*, les Sociétaires du Théâtre-Français à jouer la pièce dont il s'agit, sinon à payer par corps 25,000 francs de dommages et intérêts, et, dans le cas où ils consentiraient à jouer la pièce, les condamner, pour le dommage passé, à telle somme qu'il plaira au tribunal arbitrer. »

Messieurs, dit le défenseur, la célébrité de mon client me dispense de vous le faire connaître. Sa mission, celle qu'il a reçue de son talent et de son génie, était de rappeler notre littérature à la vérité, non à cette vérité de convention et d'artifice, mais à cette vérité qui se puise dans la réalité de notre nature, de nos mœurs, de nos habitudes. Cette mission, il l'a entreprise avec courage, il la poursuit avec persévérance et talent. Il a soulevé bien des orages, et le public, ce tribunal souverain devant lequel il est traduit, semble avoir consacré ses efforts par maints et maints suffrages. Comment se fait-il aujourd'hui qu'il soit assis sur ces bancs, devant un tribunal, ayant pour appui, non le prestige de son talent, mais mon sévère ministère et la présence de jurisconsultes qui n'ont rien de littéraire ni de poétique? C'est que monsieur Victor Hugo n'est pas seulement poëte, il est citoyen; il sait qu'il est des droits qu'on peut abandonner quand on n'apporte préjudice qu'à soi-même; mais il en est d'autres qu'on doit défendre par tous les moyens possibles, parce qu'on ne peut pas abandonner son droit propre sans livrer le droit d'autrui, le droit de la liberté de la pensée, de la liberté des représentations théâtrales. La résistance à la censure, à des actes arbitraires, ce sont là des droits de garantie que l'on ne peut pas déserter lorsqu'on a la conscience de ces droits et de ces garanties, et lorsqu'on sait ce qu'est le devoir d'un citoyen. C'est ce devoir que monsieur Victor Hugo vient remplir devant vous; et bien qu'on ait reproché, quelquefois avec justice, à la république des lettres de livrer trop aisément ses franchises et ses priviléges au pouvoir, l'illustre poëte a l'avantage d'avoir déjà donné de nobles et d'éclatants démentis à ce reproche. Monsieur Victor Hugo a depuis longtemps fait ses preuves; déjà sous la Restauration il a refusé de fléchir devant l'arbitraire de la censure. Ni les décorations, ni les pensions, ni les faveurs de toute espèce n'ont pu dominer en lui le sentiment de son droit, la conscience de son devoir.

Nous l'admirions, et alors nous l'entourions de nos témoignages de sympathie, de nos manifestations publiques d'admiration. Eh bien! serait-il accueilli avec d'autres sentiments aujourd'hui qu'il vient d'accomplir ce même devoir, aujourd'hui que, dans des circonstances bien plus favorables, lorsqu'une révolution semble avoir aboli toute censure, lorsqu'au frontispice de notre Charte sont écrits ces mots : *La censure est abolie*, il vient réclamer, non un droit douteux, incertain, mais un droit consacré par notre révolution, consacré par la Charte constitutionnelle, qui a été le fruit, la conquête de cette révolution?

Non, messieurs, je ne crains pas que le sentiment de faveur qui jusqu'ici a accompagné monsieur Victor Hugo l'abandonne aujourd'hui; ses sentiments sont restés les mêmes; ils ont peut-être acquis un nouveau caractère d'énergie par les circonstances qui se sont passées depuis. Je n'oublierai jamais, la France n'oubliera pas non plus que c'est dans cette enceinte même, le 28 juillet 1830, qu'a été donné le premier, le plus solennel exemple de résistance à l'arbitraire : c'est le jugement mémorable qui a condamné l'imprimeur Chantpie à exécuter ses engagements en imprimant le *Journal du Commerce*, malgré les ordonnances du 25 juillet. Je prévois, ajoute-t-il, que l'on m'objectera un autre jugement rendu par vous en 1831, à l'occasion de l'interdiction qui fut faite par l'autorité au théâtre des Nouveautés de jouer la pièce intitulée : *Procès d'un Maréchal de France*. Les auteurs, messieurs Fontan et Dupeuty, perdirent leur cause; mais l'espèce était bien différente. Votre jugement constate que le directeur du théâtre des Nouveautés avait fait tout ce qui était en lui pour continuer de jouer la pièce; il n'avait cédé qu'à la force majeure, et même à l'emploi de la force armée; son théâtre avait été cerné par des gendarmes et fermé pendant plusieurs jours. Il ne se rencontre rien de semblable dans le procès actuel. Le lendemain de la première représentation, on écrit vaguement à monsieur Victor Hugo qu'il existe un ordre qui défend sa pièce. Cet ordre n'est pas produit, nous ne le connaissons pas ; nous devrions d'abord savoir si en effet il existe, et ensuite quelle en est la nature.

Mᶜ LÉON DUVAL, avocat de la Comédie-Française, interrompt Mᶜ Odilon-Barrot : Les relations de monsieur Victor Hugo avec le Théâtre-Français ne sont pas, dit-il, tellement rares, qu'il ne puisse connaître l'ordre intimé par le ministre. Au surplus, voici cet ordre :

« Le ministre secrétaire d'Etat au département du commerce et des travaux publics, vu l'article 14 du décret du 9 juin 1806, considérant que, dans des passages nombreux du drame représenté au Théâtre-Français le 22 novembre 1832, et intitulé *le Roi s'amuse*, les mœurs sont outragées (violents murmures et rires ironiques au fond de la salle), nous avons arrêté et arrêtons : Les représentations du drame intitulé *le Roi s'amuse* sont désormais *interdites*.

« Fait à Paris, le 10 décembre 1832.

« *Signé* comte D'ARGOUT. »

Les clameurs redoublent au fond de la salle, on entend même quelques sifflets.

Mᵉ ODILON BARROT : Je suis bien aise d'avoir provoqué cette explication ; nous avons au moins désormais une base certaine sur laquelle la discussion peut porter. Messieurs, je crois qu'il y a ici une étrange confusion, et que monsieur d'Argout s'est complétement trompé sur la nature de ses pouvoirs. Trois espèces d'influence ou d'autorité peuvent s'exercer sur les théâtres.

Ici le tumulte devient tel, dans le vestibule qui précède

la salle d'audience, qu'il est impossible de saisir les paroles de l'avocat.

Mᵉ CHAIX-D'EST-ANGE : Je prie le tribunal de prendre des mesures pour faire cesser ce bruit, qui m'empêche de suivre les raisonnements de mon adversaire, et doit lui nuire à lui-même.

M. LE PRÉSIDENT : Si le calme ne se rétablit pas, on sera obligé de faire évacuer une partie de l'auditoire.

Mᵉ ODILON BARROT (se tournant vers la foule) : Il est difficile de continuer une discussion qui a nécessairement de la sécheresse et de l'aridité, au milieu de cette agitation continuelle. Je prie le public de vouloir bien écouter, au moins avec résignation, les déductions légales que j'ai à faire dériver de la législation existante.

M. LE PRÉSIDENT : Que l'on ferme les portes !

Voix de l'intérieur : Nous étoufferons.

Autres voix : Il vaudrait mieux ouvrir les fenêtres, on étouffe.

Mᵉ ODILON BARROT : La première influence est celle de la police municipale. Si l'ordre est troublé par la représentation d'une pièce, si l'on craint pour les représentations suivantes le renouvellement de pareils désordres, je conçois que l'autorité intervienne et prenne des mesures pour faire cesser la cause du trouble. La seconde influence est celle de la censure dictatoriale qui s'exerçait sous la Convention et sous l'Empire, et qui existait encore sous la Restauration. La troisième est l'influence de protection et de subvention : l'autorité qui subventionne un théâtre pour lui intimer, sous peine de perdre ses bienfaits, de ne plus jouer telle ou telle pièce. Nous ne sommes dans aucun de ces cas ; nous n'avons point vu, par une anomalie que sans doute la loi sur l'organisation municipale de Paris fera cesser bientôt, nous n'avons pas vu le préfet de police et les commissaires de police exerçant le pouvoir municipal mettre un terme aux représentations du drame. Ce n'est pas non plus le ministre *de la police* qui a usé des droits de censure, c'est le ministre des travaux publics qui a empiété sur les pouvoirs de son collègue. Ainsi ce pauvre ministère de l'intérieur (rires ironiques dans la même partie de la salle d'où vient tout le bruit), ce ministère de l'intérieur, déjà si mutilé, qui fait incessamment des efforts pour couvrir sa nudité et ressaisir quelques-unes des attributions qui lui ont échappé, se voit dépouillé par le ministre des travaux publics de son droit de police sur les théâtres. Le ministre des travaux publics n'a pu intervenir que d'une seule manière et en menaçant la Comédie-Française de lui retirer la subvention que la loi du budget accorde aux théâtres royaux. Cette considération ne saurait intéresser l'auteur, ni influer sur la décision du tribunal. Le théâtre doit exécuter ses engagements, dût-il perdre sa subvention. En passant le contrat, il a dû calculer toutes les chances. Serait-on admis à refuser l'exécution d'un engagement vis-à-vis d'un tiers, sous prétexte que cette convention déplait à un bienfaiteur, à un parent dont on attend un legs ou dont on peut craindre l'exhérédation? Je ne professe point la liberté absolue du théâtre; ce n'est point ici le lieu de nous livrer à des théories absolues, surtout lorsqu'elles ne sont pas nécessaires; mais, enfin, la censure dramatique, comme toute autre censure, est abolie par la Charte de 1830. Un article formel dit que *la censure ne pourra être rétablie.* Aussi, vers la fin de 1830, monsieur de Montalivet, alors ministre de l'intérieur, présentant sur la police des théâtres un projet auquel il n'a pas été donné suite, disait dans l'exposé des motifs : *La censure est morte!* Mais ce qu'on voudrait rétablir, ce ne serait point la censure préventive, ce serait une censure bien autrement dangereuse, la censure *a posteriori*. On laisserait une administration théâtrale faire des frais énormes de décoration et de costumes, on laisserait jouer la première représentation, et tout d'un coup la pièce serait arbitrairement interdite. Voilà une mesure à laquelle la Comédie-Française aurait dû elle-même ne pas obéir avec tant de docilité. Nous ne saurions trop nous étonner de voir qu'elle n'a pas attendu, le 24 novembre, l'ordre qui n'a été signé que le 10 décembre suivant; elle s'est contentée d'une simple intimation verbale, peut-être de quelques mots échappés dans la conversation du ministre. Elle doit donc supporter la peine de l'inexécution de ses engagements vis-à-vis de nous, et cette infraction ne peut se résoudre qu'en des dommages et intérêts. Nous vivons, messieurs, à une singulière époque, à une époque de transition et de confusion, car nous vivons sous l'empire de quatre à cinq législations successives, qui se croisent et se contredisent les unes les autres. Il n'y a que les tribunaux qui puissent, dans cet arsenal de lois, dégager les armes qui peuvent encore servir de celles dont l'usage n'est plus permis. Vous vous attacherez à la lettre de la Charte, qui proscrit toute espèce de censure, la censure dramatique comme la censure des ouvrages imprimés, et, en rendant justice à mon client, vous aurez servi les intérêts de la liberté.

M. LE PRÉSIDENT : L'avocat du Théâtre-Français a la parole.

M. VICTOR HUGO : Je demanderai à monsieur le président la permission de prendre ensuite la parole.

M. LE PRÉSIDENT : Vous l'avez en ce moment.

M. VICTOR HUGO : Je préférerais parler après mes deux adversaires.

Me LÉON DUVAL prend et développe, au nom du Théâtre-Français, des conclusions tendant à faire déclarer l'incompétence du tribunal de commerce. La Comédie-Française n'aurait pas demandé mieux que de continuer les représentations d'un ouvrage qui lui promettait d'abondantes recettes; elle aurait désiré appeler des orages du premier jour à de nouveaux orages; mais elle a dû céder à une nécessité impérieuse.

Le tumulte devient si violent, qu'il est impossible de continuer les plaidoiries. On crie de toutes parts : On étouffe! Ouvrez les fenêtres! Donnez-nous de l'air! Il faut faire évacuer la première pièce! Plusieurs dames effrayées se retirent de l'enceinte.

M. LE PRÉSIDENT : On n'entend déjà pas trop; si l'on ouvre les fenêtres, on n'entendra plus les défenseurs.

Une foule de voix : Nous ne pouvons ni sortir ni respirer, nous étouffons.

M. LE PRÉSIDENT : L'audience va être suspendue; on ouvrira les fenêtres, et l'on fera évacuer la première pièce. (Applaudissements dans la partie la plus rapprochée du tribunal; murmures dans le vestibule.)

Le tumulte est à son comble; un piquet de gardes nationaux pénètre dans l'enceinte; le plus grand nombre l'applaudit, surtout quand on s'aperçoit que les soldats citoyens ont pris soin de retirer leurs baïonnettes du canon de leurs fusils. La force armée dissipe la foule qui se trouvait dans le premier vestibule. Quelques spectateurs, en se retirant, fredonnent la *Marseillaise*. Messieurs les agents de change et les négociants qui étaient en ce moment occupés d'affaires de bourse au rez-de-chaussée ont pu croire qu'ils étaient cernés par une émeute. Enfin on ferme les portes vitrées, ainsi que les portes extérieures, pour ne laisser entrer personne, et l'audience est reprise à deux heures et demie.

M. LE PRÉSIDENT : Le tribunal a fait tout ce qui dépendait de lui pour que le public fût à son aise; si ce bruit se renouvelle, l'audience sera levée et la cause remise à un autre jour.

Me LÉON DUVAL achève son plaidoyer. Il démontre que la

Comédie-Française a cédé à la force majeure, et que, ne se fût-il agi que de la subvention, elle ne devait pas s'engager dans une lutte où elle aurait inévitablement succombé.

M. VICTOR HUGO, à qui monsieur le président accorde la parole, annonce qu'il désire parler le dernier.

Me CHAIX-D'EST-ANGE : Il serait plus logique de plaider en ce moment; je répondrais à tous mes adversaires. Sans quoi, je serai obligé de demander une réplique.

M. VICTOR HUGO : Je suis prêt à plaider.—Messieurs, après l'avocat célèbre qui me prête si généreusement l'assistance puissante de sa parole, je n'aurais rien à dire si je ne croyais de mon devoir de ne pas laisser passer sans une protestation solennelle et sévère l'acte hardi et coupable qui a violé tout notre droit public dans ma personne.

Cette cause, messieurs, n'est pas une cause ordinaire : il semble à quelques personnes, au premier aspect, que ce n'est qu'une simple action commerciale, qu'une réclamation d'indemnités pour la non-exécution d'un contrat privé, en un mot, que le procès d'un auteur à un théâtre. Non, messieurs, c'est plus que cela ; c'est le procès d'un citoyen à un gouvernement. Au fond de cette affaire, il y a une pièce défendue par ordre. Or, une pièce défendue par ordre, c'est la censure, et la Charte abolit la censure; une pièce défendue par ordre, c'est la confiscation, et la Charte abolit la confiscation. Votre jugement, s'il m'est favorable, et il me semble que je vous ferais injure d'en douter, sera un blâme manifeste, quoique indirect, de la confiscation et de la censure. Vous voyez, messieurs, combien l'horizon de la cause s'élève et s'élargit. Je plaide ici pour quelque chose de plus haut que mon intérêt propre; je plaide pour mes droits les plus généraux, pour mon droit de posséder et pour mon droit de penser, c'est-à-dire pour le droit de tous : c'est une cause générale que la mienne, comme c'est une équité absolue que la vôtre. Les petits détails du procès s'effacent devant la question ainsi posée ; je ne suis plus simplement un écrivain, vous n'êtes plus simplement des juges consulaires ; votre conscience est face à face avec la mienne ; sur ce tribunal vous représentez une idée auguste, et moi, à cette barre, j'en représente une autre ; sur votre siége il y a la justice, sur le mien il y a la liberté. (Applaudissements dans l'auditoire.)

M. LE PRÉSIDENT : Je rappelle au public que toutes marques d'approbation ou d'improbation sont interdites.

M. VICTOR HUGO s'élève contre les décrets dictatoriaux qui, nés sous divers régimes établis contre la liberté, sont morts avec ces régimes. La liberté pour la chaire, la presse et le théâtre, telle est désormais la base principale de notre droit public. Sans doute s'il se présentait une de ces pièces où l'on ferait évidemment trafic et marchandise du désordre, il faudrait punir de pareils excès, mais il faudrait les réprimer, et ne point user de mesures préventives.

Un passage de la préface dont monsieur Victor Hugo donne lecture, lui fournit l'occasion de dire que sa pièce s'élève aux plus hautes moralités ; quant à l'allusion qu'on a cru y découvrir contre le père du roi Louis-Philippe, ce serait la plus ignoble et la plus cruelle des injures. Il n'appartenait qu'à une étourderie de courtisans de relever un pareil vers, et cette étourderie est une insolence, non-seulement pour le roi, mais pour le poëte.

Messieurs, je me résume. En arrêtant ma pièce, le ministère n'a, d'une part, pas un texte de loi valide à citer ; d'autre part, pas une raison valable à donner. Cette mesure a deux aspects également mauvais : selon la loi, elle est arbitraire ; selon le raisonnement, elle est absurde. Que peut-il donc alléguer dans cette affaire, ce pouvoir qui n'a pour lui ni la raison, ni le droit? Son caprice, sa fantaisie, sa volonté, c'est-à-dire rien.

Vous ferez justice, messieurs, de cette volonté, de cette

fantaisie, de ce caprice. Votre jugement, en me donnant gain de cause, apprendra au pays, dans cette affaire, qui est petite, comme dans celle des ordonnances de Juillet, qui était grande, qu'il n'y a en France d'autre *force majeure* que celle de la loi, et qu'il y a au fond de ce procès un ordre illégal que le ministre a eu tort de donner et que le théâtre a eu tort d'exécuter.

Votre jugement apprendra au pouvoir que ses amis eux-mêmes le blâment loyalement en cette occasion; que le droit de tout citoyen est sacré pour tout ministre, qu'une fois les conditions d'ordre et de sûreté générale remplies, le théâtre doit être respecté comme une des voix avec lesquelles parle la pensée publique; et qu'enfin, que ce soit la presse, la tribune, ou le théâtre, aucun des soupiraux par où s'échappe la liberté de l'intelligence ne peut être fermé sans péril. Je ne craindrai jamais, dans de pareilles occasions, de prendre un ministère corps à corps; et les tribunaux sont les juges naturels de ces honorables duels du bon droit contre l'arbitraire, duels moins inégaux qu'on ne pense, car il y a d'un côté tout un gouvernement, et de l'autre rien qu'un simple citoyen. Le simple citoyen est bien fort quand il peut traîner à votre barre un acte illégal, tout honteux d'être ainsi exposé au grand jour, et le souffleter publiquement devant vous, comme je le fais, avec quatre articles de la Charte.

Je ne dissimule pas que l'heure où nous sommes ne ressemble plus à ces dernières de la Restauration, où les résistances aux empiétements du gouvernement étaient si applaudies, si encouragées, si populaires. Les idées d'ordre et de pouvoir ont momentanément plus de faveur que les idées de progrès et d'affranchissement; c'est une réaction naturelle après cette brusque reprise de toutes nos libertés au pas de course, qu'on a appelée la Révolution de 1830. Mais cette réaction durera peu. Nos ministres seront étonnés un jour de la mémoire implacable avec laquelle les hommes mêmes qui composent à cette heure leur majorité leur rappelleront tous les griefs qu'on a l'air d'oublier si vite aujourd'hui. Dans cette circonstance, je ne cherche pas plus l'applaudissement que je ne crains l'invective, je n'ai suivi que le conseil austère de mon devoir.

Je dois le dire : j'ai de fortes raisons de croire que le gouvernement profitera de cet engourdissement passager de l'esprit public pour rétablir formellement la censure, et que mon affaire n'est autre chose qu'un prélude, qu'une préparation, qu'un acheminement à une mise hors la loi générale de toutes les libertés du théâtre. En ne faisant pas de loi répressive, en laissant exprès déborder depuis deux ans la licence sur la scène, le gouvernement s'imagine avoir créé, dans l'opinion des hommes honnêtes, que cette licence peut révolter, un préjugé favorable à la censure dramatique. Mon avis est qu'il se trompe, et que jamais la censure ne sera en France autre chose que l'illégalité impopulaire. Quant à moi, que la censure des théâtres soit rétablie par une ordonnance qui serait illégale, ou par une loi qui serait inconstitutionnelle, je déclare que je ne m'y soumettrai jamais que comme on se soumet à un pouvoir de fait, en protestant. Et cette protestation, messieurs, je la fais ici solennellement et pour le présent et pour l'avenir.

Et observez d'ailleurs comme, dans cette série d'actes arbitraires qui se succèdent depuis quelque temps, le gouvernement manque de grandeur, de franchise et de courage. Cet édifice, beau quoique incomplet, qu'avait improvisé la Révolution de Juillet, il le mine lentement, souterrainement, sourdement, obliquement, tortueusement; il nous prend toujours en traître, par derrière, au moment où on ne s'y attend pas. Il n'ose pas censurer ma pièce avant la représentation, il l'arrête le lendemain. Il nous conteste nos franchises les plus essentielles; il nous chicane nos facultés les mieux acquises; il échafaude son arbitraire sur un tas de vieilles lois vermoulues et abrogées; il s'embusque, pour nous dérober nos droits, dans cette forêt de Bondy des décrets impériaux, à travers laquelle la liberté ne peut jamais passer sans être dévalisée.

Je dois vous faire remarquer ici en passant, messieurs, que je n'entends franchir, dans mon langage, aucune des convenances parlementaires. Il importe à ma loyauté qu'on sache bien quelle est la portée de mes paroles quand j'attaque le gouvernement, dont un membre actuel a dit : *Le roi règne et ne gouverne pas*. Il n'y a pas d'arrière-pensée dans ma polémique. Le jour où je croirai devoir me plaindre d'une personne couronnée, je lui adresserai ma plainte à elle-même; je la regarderai en face et je lui dirai : Sire. En attendant, c'est à ses conseillers que j'en veux; c'est sur ses ministres seulement que tombent mes paroles, quoique cela puisse sembler étrange dans un temps où les ministres sont inviolables et les rois responsables.

Je reprends, et je dis que le gouvernement nous retire petit à petit tout ce que nos quarante ans de révolution nous avaient acquis de droits et de franchises. Je dis que c'est à la probité des tribunaux de l'arrêter dans cette voie fatale pour lui comme pour nous. Je dis que le pouvoir actuel manque particulièrement de grandeur et de courage dans la manière mesquine dont il fait cette opération hasardeuse que chaque gouvernement, par un aveuglement singulier, tente à son tour, et qui consiste à substituer plus ou moins rapidement l'arbitraire à la constitution, le despotisme à la liberté. Bonaparte, quand il fut consul et quand il fut empereur, voulut aussi le despotisme; mais il fit autrement : il y entra de front et de plain-pied. Il n'employa aucune des misérables petites précautions avec lesquelles on escamote aujourd'hui toutes nos libertés, les ainées comme les cadettes, celles de 1830 comme celles de 1789. Napoléon ne fut ni sournois, ni hypocrite ; Napoléon ne nous filouta point nos droits l'un après l'autre, à la faveur de notre assoupissement, comme l'on fait maintenant ; Napoléon prit tout à la fois, d'un seul coup et d'une seule main. Le lion n'a pas les mœurs du renard.

Alors, messieurs, c'était grand. L'Empire, comme gouvernement et comme administration, fut assurément une époque intolérable de tyrannie ; mais souvenons-nous que notre liberté fut largement payée en gloire. La France d'alors avait, chose extraordinaire, une attitude tout à la fois soumise et superbe. Ce n'était pas la France comme nous la voulons, la France libre, la France souveraine d'elle-même ; c'était la France esclave d'un homme et reine du monde. Alors on nous prenait notre liberté, c'est vrai, mais on nous donnait un bien sublime spectacle. On disait : Tel jour, à telle heure, j'entrerai dans telle capitale ; et on y entrait au jour dit et à l'heure dite. On détrônait une dynastie avec un décret du *Moniteur*. On faisait se coudoyer toutes sortes de rois dans ses antichambres. Si l'on avait la fantaisie d'une colonne, on en faisait fournir le bronze par l'empereur d'Autriche. On réglait, un peu arbitrairement, je l'avoue, le sort des comédiens français, mais on datait le règlement de Moscou. On nous prenait toutes nos libertés, dis-je, on avait un bureau de censure, on mettait nos livres au pilon, on rayait nos pièces de l'affiche ; mais à toutes nos plaintes on pouvait faire, d'un seul mot, des réponses magnifiques ; on pouvait nous répondre : Marengo ! Iéna ! Austerlitz !!! — Alors, je le répète, c'était grand ; aujourd'hui c'est petit. Nous marchons à l'arbitraire comme alors, mais nous ne sommes pas des colosses. Notre gouvernement n'est pas de ceux qui peuvent consoler une grande nation de la perte de sa liberté. En fait d'art, nous déformons les Tuileries ; en fait de gloire, nous laissons périr la Pologne. Cela n'empêche pas nos petits hommes d'Etat de traiter la liberté en despotes, de mettre la France sous leurs pieds, comme s'ils avaient des épaules à porter le monde. Pour peu que cela dure encore quelque temps; pour peu que les lois proposées soient adoptées, la confiscation de tous nos droits sera complète.

Aujourd'hui, on fait prendre ma liberté de poëte par un censeur; demain, on me fera prendre ma liberté de citoyen par un gendarme. Aujourd'hui, on me bannit du théâtre; demain, on me bannira du pays. Aujourd'hui, on me bâillonne; demain, on me déportera. Aujourd'hui, l'état de siége est dans la littérature; demain, il sera dans la cité. De liberté, de garanties, de Charte, de droit public, plus un mot, néant. Si le gouvernement, mieux conseillé, ne s'arrête sur cette pente pendant qu'il en est temps encore, avant peu nous aurons tout le despotisme de 1807 moins la gloire; nous aurons l'Empire sans l'empereur.

Je n'ai plus que quatre mots à dire, messieurs, et je désire qu'ils soient présents à votre esprit au moment où vous délibérerez. Il n'y a eu dans ce siècle qu'un grand homme, Napoléon, et une grande chose, la liberté; nous n'avons plus le grand homme, tâchons d'avoir la grande chose.

Ce discours a été suivi d'applaudissements redoublés partant du fond et du dehors de la salle.

M. LE PRÉSIDENT : Une partie du public oublie qu'on n'est pas ici au spectacle.

Me CHAIX-D'EST-ANGE : Messieurs, deux questions ont été agitées dans ce procès; l'une de compétence : il s'agit de savoir si vous pouvez apprécier un acte dont la régularité vous est déférée; l'autre, du fond : il s'agit de savoir en fait si cet acte est légal, régulier, conforme à la constitution et à la liberté qu'elle a promise. Sur la première question, soulevée par moi-même, je dois entrer dans quelques détails. Je devrais négliger la seconde : incompétents que vous êtes, je ne devrais pas examiner devant la juridiction consulaire si l'acte de l'autorité administrative est légal et doit être aboli. Mais avant tout, messieurs, il y a un devoir de conscience et l'honneur que l'avocat doit remplir. Il ne voudra pas laisser sans réponse les reproches qui sont adressés; il ne voudra pas qu'il reste cette honte, il la repoussera, et ç'a été là, messieurs, la première condition de ma présence dans la cause, que si l'on adressait des reproches graves à l'autorité que j'étais chargé de représenter et de défendre, je prendrais la parole sur le fond, et prouverais devant des hommes d'honneur que l'autorité a rempli son devoir.

J'espère que j'obtiendrai de ce public, si ardent pour la cause de monsieur Victor Hugo, si ami de la liberté, cette liberté de discussion qu'on doit accorder à tout le monde. Que personne ici ne se croie le droit d'interrompre un avocat dont jamais de la vie on n'a suspecté la loyauté ni l'indépendance. (Mouvement général d'approbation au barreau et dans l'enceinte du parquet.)

J'examine la première question, celle de compétence. Il y a des principes que dans toute argumentation il suffit, ce semble, d'énoncer, et qui ne peuvent jamais être soumis à aucune contradiction. Ainsi l'estime générale, ainsi l'expérience de tous les temps, ont consacré, de telle sorte qu'il n'est plus possible d'y porter atteinte, le principe de la division des pouvoirs dans tout gouvernement bien réglé.

Ainsi il y a le pouvoir législatif, c'est celui qui fait les lois; il y a le pouvoir judiciaire, c'est celui qui les applique; il y a le pouvoir administratif, c'est celui qui veille à leur exécution et à qui l'administration est confiée. Cette division n'est pas nouvelle. Le principe a été consacré dans des lois si nombreuses, dans des textes si précis, qu'il suffit de les énoncer.

Après avoir cité entre autres les lois de 1790 et de 1791, et invoqué l'autorité d'un vénérable magistrat, M. Henrion de Pansey, le défenseur ajoute : Je puis encore opposer à mon adversaire le témoignage d'un de ses collègues, de M. le vicomte de Cormenin, ce défenseur si ardent, si intrépide de la liberté. Il ne faut pas, disait M. le vicomte de Cormenin, lorsqu'il n'était encore que baron (rire presque général suivi de violentes rumeurs au fond de la salle), il ne faut pas s'écarter de ce principe tutélaire de la division des pouvoirs. Mon adversaire vous a cité le premier un jugement rendu par ce tribunal dans l'affaire relative à la pièce de MM. Fontan et Dupeuty, au sujet du *Procès du maréchal Ney*. Le tribunal n'a pas seulement appuyé le rejet de la demande sur le cas de force majeure, résultat de l'intervention des gendarmes ; il a nettement reconnu l'incompétence de la juridiction commerciale pour prononcer sur un acte d'administration. Dans cette affaire, en effet, on avait vu, comme dans celle-ci, une espèce de concert entre les auteurs et le théâtre pour mettre le ministre en cause.

Me ODILON BARROT : Ne nous accusez pas de manquer de franchise ; nous n'avons connu votre intervention qu'à l'audience.

Me CHAIX-D'EST-ANGE : Je vous prie de ne pas m'interrompre ; j'ai déjà assez de peine à lutter contre les interruptions de certains auditeurs qui épient mes moindres paroles. Vous voyez que je n'ai pu, jusqu'à présent, prononcer les mots de *morale* et *d'outrages aux mœurs* sans exciter les plus inconcevables murmures. On a invoqué le jugement rendu le 28 juillet 1830, dans l'affaire du *Courrier français*. Un jugement rendu au milieu des combats et des périls, un jugement prononcé du haut de cette espèce de trône a proclamé l'illégalité des ordonnances du 25 juillet. Ce fut un grand acte de courage, un acte de bons citoyens ;

mais faut-il, dans des moments de calme, citer ce qui s'est passé dans des temps de désordres? Les juges qui ont rendu cette décision étaient comme les gardes nationaux, qui, illégalement aussi, se revêtaient de leur uniforme et allaient combattre pour la liberté et les lois. Nous ne sommes heureusement plus à cette époque, et cependant monsieur Victor Hugo a une pensée qui le poursuit toujours; monsieur Victor Hugo pense que l'ordre qui arrête sa pièce vaut au moins les ordonnances de Juillet. Il pense que, pour faire cesser cet ordre, on est prêt, comme lors des ordonnances de Juillet, à faire une émeute, ou plutôt une révolution. (Nouveaux murmures dans les mêmes parties de la salle.) L'auteur l'a dit lui-même dans une lettre par lui adressée aux journaux; je le répète, parce que toute liberté doit entourer ici l'avocat qui parle avec conscience. (Applaudissements et bravos de la grande majorité des spectateurs.)

Oui, monsieur Victor Hugo a écrit qu'il voulait se jeter entre l'émeute et nous; il a eu la complaisance, la générosité d'écrire dans les journaux pour recommander à la généreuse jeunesse des ateliers et des écoles de ne pas faire d'émeute pour lui, et de ne pas ressusciter sa pièce par une révolution.

Dans l'intérêt de l'administration, je devrais m'arrêter ici; mais j'ai annoncé que je traiterais la question légale. Ici mes deux adversaires ne sont pas d'accord. Le client se roidit contre toute espèce d'entrave et toute espèce de mesures préventives, et veut, du moins avant la représentation, une liberté illimitée. Le défenseur n'est pas du tout du même avis : la censure pour le théâtre a paru au défenseur une question délicate; aussi son argumentation est restée entourée de ces nuages dont son talent aime quelquefois à s'envelopper au milieu d'une discussion. (On rit.) Il est devenu, en quelque sorte, insaisissable; il vous a prié de permettre à lui, homme politique, de ne pas prendre parti et de ne pas vous dire le fond de sa pensée, car sa pensée n'est pas encore définitivement arrêtée. Or, je dis à mes adversaires : Mettez-vous donc d'accord. Si vous ne voulez pas la censure, dites-le franchement; si vous en voulez, homme populaire, ayez le courage de le dire avec la même franchise, car il y a courage à braver les fausses opinions dont le public est imbu et à proclamer ostensiblement la vérité. Je ne m'étonne pas, au surplus, de cette hésitation de mon adversaire. Lorsque monsieur Odilon Barrot fut appelé, comme membre du conseil d'Etat, à donner son avis sur la liberté des théâtres, il a reconnu la nécessité de la répression préventive; seulement il ne voulait pas qu'elle restât dans les mains de la police. Un des préfets de police qui se sont succédé depuis la révolution, monsieur Vivien, a partagé le même avis. Qu'on ne vienne donc plus nous présenter la censure dramatique comme une attaque à la Charte *avec effraction*, et que monsieur Hugo, dans son langage énergique et pittoresque, ne se vante pas de *souffleter* un acte du pouvoir avec quatre articles de la Charte.

Toutes les lois sur les théâtres subsistent; elles ont été exécutées sous le régime du Directoire; aucune n'a été révoquée. Pouvait-il en être autrement? Telle pièce peut être sans danger dans un lieu, et présenter dans d'autres les plus grands périls. Supposez, en effet, la tragédie de *Charles IX*, le massacre de la Saint-Barthélemy représenté sur le théâtre de Nîmes, dans un pays où les passions, où les haines entre les catholiques et les protestants sont si exaltées, et jugez l'effet qui en résulterait. Des trois espèces d'influence de l'autorité sur les théâtres dont vous a parlé mon adversaire, la seconde, celle de la censure, subsiste. En parlant de la première, celle de l'autorité municipale, mon adversaire est tombé en contradiction avec lui-même; car la loi de 1790 défend aux municipalités de s'immiscer dans la police des théâtres L'influence des subventions n'aurait pas dû être traitée par un auteur dramatique. Cependant mon adversaire insiste; il prétend que c'est le ministre de l'intérieur et non le ministre des travaux publics qui devrait être chargé de la police des théâtres; il s'est attendri sur ce pauvre ministre de l'intérieur dépouillé d'une de ses plus importantes attributions. Eh bien! la police des théâtres est, aussi bien que les subventions, dans les attributions du ministre des travaux publics. C'est ce ministre et non celui de l'intérieur qui a été mis en cause dans l'affaire de la pièce du *Maréchal Ney*. Pourquoi, dit-on, le ministre n'a-t-il pas exercé envers monsieur Victor Hugo la censure préventive, ce que mon adversaire appelle la *bonne censure?* La raison en est simple. Le ministre a dit à monsieur Victor Hugo, qui se refusait à la censure : Je ne vous demande pas le manuscrit de votre pièce, mais donnez-moi votre parole d'honneur que la pièce ne contient rien de contraire à la morale. La parole a été donnée; voilà pourquoi la pièce a été permise sans examen.

M. VICTOR HUGO : Je demanderai à répondre à cette assertion du défenseur... (Bruits divers.)

Mᵉ CHAIX-D'EST-ANGE : Les censeurs, j'en conviens, ont tué la censure, ils l'ont souvent rendue odieuse; mais que l'on se rassure : nos mœurs publiques et l'opinion publique sont toutes-puissantes en France. Il ne serait pas dans le désir ni dans le pouvoir du gouvernement d'arrêter une pièce qui n'offrirait aucun danger pour la tranquillité ou pour la morale. Que monsieur Victor Hugo fasse un chef-d'œuvre (et il a assez de talent pour le faire), qu'il parle des bienfaits de la liberté comme il parlait autrefois des *bienfaits de la Restauration*, il sera écouté; et, s'il éprouve des entraves, justice lui sera rendue.

Mᵉ ODILON BARROT réplique sur-le-champ, et rappelle différentes circonstances où des actes administratifs ont été reconnus illégaux par les tribunaux. Tel fut le principe de l'arrêt de la cour de cassation au sujet de l'ordonnance de police qui enjoignait de tapisser les maisons lors des processions de la Fête-Dieu.

Ainsi les tribunaux ont toujours le droit d'apprécier les actes dont on fait dériver une poursuite ou une exception, de décider si cet acte puise sa force dans la loi, et si l'on peut fonder un jugement sur un pareil acte. On a eu le courage, continue Me Odilon Barrot, je dirai presque l'audace, de voir dans le jugement que vous avez rendu dans l'affaire de l'imprimeur Chantpie et l'éditeur du *Journal du Commerce*, une espèce de sédition. Sans doute, comme citoyens, comme individus, vous avez le droit de résister à des actes d'oppression; mais quand nous sommes revêtus de la toge, quand nous exerçons une fonction publique, quand nous sommes institués pour faire respecter les lois, nous ne les violons pas, et c'est faire injure au tribunal que de supposer que dans une circonstance quelconque, à la face du peuple, on a violé les lois. Non, messieurs, le tribunal de commerce n'a point violé les lois dans l'affaire Chantpie, et sa gloire est d'autant plus belle qu'il a résisté à l'arbitraire dans la limite de ses devoirs. Il a maintenu le respect des lois en les respectant lui-même. Enfin le défenseur qualifie d'ordre posthume la défense notifiée au Théâtre-Français, le 10 décembre, par monsieur le ministre des travaux publics. Il n'en est pas moins vrai qu'en refusant, le 24 novembre précédent, de jouer la pièce, le Théâtre-Français avait enfreint les conventions passées entre lui et l'auteur, et qu'aucun cas de force majeure ne saurait être allégué.

M. VICTOR HUGO : Je demande à dire seulement quelques mots.

M. LE PRÉSIDENT : La cause a été longuement plaidée.

M. VICTOR HUGO : Il y a quelque chose de personnel sur lequel il serait nécessaire que je donnasse une explication de fait.

Un passage du plaidoyer de M⁰ Chaix-d'Est-Ange me fournit l'occasion de rappeler un fait dont je n'avais point parlé d'abord, parce qu'il m'est honorable, et que je ne crois pas devoir me targuer de faits qui peuvent me faire honneur. Voici ce qui s'est passé : Avant la représentation de ma pièce, prévenu par messieurs les sociétaires du Théâtre-Français que monsieur d'Argout voulait la censurer, je suis allé trouver le ministre, et je lui ai dit alors, moi citoyen, parlant à lui ministre, que je ne lui reconnaissais pas le droit de censurer un ouvrage dramatique, que ce droit était aboli, selon moi, par la Charte ; j'ajoutai que s'il prétendait censurer mon ouvrage je le retirerais à l'instant même, et que ce serait à lui à voir s'il n'y aurait point là, pour l'autorité, une conséquence plus fâcheuse que s'il permettait de jouer le drame sans l'avoir censuré. Monsieur d'Argout me dit alors qu'il était d'un avis tout différent sur la matière ; qu'il se croyait, lui ministre, le droit de censurer un ouvrage dramatique ; mais qu'il me croyait homme d'honneur, et incapable de faire des ouvrages à allusions, ou des ouvrages immoraux, et qu'il consentait volontiers à ce que ma pièce ne fût point censurée. Je répondis au ministre que je n'avais rien à lui demander ; que c'était un droit que je prétendais exercer. Monsieur d'Argout ne s'opposa point à ce qu'on représentât la pièce, et il renonça à la faculté qu'il croyait avoir de faire censurer l'ouvrage. Voilà ce qui s'est passé ; j'invoque ici le témoignage d'un homme d'honneur présent à l'audience, et qui ne me démentira pas. Si monsieur d'Argout avait voulu censurer ma pièce, je l'aurais retirée à l'instant même. Je déclare qu'une députation du Théâtre-Français est venue, le matin même, chez moi, me demander avec prière de ne pas retirer ma pièce dans le cas où le ministre voudrait la censurer. Je persistai dans la volonté de ne point me soumettre à la censure ; je n'ai pas un seul instant voulu me départir de mon droit. Voilà un fait que j'aurais pu raconter en détail dans ma plaidoirie, et j'ai la certitude qu'il ne m'aurait attiré qu'une vive sympathie de la part de vous, messieurs, et de la part du public. Puisque l'avocat de ma partie adverse en a parlé le premier, je puis maintenant m'en vanter et m'en targuer.

Me CHAIX-D'EST-ANGE : Le fait que j'ai rappelé était nécessaire à la défense sous un double rapport, en fait et en droit. Il n'était pas inutile de répondre à cette argumentation de mon adversaire, que le ministre a négligé d'exercer la censure préventive avant la représentation. J'ai expliqué pourquoi on n'a pas insisté pour avoir communication de la pièce : c'est parce que le ministre avait assez de confiance dans l'honneur et la loyauté de monsieur Victor Hugo, pour être persuadé qu'il n'y aurait dans son drame aucune atteinte aux mœurs publiques.

M. LE PRÉSIDENT : Le tribunal met la cause en délibéré pour prononcer son jugement à la quinzaine.

L'audience est levée à six heures moins un quart. La foule, qui encombrait l'auditoire et toutes les avenues, a attendu monsieur Victor Hugo à son passage, et l'a salué de ses acclamations.

— *Journal des Débats*, 20 décembre 1832. —

FIN DE LA NOTE DU ROI S'AMUSE.

LES BURGRAVES

Au temps d'Eschyle, la Thessalie était un lieu sinistre. Il y avait eu là autrefois des géants ; il y avait là maintenant des fantômes. Le voyageur qui se hasardait au delà de Delphes, et qui franchissait les forêts vertigineuses du mont Cnémis, croyait voir partout, la nuit venue, s'ouvrir et flamboyer l'œil des cyclopes ensevelis dans les marais du Sperchius. Les trois mille Océanides éplorées lui apparaissaient en foule dans les nuées au-dessus du Pinde ; dans les cent vallées de l'OEta il retrouvait l'empreinte profonde et les coudes horribles des cent bras des hécatonchires tombés jadis sur ces rochers, il contemplait avec une stupeur religieuse la trace des ongles crispés d'Encelade sur le flanc du Pélion. Il n'apercevait pas à l'horizon l'immense Prométhée couché, comme une montagne sur une montagne, sur des sommets entourés de tempêtes, car les dieux avaient rendu Prométhée invisible ; mais à travers les branchages des vieux chênes les gémissements du colosse arrivaient jusqu'à lui, passant ; et il entendait par intervalles le monstrueux vautour essuyer son bec d'airain aux granits sonores du mont Othrys. Par moments, un grondement de tonnerre sortait du mont Olympe, et dans ces instants-là le voyageur épouvanté voyait se soulever au nord, dans les déchirures des monts Cambuniens, la tête difforme du géant Hadès, dieu des ténèbres intérieures ; à l'orient, au delà du mont Ossa, il entendait mugir Céto, la femme baleine ; et à l'occident, par-dessus le mont Callidrome, à travers la mer des Alcyons, un vent lointain, venu de la Sicile, lui apportait l'aboiement vivant et terrible du gouffre Scylla. Les géologues ne voient aujourd'hui, dans la Thessalie bouleversée, que la secousse d'un tremblement de terre et le passage des eaux diluviennes ; mais pour Eschyle et ses contemporains, ces plaines ravagées, ces forêts déracinées, ces blocs arrachés et rompus, ces lacs changés en marais, ces montagnes renversées et devenues informes, c'était quelque chose de plus formidable encore qu'une terre dévastée par un déluge ou remuée par les volcans : c'était l'effrayant champ de bataille où les titans avaient lutté contre Jupiter.

Ce que la Fable a inventé, l'histoire le reproduit parfois. La fiction et la réalité surprennent quelquefois notre esprit par les parallélismes singuliers qu'il leur découvre. Ainsi, — pourvu néanmoins qu'on ne cherche pas dans des pays et dans des faits qui appartiennent à l'histoire, ces impressions surnaturelles, ces grossissements chimériques que l'œil des visionnaires prête aux faits purement mythologiques ; en admettant le conte et la légende, mais en conservant le fond de réalité humaine qui manque aux gigantesques machines de la Fable antique, — il y a aujourd'hui en Europe un lieu qui, toute proportion gardée, est pour nous, au point de vue poétique, ce qu'était la Thessalie pour Eschyle, c'est-à-dire un champ de bataille mémorable et prodigieux.

On devine que nous voulons parler des bords du Rhin. Là, en effet, comme en Thessalie, tout est foudroyé, désolé, arraché, détruit; tout porte l'empreinte d'une guerre profonde, acharnée, implacable. Pas un rocher qui ne soit une forteresse, pas une forteresse qui ne soit une ruine ; l'extermination a passé par là ; mais cette extermination est tellement grande, qu'on sent que le combat a dû être colossal. Là, en effet, il y a six siècles, d'autres titans ont lutté contre un autre Jupiter : ces titans, ce sont les burgraves; ce Jupiter, c'est l'empereur d'Allemagne.

Celui qui écrit ces lignes, — et qu'on lui pardonne d'expliquer ici sa pensée, laquelle a été d'ailleurs si bien comprise qu'il est presque réduit à redire aujourd'hui ce que d'autres ont déjà dit avant lui et beaucoup mieux que lui ; — celui qui écrit ces lignes avait depuis longtemps entrevu ce qu'il y a de neuf, d'extraordinaire et de profondément intéressant pour nous, peuples nés du moyen âge, dans cette guerre des titans modernes, moins fantastique, mais aussi grandiose peut-être que la guerre des titans antiques. Les titans sont des mythes, les burgraves sont des hommes. Il y a un abîme entre nous et les titans, fils d'Uranus et de Ghê; il n'y a entre les burgraves et nous qu'une série de générations; nous, nations riveraines du Rhin, nous venons d'eux; ils sont nos pères. De là entre eux et nous cette cohésion intime, quoique lointaine, qui fait que, tout en les admirant parce qu'ils sont grands, nous les comprenons parce qu'ils sont réels. Ainsi, la réalité qui éveille l'intérêt, la grandeur qui donne la poésie, la nouveauté qui passionne la foule, voilà sous quel triple aspect la lutte des burgraves et de l'empereur pouvait s'offrir à l'imagination d'un poëte.

L'auteur des pages qu'on va lire était déjà préoccupé de ce grand sujet qui dès longtemps, nous venons de le dire, sollicitait intérieurement sa pensée, lorsqu'un hasard, il y a quelques années, le conduisit sur les bords du Rhin. La portion du public qui veut bien suivre ses travaux avec quelque intérêt a lu peut-être le livre intitulé *le Rhin*, et sait par conséquent que ce voyage d'un passant obscur ne fut autre chose qu'une longue et fantasque promenade d'antiquaire et de rêveur.

La vie que menait l'auteur dans ces lieux peuplés de souvenirs, on se la figure sans peine. Il vivait là, il doit en convenir, beaucoup plus parmi les pierres du temps passé que parmi les hommes du temps présent. Chaque jour, avec cette passion que comprendront les archéologues et les poëtes, il explorait quelque ancien édifice démoli. Quelquefois c'était dès le matin ; il allait, il gravissait la montagne et la ruine, brisait les ronces et les épines sous ses talons, écartait de la main les rideaux de lierre, escaladait les vieux pans de mur, et là, seul, pensif, oubliant tout, au milieu du chant des oiseaux, sous les rayons du soleil levant, assis sur quelque basalte verte de mousse, ou enfoncé jusqu'aux genoux dans les hautes herbes humides de rosée, il déchiffrait une inscription romane ou mesurait l'écartement d'une ogive, tandis que les broussailles de la ruine, joyeusement remuées par le vent au-dessus de sa tête, faisaient tomber sur lui une pluie de fleurs. Quelquefois c'était le soir ; au moment où le crépuscule ôtait leur forme aux collines et donnait au Rhin la blancheur sinistre de l'acier, il prenait, lui, le sentier de la montagne, coupé de temps en temps par quelque escalier de lave et d'ardoise, et il montait jusqu'au burg démantelé. Là, seul comme le matin, plus seul encore, car aucun chevrier n'oserait se hasarder dans des lieux pareils à ces heures que toutes les superstitions font redoutables, perdu dans l'obscurité, il se laissait aller à cette tristesse profonde qui vient au cœur quand on se trouve, à la tombée du soir, placé sur quelque sommet désert, entre les étoiles de Dieu qui s'allument splendidement au-dessus de notre tête et les pauvres étoiles de l'homme qui s'allument aussi, elles, derrière la vitre misérable des cabanes, dans l'ombre, sous nos pieds. Puis, l'heure passait, et quelquefois minuit avait sonné à tous les clochers de la vallée qu'il était encore là, debout dans quelque brèche du donjon, songeant, regardant, examinant l'attitude de la ruine; étudiant, témoin importun peut-être, ce que la nature fait dans la solitude et dans les ténèbres; écoutant, au milieu du fourmillement des animaux nocturnes, tous ces bruits singuliers dont la légende a fait des voix; contemplant, dans l'angle des salles et dans la profondeur des corridors, toutes ces formes vaguement dessinées par la lune et par la nuit, dont la légende a fait des spectres.

Comme on le voit, ses jours et ses nuits étaient pleins de la même idée, et il tâchait de dérober à ces ruines tout ce qu'elles peuvent apprendre à un penseur.

On comprendra aisément qu'au milieu de ces contemplations et de ces rêveries les burgraves lui soient revenus à l'esprit. Nous le répétons, ce que nous avons dit en commençant de la Thessalie, on peut le dire du Rhin : il a eu jadis des géants, il a aujourd'hui des fantômes. Ces fantômes apparurent à l'auteur. Des châteaux qui sont sur ces collines, sa méditation passa aux châtelains qui sont dans la chronique, dans la légende et dans l'histoire. Il avait sous les yeux les édifices, il essaya de se figurer les hommes ; du coquillage on peut conclure le mollusque, de la maison on peut conclure l'habitant. Et quelles maisons que les burgs du Rhin ! et quels habitants que les burgraves ! Ces grands chevaliers avaient trois armures : la première était faite de courage, c'était leur cœur ; la deuxième d'acier, c'était leur vêtement ; la troisième de granit, c'était leur forteresse.

Un jour, comme l'auteur venait de visiter les citadelles écroulées qui hérissent le Wisperthal, il se dit que le moment était venu. Il se dit, sans se dissimuler le peu qu'il est et le peu qu'il vaut, que de ce voyage il fallait tirer une œuvre, que de cette poésie il fallait extraire un poëme. L'idée qui se présenta à lui n'était pas sans quelque grandeur, il le croit. La voici :

Reconstruire par la pensée, dans toute son ampleur et dans toute sa puissance, un de ces châteaux où les burgraves, égaux aux princes, vivaient d'une vie presque royale. *Aux douzième et treizième siècles*, dit Kohlrausch, *le titre de burgrave prend rang immédiatement au-dessous du titre de roi* (1). Montrer dans le burg les trois choses qu'il contenait : une forteresse, un palais, une caverne ; dans ce burg, ainsi ouvert dans toute sa réalité à l'œil étonné du spectateur, installer et faire vivre ensemble et de front quatre générations, l'aïeul, le père, le fils, le petit-fils ; faire de toute cette famille comme le symbole palpitant et complet de l'expiation ; mettre sur la tête de l'aïeul le crime de Caïn, dans le cœur du père les instincts de Nemrod, dans l'âme du fils les vices de Sardanapale ; et laisser en-

---

(1) Tome Ier, 4e époque, maison de Souabe.

trevoir que le petit-fils pourra bien un jour commettre le crime tout à la fois par passion comme son bisaïeul, par férocité comme son aïeul, et par corruption comme son père; montrer l'aïeul soumis à Dieu, et le père soumis à l'aïeul; relever le premier par le repentir et le second par la piété filiale, de sorte que l'aïeul puisse être auguste et que le père puisse être grand, tandis que les deux générations qui les suivent, amoindries par leurs vices croissants, vont s'enfonçant de plus en plus dans les ténèbres. Poser de cette façon devant tous, et rendre visible à la foule cette grande échelle morale de la dégradation des races qui devrait être l'exemple vivant éternellement dressé aux yeux de tous les hommes, et qui n'a été jusqu'ici entrevue, hélas! que par les songeurs et les poëtes; donner une figure à cette leçon des sages; faire de cette abstraction philosophique une réalité dramatique, palpable, saisissante, utile.

Voilà la première partie et, pour ainsi parler, la première face de l'idée qui lui vint. Du reste, qu'on ne lui suppose pas la présomption d'exposer ici ce qu'il croit avoir fait; il se borne à expliquer ce qu'il a voulu faire. Cela dit une fois pour toutes, continuons.

Dans une famille pareille, ainsi développée à tous les regards et à tous les esprits, pour que l'enseignement soit entier, deux grandes et mystérieuses puissances doivent intervenir, la fatalité et la Providence : la fatalité qui veut punir, la Providence qui veut pardonner. Quand l'idée qu'on vient de dérouler apparut à l'auteur, il songea sur-le-champ que cette double intervention était nécessaire à la moralité de l'œuvre. Il se dit qu'il fallait que dans ce palais lugubre, inexpugnable, joyeux et tout-puissant, peuplé d'hommes de guerre et d'hommes de plaisir, regorgeant

30.

de princes et de soldats, on vît errer, entre les orgies des jeunes gens et les sombres rêveries des vieillards, la grande figure de la servitude; qu'il fallait que cette figure fût une femme, car la femme seule, flétrie dans sa chair comme dans son âme, peut représenter l'esclavage complet; et qu'enfin il fallait que cette femme, que cette esclave, vieille, livide, enchaînée, sauvage comme la nature qu'elle contemple sans cesse, farouche comme la vengeance qu'elle médite nuit et jour, ayant dans le cœur la passion des ténèbres, c'est-à-dire la haine, et dans l'esprit la science des ténèbres, c'est-à-dire la magie, personnifiât la fatalité. Il se dit d'un autre côté que, s'il était nécessaire qu'on vît la servitude se traîner sous les pieds des burgraves, il était nécessaire aussi qu'on vît la souveraineté éclater au-dessus d'eux; il se dit qu'il fallait qu'au milieu de ces princes bandits un empereur apparût; que dans une œuvre de ce genre, si le poëte avait le droit, pour peindre l'époque, d'emprunter à l'histoire ce qu'elle enseigne, il avait également le droit d'employer, pour faire mouvoir ses personnages, ce que la légende autorise; qu'il serait beau peut-être de réveiller pour un moment et de faire sortir des profondeurs mystérieuses où il est enseveli le glorieux messie militaire que l'Allemagne attend encore, le dormeur impérial de Kaiserslautern, et de jeter, terrible et foudroyant, au milieu des géants du Rhin, le Jupiter du douzième siècle, Frédéric Barberousse. Enfin il se dit qu'il y aurait peut-être quelque grandeur, tandis qu'une esclave représenterait la fatalité, à ce qu'un empereur personnifiât la Providence. Ces idées germèrent dans son esprit, et il pensa qu'en disposant de la sorte les figures par lesquelles se traduirait sa pensée, il pourrait, au dénoûment, grande et morale conclusion, à son sens du moins, faire briser la fatalité par la Providence, l'esclave par l'empereur, la haine par le pardon.

Comme dans toute œuvre, si sombre qu'elle soit, il faut un rayon de lumière, c'est-à-dire un rayon d'amour, il pensa encore que ce n'était point assez de crayonner le contraste des pères et des enfants, la lutte des burgraves et de l'empereur, la rencontre de la fatalité et de la Providence; qu'il fallait peindre aussi et surtout deux cœurs qui s'aiment; et qu'un couple chaste et dévoué, pur et touchant, placé au centre de l'œuvre, et rayonnant à travers le drame entier, devrait être l'âme de toute cette action.

Car c'est là, à notre avis, une condition suprême. Quel que soit le drame, qu'il contienne une légende, une histoire ou un poëme, c'est bien; mais qu'il contienne avant tout la nature et l'humanité. Faites, si vous le voulez, c'est le droit souverain du poëte, marcher dans vos drames des statues, faites-y ramper des tigres; mais entre ces statues et ces tigres, mettez des hommes. Ayez la terreur, mais ayez la pitié. Sous ces griffes d'acier, sous ces pieds de pierre, faites broyer le cœur humain.

Ainsi l'histoire, la légende, le conte, la réalité, la nature, la famille, l'amour, des mœurs naïves, des physionomies sauvages, les princes, les soldats, les aventuriers, les rois, des patriarches comme dans la Bible, des chasseurs d'hommes comme dans Homère, des titans comme dans Eschyle, tout s'offrait à la fois à l'imagination éblouie de l'auteur dans ce vaste tableau à peindre, et il se sentait irrésistiblement entraîné vers l'œuvre qu'il rêvait, troublé seulement d'être si peu de chose, et regrettant que ce grand sujet ne rencontrât pas un grand poëte. Car là il y avait, certes, l'occasion d'une création majestueuse; on pouvait, dans un sujet pareil, mêler à la peinture d'une famille féodale la peinture d'une société héroïque, toucher à la fois des deux mains au sublime et au pathétique, commencer par l'épopée et finir par le drame.

Après avoir, comme il vient de l'indiquer et sans se dissimuler d'ailleurs son infériorité, ébauché ce poëme dans sa pensée, l'auteur se demanda quelle forme il lui donnerait. Selon lui, le poëme doit avoir la forme même du sujet. La règle : *Neve minor, neu sit quinto*, etc., n'a qu'une valeur secondaire à ses yeux. Les Grecs ne s'en doutaient pas, et les plus imposants chefs-d'œuvre de la tragédie proprement dite sont nés en dehors de cette prétendue loi. La loi véritable, la voici : tout ouvrage de l'esprit doit naître avec la coupe particulière et les divisions spéciales que lui donne logiquement l'idée qu'il renferme. Ici, ce que l'auteur voulait placer et peindre, au point culminant de son œuvre, entre Barberousse et Guanhumara, entre la Providence et la fatalité, c'était l'âme du vieux burgrave centenaire Job le Maudit, cette âme qui, arrivée au bord de la tombe, ne mêle plus à sa mélancolie incurable qu'un triple sentiment : la maison, l'Allemagne, la famille. Ces trois sentiments donnaient à l'ouvrage sa division naturelle. L'auteur résolut donc de composer son drame en trois parties. Et, en effet, si l'on veut bien remplacer un moment en esprit les titres actuels de ces trois actes, lesquels n'en expriment que le fait extérieur, par des titres plus métaphysiques qui en révéleraient la pensée intérieure, on verra que chacune de ces trois parties correspond à l'un des trois sentiments fondamentaux du vieux chevalier allemand : maison, Allemagne, famille. La première partie pourrait être intitulée l'*Hospitalité;* la deuxième, la *Patrie;* la troisième, la *Paternité.*

La division et la forme du drame une fois arrêtées, l'auteur résolut d'écrire sur le frontispice de l'œuvre, quand elle serait terminée, le mot *trilogie.* Ici, comme ailleurs, trilogie signifie seulement et essentiellement poëme en trois chants, ou drame en trois actes. Seulement, en l'employant, l'auteur voulait réveiller un grand souvenir, glorifier autant qu'il en était en lui, par ce tacite hommage, le vieux poëte de l'*Orestie* qui, méconnu de ses contemporains, disait avec une tristesse fière : *Je consacre mes œuvres au temps;* et aussi peut-être indiquer au public, par ce rapprochement bien redoutable d'ailleurs, que ce que le grand Eschyle avait fait pour les titans, il osait, lui, poëte malheureusement trop au-dessous de cette magnifique tâche, essayer de le faire pour les burgraves.

Du reste, le public et la presse, cette voix du public, lui ont généreusement tenu compte, non du talent, mais de l'intention. Chaque jour cette foule sympathique et intelligente qui accourt si volontiers au glorieux théâtre de Corneille et de Molière vient chercher dans cet ouvrage, non ce que l'auteur y a mis, mais ce qu'il a du moins tenté d'y mettre. Il est fier de l'attention persistante et sérieuse dont le public veut bien entourer ses travaux, si insuffisants qu'ils soient, et, sans répéter ici ce qu'il a déjà dit ailleurs, il sent que cette attention est pour lui pleine de responsabilité. Faire constamment effort vers le grand, donner aux esprits le vrai, aux âmes le beau, aux cœurs l'amour; ne jamais offrir aux multitudes un spectacle qui ne soit une idée : voilà ce que le poëte doit au peuple. La comédie même, quand elle se mêle au drame, doit contenir une leçon, et avoir sa philosophie. De nos jours, le peuple est grand; pour être compris de lui, le poëte doit être sincère. Rien n'est plus voisin du grand que l'honnête.

Le théâtre doit faire de la pensée le pain de la foule.

Un mot encore, et il a fini. Les *Burgraves* ne sont point, comme l'ont cru quelques esprits, excellents d'ailleurs, un ouvrage de pure fantaisie, le produit d'un élan capricieux de l'imagination. Loin de là : si une œuvre aussi incomplète valait la peine d'être discutée à ce point, on surprendrait peut-être beaucoup de personnes en leur disant que, dans la pensée de l'auteur, il y a eu tout autre chose qu'un caprice de l'imagination dans le choix de ce sujet et, qu'il lui soit permis d'ajouter, dans le choix de tous les sujets qu'il a traités jusqu'à ce jour. En effet, il y a aujourd'hui une nationalité européenne, comme il y avait du temps d'Eschyle, de Sophocle et d'Euripide, une nationalité grecque. Le groupe entier de la civilisation, quel qu'il fût et quel qu'il soit, a toujours été la grande patrie du poëte. Pour Eschyle, c'était la Grèce; pour Virgile, c'était le monde romain; pour nous, c'est l'Europe. Partout où est la lumière, l'intelligence se sent chez elle et est chez elle. Ainsi, toute proportion gardée, et en supposant qu'il soit permis de comparer ce qui est petit à ce qui est grand, si Eschyle, en racontant la chute des titans, faisait jadis pour la Grèce une œuvre nationale, le poëte qui raconte la lutte des burgraves fait aujourd'hui pour l'Europe une œuvre également nationale, dans le même sens et avec la même signification. Quelles que soient les antipathies momentanées et les jalousies de frontières, toutes les nations policées appartiennent au même centre et sont indissolublement liées entre elles par une secrète et profonde unité.

La civilisation nous fait à tous les mêmes entrailles, le même esprit, le même but, le même avenir. D'ailleurs, la France, qui prête à la civilisation même sa langue universelle et son initiative souveraine; la France, lors même que nous nous unissons à l'Europe dans une sorte de grande nationalité, n'en est pas moins notre première patrie, comme Athènes était la première patrie d'Eschyle et de Sophocle. Ils étaient Athéniens comme nous sommes Français, et nous sommes Européens comme ils étaient Grecs.

Ceci vaut la peine d'être développé. L'auteur le fera peut-être quelque jour. Quand il l'aura fait, on saisira mieux l'ensemble des ouvrages qu'il a produits jusqu'ici; on en pénétrera la pensée; on en comprendra la cohésion. Ce faisceau a un lien. En attendant, il le dit et il est heureux de le redire, oui, la civilisation tout entière est la patrie du poëte. Cette patrie n'a d'autre frontière que la ligne sombre et fatale où commence la barbarie. Un jour, espérons-le, le globe entier sera civilisé, tous les points de la demeure humaine seront éclairés, et alors sera accompli le magnifique rêve de l'intelligence : avoir pour patrie le monde et pour nation l'humanité.

25 mars 1843.

PERSONNAGES.

JOB, burgrave de Heppenheff.
MAGNUS, fils de Job, burgrave de Wardeck.
HATTO, fils de Magnus, marquis de Vérone, burgrave de Nollig.
GORLOIS, fils de Hatto (bâtard), burgrave de Sareck.
FREDERIC DE HOHENSTAUFEN.
OTBERT.
LE DUC GERHARD de Thuringe.
GILISSA, margrave de Lusace.
PLATON, margrave de Moravie.
LUPUS, comte de Mons.
CADWALLA, burgrave d'Okenfels.
DARIUS, burgrave de Lahneck.
LA COMTESSE REGINA.
GUANHUMARA.
EDWIGE.
KARL,
HERMANN, } étudiants.
CYNULFUS.
HAQUIN,
GONDICARIUS, } marchands } esclaves.
TEUDON, et
KUNZ, bourgeois.
SWAN,
PEREZ.
JOSSIUS, soldat.
LE CAPITAINE DU BURG.
UN SOLDAT.

Heppenheff. — 120..

PREMIÈRE PARTIE

L'AIEUL

L'ancienne galerie des portraits seigneuriaux du burg de Heppenheff. Cette galerie, qui était circulaire, se développait autour du grand donjon, et communiquait avec le reste du château par quatre grandes portes situées aux quatre points cardinaux. Au lever du rideau, on aperçoit une partie de cette galerie, qui fait retour et qu'on voit se perdre derrière le mur arrondi du donjon. A gauche, une des quatre grandes portes de communication. A droite, une haute et large porte communiquant avec l'intérieur du donjon, exhaussée sur un degré de trois marches et accostée d'une porte bâtarde. Au fond, un promenoir roman à pleins cintres, à piliers bas, à chapiteaux bizarres, portant un deuxième étage (praticable), et communiquant avec la galerie par un grand degré de six marches. A travers les larges arcades de ce promenoir, on aperçoit le ciel et le reste du château, dont la plus haute tour est surmontée d'un immense drapeau noir qui flotte au vent. A gauche, près de la grande porte à deux battants, une petite fenêtre fermée d'un vitrail haut en couleur. Près de la fenêtre, un fauteuil. Toute la galerie a l'aspect délabré et inhabité. Les murailles et les voûtes de pierre, sur lesquelles on distingue quelques vestiges de fresques effacées, sont verdies et moisies par le suintement des pluies. Les portraits suspendus dans les panneaux de la galerie sont tous retournés la face contre le mur.

Au moment où le rideau se lève, le soir vient. La partie du château qu'on aperçoit par les archivoltes du promenoir au fond du théâtre semble éclairée et illuminée à l'intérieur, quoiqu'il fasse encore grand jour. On entend venir de ce côté du burg un bruit de trompettes et de clairons, et par moments des chansons chantées à pleines voix au cliquetis des verres Plus près on entend un froissement de ferrailles, comme si une troupe d'hommes enchaînés allait et venait dans la portion du promenoir qu'on ne voit pas.

Une femme, seule, vieille, à demi cachée par un long voile noir, vêtue d'un sac de toile grise en lambeaux, enchaînée d'une chaîne qui se rattache par un double anneau à sa ceinture et à son pied nu, un collier de fer autour du cou, s'appuie contre la grande porte, et semble écouter les fanfares et les chants de la salle voisine.

SCÈNE PREMIÈRE.

GUANHUMARA, seule. Elle écoute.

CHANT DU DEHORS.

Dans les guerres civiles
Nous avons tous les droits.
— Nargue à toutes les villes
Et nargue à tous les rois !

Le burgrave prospère ;
Tout est dans la terreur.
— Barons, nargue au saint-père,
Et nargue à l'empereur !

Régnons, nous sommes braves,
Par le fer, par le feu.
— Nargue à Satan, burgraves !
Burgraves, nargue à Dieu !

Trompettes et clairons.

GUANHUMARA.

Les princes sont joyeux. Le festin dure encore.

Elle regarde de l'autre côté du théâtre.

Les captifs sous le fouet travaillent dès l'aurore.

Elle écoute.

Là, le bruit de l'orgie ; ici, le bruit des fers.

Elle fixe son regard sur la porte du donjon à droite.

Là, le père et l'aïeul, pensifs, chargés d'hivers,
De tout ce qu'ils ont fait cherchant la sombre trace,
Méditant sur leur vie ainsi que sur leur race,
Contemplent, seuls, et loin des rires triomphants,
Leurs forfaits, moins hideux encor que leurs enfants.
Dans leurs prospérités, jusqu'à ce jour entières,
Ces burgraves sont grands. Les marquis des frontières,
Les comtes souverains, les ducs fils des rois goths,
Se courbent devant eux jusqu'à leur être égaux ;
Le burg, plein de clairons, de chansons, de huées,
Se dresse inaccessible au milieu des nuées ;
Mille soldats partout, bandits aux yeux ardents,
Veillent l'arc et la lance au poing, l'épée aux dents.
Tout protége et défend cet antre inabordable.
Seule, en un coin désert du château formidable,
Femme et vieille, inconnue, et pliant le genou,
Triste, la chaîne au pied, et le carcan au cou,
En haillons et voilée, une esclave se traîne... —
Mais, ô princes, tremblez ! cette esclave est la haine !

Elle se retire au fond du théâtre et monte les degrés du promenoir. Entre par la galerie à droite une troupe d'esclaves enchaînés, quelques-uns ferrés deux à deux, et portant à la main des instruments de travail, pioches, pics, marteaux, etc. Guanhumara, appuyée à l'un des piliers du promenoir, les regarde d'un air pensif. Aux vêtements souillés et déchirés des prisonniers, on distingue encore leurs anciennes professions.

SCÈNE II.

LES ESCLAVES.

KUNZ, TEUDON, HAQUIN, GONDICARIUS, bourgeois et marchands, barbes grises; JOSSIUS, vieux soldat; HERMANN, CYNULFUS, KARL, étudiants de l'université de Bologne et de l'école de Mayence; SWAN (ou Suénon), marchand de Lubeck. Les prisonniers s'avancent lentement par groupes séparés, les étudiants avec les étudiants, bourgeois et marchands ensemble, le soldat seul. Les vieux semblent accablés de fatigue et de douleur. Pendant toute cette scène et les deux qui suivent, on continue d'entendre par moments les fanfares et les chants de la salle voisine.

TEUDON, *jetant l'outil qu'il tient et s'asseyant sur le degré de pierre en avant de la double porte du donjon.*
C'est l'heure du repos! — Enfin! — Oh! je suis las.
        KUNZ, *agitant sa chaîne.*
Quoi! j'étais libre et riche, et maintenant!
        GONDICARIUS, *adossé à un pilier.*
                                    Hélas!
CYNULFUS, *suivant de l'œil Guanhumara, qui traverse à pas lents le promenoir.*
Je voudrais bien savoir qui cette femme épie.
        SWAN, *bas à Cynulfus.*
L'autre mois, par les gens du burg, engeance impie,
Elle fut prise avec des marchands de Saint-Gall.
Je ne sais rien de plus.
        CYNULFUS
                Oh! cela m'est égal;
Mais tandis qu'on nous lie, on la laisse libre, elle!

SWAN.

Elle a guéri Hatto d'une fièvre mortelle,
L'aîné des petits-fils.

HAQUIN.

Le burgrave Rollon,
L'autre jour fut mordu d'un serpent au talon;
Elle l'a guéri.

CYNULFUS.

Vrai?

HAQUIN.

Je crois, sur ma parole,
Que c'est une sorcière!

HERMANN.

Ah bah! c'est une folle.

SWAN.

Elle a mille secrets. Elle a guéri, ma foi,
Non-seulement Rollon et Hatto, mais Eloi,
Knüd, Azzo, ces lépreux que fuyait tout le monde.

TEUDON.

Cette femme travaille à quelque œuvre profonde.
Elle a, soyez-en sûrs, de noirs projets noués
Avec ces trois lépreux qui lui sont dévoués.
Partout, dans tous les coins, ensemble on les retrouve.
Ce sont comme trois chiens qui suivent cette louve.

HAQUIN.

Hier, au cimetière, au logis des lépreux,
Ils étaient tous les quatre, et travaillaient entre eux.
Eux, faisaient un cercueil et clouaient sur des planches;
Elle, agitait un vase en relevant ses manches,
Chantait bas, comme on chante aux enfants qu'on endort,
Et composait un philtre avec des os de mort.

SWAN.

Cette nuit, ils erraient. La nuit bien étoilée,
Ces trois lépreux masqués, cette femme voilée,

Kunz, c'était effrayant. Moi, je ne dormais pas,
Et je voyais cela.

KUNZ.

Je crois, dans tous les cas,
Qu'ici dans les caveaux ils ont quelque cachette.
L'autre jour, les lépreux et la vieille sachette
Passaient sous un grand mur d'un air morne et bourru.
Je détournai les yeux, ils avaient disparu.
Ils s'étaient enfoncés dans le mur !

HAQUIN.

Ces trois hommes,
Lépreux, ensorcelés, avec lesquels nous sommes.
M'importunent.

KUNZ.

C'était près du Caveau Perdu.
Vous savez?

HERMANN.

Ces lépreux servent, et c'est bien dû,
Celle qui les guérit. Rien de plus simple, en somme.

SWAN.

Mais, au lieu des lépreux, de Hatto, méchant homme;
Kunz, celle qu'il faudrait guérir dans ce château,
C'est cette douce enfant, fiancée à Hatto,
La nièce du vieux Job.

KUNZ.

Régina ! Dieu l'assiste !
Celle-là, c'est un ange.

HERMANN.

Elle se meurt.

KUNZ.

C'est triste.
Oui, l'horreur pour Hatto, l'ennui, poids étouffant,
La tue. Elle s'en va chaque jour.

TEUDON.
Pauvre enfant!
Guanhumara reparaît au fond du théâtre, qu'elle traverse.
HAQUIN.
Voici la vieille encor. — Vraiment, elle m'effraie.
Tout en elle, son air, sa tristesse d'orfraie,
Son regard profond, clair et terrible parfois,
Sa science sans fond, à laquelle je crois,
Me fait peur.
GONDICARIUS.
Maudit soit ce burg!
TEUDON.
Paix! je te prie.
GONDICARIUS.
Mais jamais on ne vient dans cette galerie;
Nos maîtres sont en fête, et nous sommes loin d'eux;
On ne peut nous entendre.
TEUDON, *baissant la voix et indiquant la porte du donjon.*
Ils sont là tous les deux!
GONDICARIUS.
Qui?
TEUDON.
Les vieillards. Le père et le fils. Paix! vous dis-je;
Excepté, — je le tiens de la nourrice Edwige, —
Madame Régina, qui vient près d'eux prier;
Excepté cet Othert, ce jeune aventurier,
Arrivé l'an passé, bien qu'encor fort novice,
Au château d'Heppenheff pour y prendre service,
Et que l'aïeul, puni dans sa postérité,
Aime pour sa jeunesse et pour sa loyauté, —
Nul n'ouvre cette porte et personne ici n'entre.
Le vieil homme de proie est là seul dans son antre.
Naguère au monde entier il jetait ses défis,
Vingt comtes et vingt ducs, ses fils, ses petits-fils,

Cinq générations dont sa montagne est l'arche,
Entouraient comme un roi ce bandit patriarche.
Mais l'âge enfin le brise. Il se tient à l'écart.
Il est là, seul, assis sous un dais de brocart.
Son fils, le vieux Magnus, debout, lui tient sa lance.
Durant des mois entiers il garde le silence ;
Et la nuit on le voit entrer, pâle, accablé,
Dans un couloir secret dont seul il a la clé.
Où va-t-il ?

SWAN.
Ce vieillard a des peines étranges.

HAQUIN.
Ses fils pèsent sur lui comme les mauvais anges.

KUNZ.
Ce n'est pas vainement qu'il est maudit.

GONDICARIUS.
Tant mieux !

SWAN.
Il eut un dernier fils étant déjà fort vieux.
Il aimait cet enfant. Dieu fit ainsi le monde ;
Toujours la barbe grise aime la tête blonde.
A peine âgé d'un an, cet enfant fut volé...

KUNZ.
Par une égyptienne.

CYNULFUS.
Au bord d'un champ de blé.

HAQUIN.
Moi, je sais que ce burg, bâti sur une cime,
Après avoir, dit-on, vu jadis un grand crime,
Resta longtemps désert, et puis fut démoli
Par l'Ordre Teutonique ; enfin les ans, l'oubli,
L'effaçaient, quand un jour le maître, homme fantasque,
Ayant changé de nom comme on change de masque,
Y revint. Depuis lors il a sur ce manoir

Arboré pour jamais ce sombre drapeau noir.
SWAN, à *Kunz*.
As-tu remarqué, fils, au bas de la tour ronde,
Au-dessus du torrent qui dans le ravin gronde,
Une fenêtre étroite, à pic sur les fossés,
Où l'on voit trois barreaux tordus et défoncés?
KUNZ.
C'est le Caveau Perdu. J'en parlais tout à l'heure.
HAQUIN.
Un gite sombre. On dit qu'un fantôme y demeure.
HERMANN.
Bah !
GYNULFUS.
L'on dirait qu'au mur le sang jadis coula.
KUNZ.
Le certain, c'est que nul ne saurait entrer là.
Le secret de l'entrée est perdu. La fenêtre
Est tout ce qu'on en voit. Nul vivant n'y pénètre.
SWAN.
Eh bien ! le soir, je vais à l'angle du rocher,
Et là, toutes les nuits, j'entends quelqu'un marcher !
KUNZ, *avec une sorte d'effroi.*
Etes-vous sûr?
SWAN.
Très-sûr.
TEUDON.
Kunz, brisons là. Nous taire
Serait prudent.
HAQUIN.
Ce burg est plein d'un noir mystère.
J'écoute tout ici, car tout me fait rêver.
TEUDON.
Parlons d'autre chose, hein? ce qui doit arriver,
Dieu seul le voit.

Il se tourne vers un groupe qui n'a pas encore pris part à ce qui se passe sur le devant de la scène, et qui paraît fort attentif dans un coin du théâtre à ce que dit un jeune étudiant.

Tiens, Karl, finis-nous ton histoire.

Karl vient sur le devant du théâtre; tous se rapprochent, et les deux groupes d'esclaves, jeunes gens et vieillards, se confondent dans une commune attention.

KARL.

Oui. Mais n'oubliez point que le fait est notoire,
Que c'est le mois dernier que l'aventure eut lieu,
Et qu'il s'est écoulé...

Il semble chercher un instant dans sa mémoire.

près de vingt ans, pardieu!
Depuis que Barberousse est mort à la croisade.

HERMANN.

Soit. Ton Max était donc dans un lieu fort maussade!...

KARL.

Un lieu lugubre, Hermann. Un endroit redouté.
Un essaim de corbeaux, sinistre, épouvanté,
Tourne éternellement autour de la montagne.
Le soir, leurs cris affreux, lorsque l'ombre les gagne,
Font fuir jusqu'à Lautern le chasseur hasardeux.
Des gouttes d'eau, du front de ce rocher hideux,
Tombaient, comme les pleurs d'un visage terrible.
Une caverne sombre et d'une forme horrible
S'ouvrait dans le ravin. Le comte Max Edmond
Ne craignit pas d'entrer dans la nuit du vieux mont.
Il s'aventura donc sous ces grottes funèbres.
Il marchait. Un jour blême éclairait les ténèbres.
Soudain, sous une voûte au fond du souterrain,
Il vit dans l'ombre, assis sur un fauteuil d'airain,
Les pieds enveloppés dans les plis de sa robe,
Ayant le sceptre à droite, à gauche ayant le globe,
Un vieillard effrayant, immobile, incliné,

Ceint du glaive, vêtu de pourpre, et couronné.
Sur une table faite avec un bloc de lave,
Cet homme s'accoudait. Bien que Max soit très-brave
Et qu'il ait guerroyé sous Jean le Bataillard,
Il se sentit pâlir devant ce grand vieillard
Presque enfoui sous l'herbe, et le lierre, et la mousse,
Car c'était l'empereur Frédéric Barberousse !
Il dormait, — d'un sommeil farouche et surprenant.
Sa barbe, d'or jadis, de neige maintenant,
Faisait trois fois le tour de la table de pierre ;
Ses longs cils blancs fermaient sa pesante paupière ;
Un cœur percé saignait sur son écu vermeil.
Par moments, inquiet, à travers son sommeil,
Il portait vaguement la main à son épée.
De quel rêve cette âme était-elle occupée ?
Dieu le sait.

HERMANN.

Est-ce tout ?

KARL.

Non, écoutez encor.
Aux pas du comte Max dans le noir corridor,
L'homme s'est réveillé ; sa tête morne et chauve
S'est dressée, et, fixant sur Max un regard fauve,
Il a dit, en rouvrant ses yeux lourds et voilés :
— Chevalier, les corbeaux se sont-ils envolés ?
Le comte Max Edmond a répondu : — Non, sire.
A ce mot, le vieillard a laissé sans rien dire
Retomber son front pâle, et Max, plein de terreur,
A vu se rendormir le fantôme empereur !

Pendant que Karl a parlé, tous les prisonniers sont venus se grouper autour de lui, et l'ont écouté avec une curiosité toujours croissante. Jossius s'est approché des premiers dès qu'il a entendu prononcer le nom de Barberousse.

HERMANN, *éclatant de rire.*

Le conte est beau !

HAQUIN, *à Karl.*

S'il faut croire la renommée,
Frédéric s'est noyé devant toute l'armée
Dans le Cydnus.

JOSSIUS.

Il s'est perdu dans le courant.
J'étais là. J'ai tout vu. Ce fut terrible et grand.
Jamais ce souvenir dans mon cœur ne s'émousse.
Othon de Wittelsbach haïssait Barberousse ;
Mais, quand il vit son prince à la merci des flots,
Et que les Turcs sur lui lançaient leurs javelots,
Othon de Wittelsbach, palatin de Bavière,
Poussa son cheval noir jusque dans la rivière,
Et, s'offrant seul aux coups pleuvant avec fureur,
Il cria : Commençons par sauver l'empereur !

HERMANN.

Ce fut en vain.

JOSSIUS.

En vain les meilleurs accoururent !
Soixante-trois soldats et deux comtes moururent
En voulant le sauver.

KARL.

Cela ne prouve pas
Que son spectre n'est point dans le val du Malpas.

SWAN.

Moi ! l'on m'a dit, — la fable est un champ sans limite ! —
Qu'échappé par miracle il s'était fait ermite,
Et qu'il vivait encor.

GONDICARIUS.

Plût au ciel ! et qu'il vînt
Délivrer l'Allemagne avant douze cent vingt ;
Fatale année, où doit, dit-on, crouler l'Empire !

SWAN.
Déjà de toutes parts notre grandeur expire.
HAQUIN.
Si Frédéric était vivant, — oui, j'y songeais, —
Pour nous tirer d'ici, nous, ses loyaux sujets,
Il recommencerait la guerre des burgraves.
KUNZ.
Hé ! le monde entier souffre autant que nous, esclaves.
L'Allemagne est sans chef, et l'Europe est sans frein.
HAQUIN.
Le pain manque.
GONDICARIUS.
Partout on voit aux bords du Rhin
Le noir fourmillement des brigands qui renaissent.
KUNZ.
Les électeurs entre eux de brigues se repaissent.
HERMANN.
Cologne est pour Souabe.
SWAN.
Erfurth est pour Brunswick.
GONDICARIUS.
Mayence élit Berthold.
KUNZ.
Trèves veut Frédéric.
GONDICARIUS.
En attendant tout meurt.
HAQUIN.
Les villes sont fermées.
SWAN.
On ne peut voyager que par bandes armées.
KARL.
Par les petits tyrans les peuples sont froissés.
TEUDON.
Quatre empereurs ! — c'est trop. Et ce n'est pas assez.

En fait de rois, vois-tu, Karl, un vaut plus que quatre.
KUNZ.
Il faudrait un bras fort pour lutter, pour combattre.
Mais, hélas! Barberousse est mort, — bien mort, Suénon!
SWAN, *à Jossius*.
A-t-on dans le Cydnus retrouvé son corps?
JOSSIUS.

Non.

Les flots l'ont emporté.
TEUDON.

Swan, as-tu connaissance
De la prédiction qu'on fit à sa naissance?
— « Cet enfant, dont le monde un jour suivra les lois,
« Deux fois sera cru mort et revivra deux fois. » —
Or, la prédiction, qu'on raille ou qu'on oublie,
Une première fois semble s'être accomplie.
HERMANN.
Barberousse est l'objet de cent contes.
TEUDON.

Je dis
Ce que je sais. J'ai vu, vers l'an quatre-vingt-dix,
A Prague, à l'hôpital, dans une casemate,
Un certain Sfrondati, gentilhomme dalmate,
Fort vieux, et qu'on disait privé de sa raison.
Cet homme racontait tout haut dans sa prison,
Qu'étant jeune, à cet âge où tout hasard nous pousse,
Chez le duc Frédéric, père de Barberousse,
Il était écuyer. Le duc fut consterné
De la prédiction faite à son nouveau-né.
De plus, l'enfant croissait pour une double guerre;
Gibelin par son père et guelfe par sa mère,
Les deux partis pouvaient le réclamer un jour.
Le père l'éleva d'abord dans une tour,
Loin de tous les regards, et le tint invisible;

Comme pour le cacher au sort le plus possible.
Il chercha même encore un autre abri plus tard.
D'une fille très-noble il avait un bâtard
Qui, né dans la montagne, ignorait que son père
Etait duc de Souabe et comte chef de guerre,
Et ne le connaissait que sous le nom d'Othon.
Le bon duc se cachait de ce fils-là, dit-on,
De peur que le bâtard ne voulût être prince,
Et d'un coin de duché se faire une province.
Le bâtard par sa mère avait, fort près du Rhin,
Un burg dont il était burgrave et suzerain,
Un château de bandit, un nid d'aigle, un repaire.
L'asile parut bon et sûr au pauvre père.
Il vint voir le burgrave, et, l'ayant embrassé,
Lui confia l'enfant sous un nom supposé,
Lui disant seulement : Mon fils, voici ton frère !
Puis il partit. — Au sort nul ne peut se soustraire.
Certes, le duc croyait son fils et son secret
Bien gardés, car l'enfant lui-même s'ignorait. —
Le jeune Barberousse, ainsi chez le burgrave,
Atteignit ses vingt ans. Or, — ceci devient grave. —
Un jour, dans un hallier, au pied d'un roc, au bord
D'un torrent qui baignait les murs du château fort,
Des pâtres qui passaient trouvèrent à l'aurore
Deux corps sanglants et nus qui palpitaient encore,
Deux hommes poignardés dans le château sans bruit,
Puis jetés à l'abîme, au torrent, à la nuit,
Et qui n'étaient pas morts. Un miracle ! vous dis-je.
Ces deux hommes, que Dieu sauvait par un prodige,
C'était le Barberousse avec son compagnon,
Ce même Sfrondati, qui seul savait son nom.
On les guérit tous deux. Puis, dans un grand mystère,
Sfrondati ramena le jeune homme à son père,
Qui pour paîment fit mettre au cachot Sfrondati.

Le duc garda son fils, c'était le bon parti,
Et n'eut plus qu'une idée, étouffer cette affaire.
Jamais il ne revit son bâtard. Quand ce père
Sentit sa mort prochaine, il appela son fils,
Et lui fit à genoux baiser un crucifix.
Barberousse, incliné sur ce lit funéraire,
Jura de ne se point révéler à son frère,
Et de ne s'en venger, s'il était encor temps,
Que le jour où ce frère atteindrait ses cent ans.
— C'est-à-dire jamais; quoique Dieu soit le maître ! —
Si bien que le bâtard sera mort sans connaître
Que son père était duc et son frère empereur.
Sfrondati pâlissait d'épouvante et d'horreur
Quand on voulait sonder ce secret de famille.
Les deux frères aimaient tous deux la même fille;
L'aîné se crut trahi, tua l'autre, et vendit
La fille à je ne sais quel horrible bandit,
Qui, la liant au joug sans pitié, comme un homme,
L'attelait aux bateaux qui vont d'Ostie à Rome.
Quel destin ! — Sfrondati disait : C'est oublié !
Du reste, en son esprit tout s'était délié.
Rien ne surnageait plus dans la nuit de son âme;
Ni le nom du bâtard, ni le nom de la femme.
Il ne savait comment. Il ne pouvait dire où. —
J'ai vu cet homme à Prague enfermé comme fou.
Il est mort maintenant.

HERMANN.
Tu conclus ?

TEUDON.
Je raisonne.
Si tous ces faits sont vrais, la prophétie est bonne.
Car enfin, — cet espoir n'a rien de hasardeux, —
Accomplie une fois, elle peut l'être deux.
Barberousse, déjà cru mort dans sa jeunesse,

Pourrait renaître encor...
HERMANN, *riant*.

Bon! attends qu'il renaisse!
KUNZ, *à Teudon*.

On m'a jadis conté ce conte. En ce château
Frédéric Barberousse avait nom Donato.
Le bâtard s'appelait Fosco. Quant à la belle,
Elle était Corse, autant que je me le rappelle.
Les amants se cachaient dans un caveau discret.
Dont l'entrée inconnue, était leur doux secret;
C'est là qu'un soir Fosco, cœur jaloux, main hardie,
Les surprit, et finit l'idylle en tragédie.

GONDICARIUS.

Que Frédéric, du trône atteignant le sommet,
N'ait jamais recherché la femme qu'il aimait,
Cela me navrerait dans l'âme pour sa gloire,
Si je croyais un mot de toute votre histoire.

TEUDON.

Il l'a cherchée, ami. De son bras souverain
Trente ans il a fouillé les repaires du Rhin.
Le bâtard...

KUNZ.

Ce Fosco!

TEUDON, *continuant*.

Pour servir en Bretagne,
Avait laissé son burg et quitté la montagne.
Il n'y revint, dit-on, que fort longtemps après.
L'empereur investit les monts et les forêts,
Assiégea les châteaux, détruisit les burgraves,
Mais ne retrouva rien.

GONDICARIUS, *à Jossius*.

Vous étiez de ses braves :
Vous avez bataillé contre ces mécréants!

Vous souvient-il?

JOSSIUS.

C'étaient des guerres de géants!
Les burgraves entre eux se prêtaient tous main-forte.
Il fallait emporter chaque mur, chaque porte.
En haut, en bas, criblés de coups, baignés de sang,
Les barons combattaient, et laissaient, en poussant
Des rires éclatants sous leurs horribles masques,
L'huile et le plomb fondu ruisseler sur leurs casques.
Il fallait assiéger dehors, lutter dedans,
Percer avec l'épée et mordre avec les dents.
Oh! quels assauts! Souvent, dans l'ombre et la fumée,
Le château, pris enfin, s'écroulait sur l'armée!
C'est dans ces guerres-là que Barberousse un jour,
Masqué, mais couronné, seul, au pied d'une tour,
Lutta contre un bandit qui, forcé dans son bouge,
Lui brûla le bras droit d'un trèfle de fer rouge,
Si bien que l'empereur dit au comte d'Arau :
— Je le lui ferai rendre, ami, par le bourreau.

GONDICARIUS.

Cet homme fut-il pris?

JOSSIUS.

Non, il se fit passage.
Sa visière empêcha qu'on ne vît son visage,
Et l'empereur garda le trèfle sur son bras.

TEUDON, *à Swan.*

Je crois que Barberousse est vivant. — Tu verras.

JOSSIUS.

Je suis sûr qu'il est mort.

CYNULFUS.

Mais Max Edmond?...

HERMANN.

Chimère!

TEUDON.
La grotte du Malpas...

HERMANN.
Un conte de grand'mère!

KARL.
Sfrondati cependant jette un jour tout nouveau...

HERMANN.
Bah! songes d'un fiévreux qui voit dans son cerveau
Où flottent des lueurs toujours diminuées,
Les visions passer ainsi que des nuées!

Entre un soldat le fouet à la main.

LE SOLDAT.
Esclaves, au travail! Les convives ce soir
Vont venir visiter cette aile du manoir;
C'est monseigneur Hatto, le maître, qui les mène.
Qu'il ne vous trouve point ici traînant la chaîne.

Les prisonniers ramassent leurs outils, s'accouplent en silence et sortent la tête basse sous le fouet du soldat. Guanhumara reparaît sur la galerie haute et les suit des yeux Au moment où les prisonniers disparaissent, entrent par la grande porte Régina, Edwige et Otbert; Régina, vêtue de blanc; Edwige, la nourrice, vieille, vêtue de noir; Otbert, en habit de capitaine aventurier, avec le coutelas et la grande épée; Régina, toute jeune, pâle, accablée et se traînant à peine, comme une personne malade depuis longtemps et presque mourante. Elle se penche sur le bras d'Otbert, qui la soutient et fixe sur elle un regard plein d'angoisse et d'amour. Edwige la suit. Guanhumara, sans être vue d'aucun des trois, les observe et les écoute quelques instants, puis sort par le côté opposé à celui où elle est entrée.

SCÈNE III.

OTBERT, RÉGINA. — Par instants, EDWIGE.

OTBERT.

Appuyez-vous sur moi. — Là, marchez doucement.
— Venez sur ce fauteuil vous asseoir un moment.

Il la conduit à un grand fauteuil près de la fenêtre.

Comment vous trouvez-vous ?

RÉGINA.

Mal. J'ai froid. Je frissonne.
Ce banquet m'a fait mal.

A Edwige.

Vois s'il ne vient personne.

Edwige sort.

OTBERT.

Ne craignez rien. Ils vont boire jusqu'au matin.
Pourquoi donc êtes-vous allée à ce festin?

RÉGINA.

Hatto...

OTBERT.

Hatto !

RÉGINA, *l'apaisant.*

Plus bas. Il eût pu me contraindre,
Je lui suis fiancée.

OTBERT.

Il fallait donc vous plaindre
Au vieux seigneur. Hatto le craint.

RÉGINA.

Je vais mourir.

A quoi bon?

OTBERT.
Oh! pourquoi parler ainsi?

RÉGINA.

Souffrir,
Rêver, puis s'en aller. C'est le sort de la femme.

OTBERT, *lui montrant la fenêtre.*
Voyez ce beau soleil!

RÉGINA.

Oui, le couchant s'enflamme.
Nous sommes en automne et nous sommes au soir.
Partout la feuille tombe et le bois devient noir.

OTBERT.
Les feuilles renaîtront.

RÉGINA.
Oui. —

Rêvant et regardant le ciel.

Vite! — à tire-d'ailes, —
— Oh! c'est triste de voir s'enfuir les hirondelles!
Elles s'en vont là-bas vers le midi doré.

OTBERT.
Elles reviendront.

RÉGINA.
Oui. — Mais moi je ne verrai
Ni l'oiseau revenir, ni la feuille renaître!

OTBERT.
Régina!...

RÉGINA.
Mettez-moi plus près de la fenêtre.

Elle lui donne sa bourse.

Otbert, jetez ma bourse aux pauvres prisonniers.

Otbert jette la bourse par une des fenêtres du fond. Elle continue, l'œil fixé au dehors.

Oui, ce soleil est beau. Ses rayons, — les derniers! —

Sur le front du Taunus posent une couronne;
Le fleuve luit; le bois de splendeurs s'environne;
Les vitres du hameau, là-bas, sont tout en feu;
Que c'est beau! que c'est grand! que c'est charmant, mon [Dieu!
La nature est un flot de vie et de lumière!...
Oh! je n'ai pas de père et je n'ai pas de mère,
Nul ne peut me sauver, nul ne peut me guérir,
Je suis seule en ce monde et je me sens mourir.

OTBERT.

Vous, seule au monde! et moi! moi qui vous aime!

RÉGINA.

Rêve!
Non, vous ne m'aimez pas, Otbert! La nuit se lève!
— La nuit! — J'y vais tomber. Vous m'oublirez après.

OTBERT.

Mais pour vous je mourrais et je me damnerais!
Je ne vous aime pas! — Elle me désespère!
Depuis un an, du jour où dans ce noir repaire
Je vous vis, au milieu de ces bandits jaloux,
Je vous aimai. Mes yeux, madame, allaient à vous,
Dans ce morne château, plein de crimes sans nombre,
Comme au seul lis du gouffre, au seul astre de l'ombre!
Oui, j'osai vous aimer, vous, comtesse du Rhin!
Vous, promise à Hatto, le comte au cœur d'airain!
Je vous l'ai dit, je suis un pauvre capitaine;
Homme de ferme épée et de race incertaine.
Peut-être moins qu'un serf, peut-être autant qu'un roi.
Mais tout ce que je suis est à vous. Quittez-moi,
Je meurs. — Vous êtes deux dans ce château que j'aime.
Vous d'abord, avant tout, avant mon père même,
Si j'en avais un, — puis

Montrant la porte du donjon.

ce vieillard affaissé
Sous le poids inconnu d'un effrayant passé.

Doux et fort, triste aïeul d'une horrible famille,
Il met toute sa joie en vous, ô noble fille,
En vous, son dernier culte et son dernier flambeau,
Aube qui blanchissez le seuil de son tombeau !
Moi, soldat dont la tête au poids du sort se plie,
Je vous bénis tous deux, car près de vous j'oublie ;
Et mon âme, qu'étreint une fatale loi,
Près de lui se sent grande, et pure près de toi !
Vous voyez maintenant tout mon cœur. Oui, je pleure,
Et puis je suis jaloux, je souffre. Tout à l'heure,
Hatto vous regardait, — vous regardait toujours ! —
Et moi, moi, je sentais, à bouillonnements sourds,
De mon cœur à mon front qu'un feu sinistre éclaire,
Monter toute ma haine et toute ma colère ! —
Je me suis retenu, j'aurais dû tout briser ! —
— Je ne vous aime pas ! — Enfant, donne un baiser,
Je te donne mon sang. — Régina, dis au prêtre
Qu'il n'aime pas son Dieu, dis au Toscan sans maître
Qu'il n'aime point sa ville, au marin sur la mer
Qu'il n'aime point l'aurore après les nuits d'hiver ;
Va trouver sur son banc le forçat las de vivre,
Dis-lui qu'il n'aime point la main qui le délivre ;
Mais ne me dis jamais que je ne t'aime pas !
Car vous êtes pour moi, dans l'ombre où vont mes pas,
Dans l'entrave où mon pied se sent pris en arrière,
Plus que la délivrance et plus que la lumière !
Je suis à vous sans terme, à vous éperdument,
Et vous le savez bien. — Oh ! les femmes vraiment
Sont cruelles toujours, et rien ne leur plaît comme
De jouer avec l'âme et la douleur d'un homme ! —
Mais, pardon, vous souffrez, je vous parle de moi,
Mon Dieu ! quand je devrais, à genoux devant toi,
Ne point contrarier ta fièvre et ton délire,
Et te baiser les mains en te laissant tout dire !

RÉGINA.

Mon sort comme le vôtre, Otbert, d'ennui fut plein.
Que suis-je? une orpheline. Et vous? un orphelin.
Le ciel, nous unissant par nos douleurs communes,
Eût pu faire un bonheur de nos deux infortunes;
Mais...

OTBERT, *tombant à genoux devant elle.*

Mais je t'aimerai! mais je t'adorerai!
Mais je te servirai! si tu meurs, je mourrai!
Mais je tuerai Hatto s'il ose te déplaire!
Mais je remplacerai, moi, ton père et ta mère!
Oui, tous les deux! j'en prends l'engagement sans peur.
Ton père? j'ai mon bras; ta mère? j'ai mon cœur!

RÉGINA.

O doux ami, merci! Je vois toute votre âme.
Vouloir comme un géant, aimer comme une femme,
C'est bien vous, mon Otbert; vous tout entier. Eh bien!
Vous ne pouvez, hélas! rien pour moi.

OTBERT, *se levant.*

Si!

RÉGINA

Non, rien!
Ce n'est pas à Hatto qu'il faut qu'on me dispute.
Mon fiancé m'aura sans querelle et sans lutte;
Vous ne le vaincrez pas, vous si brave et si beau;
Car mon vrai fiancé, vois-tu, c'est le tombeau!
— Hélas! puisque je touche à cette nuit profonde,
Je fais de ce que j'ai de meilleur en ce monde
Deux parts, l'une au Seigneur, l'autre pour vous. Je veux,
Ami, que vous posiez la main sur mes cheveux,
Et je vous dis, au seuil de mon heure suprême :
Otbert, mon âme à Dieu, mon cœur à vous. — Je t'aime!

EDWIGE, *entrant.*

Quelqu'un.

RÉGINA, *à Edwige.*

Viens.

Elle fait quelques pas vers la porte bâtarde, appuyée sur Edwige et sur Otbert. Au moment d'entrer sous la porte, elle s'arrête et se retourne.

Oh! mourir à seize ans, c'est affreux!
Quand nous aurions pu vivre, ensemble, aimés, heureux!
Mon Otbert, je veux vivre! écoute ma prière!
Ne me laisse pas choir sous cette froide pierre!
La mort me fait horreur! Sauve-moi, mon amant!
Est-ce que tu pourrais me sauver, dis, vraiment?

OTBERT.

Tu vivras!

Régina sort avec Edwige. La porte se referme. Otbert semble la suivre des yeux et lui parler, quoiqu'elle ait disparu.

Toi, mourir si jeune! Belle et pure!
Non, dussé-je au démon me donner, je le jure,
Tu vivras.

Apercevant Guanhumara, qui est depuis quelques instants immobile au fond du théâtre.

Justement.

SCÈNE IV.

OTBERT, GUANHUMARA.

OTBERT, *marchant droit à Guanhumara.*

Guanhumara, ta main.
J'ai besoin de toi, viens.

GUANHUMARA.

Toi, passe ton chemin.

OTBERT.

Ecoute-moi.

GUANHUMARA.

Tu vas me demander encore
Ton pays? ta famille? — Eh bien! si je l'ignore! —
Si ton nom est Otbert? si ton nom est Yorghi?
Pourquoi dans mon exil ton enfance a langui?
Si c'est au pays corse, ou bien en Moldavie,
Qu'enfant je te trouvai, nu, seul, cherchant ta vie?
Pourquoi dans ce château je t'ai dit de venir?
Pourquoi moi-même à toi j'ose m'y réunir,
En te disant pourtant de ne pas me connaître?
Pourquoi, bien que Régine ait fléchi notre maître,
Je garde au cou ma chaîne, et d'où vient qu'en tout lieu,
En tout temps, comme on fait pour accomplir un vœu,

Montrant son pied.

J'ai porté cet anneau que tu me vois encore?
Enfin si je suis Corse, ou Slave, ou Juive, ou Maure?
Je ne veux pas répondre et je ne dirai rien.
Livre-moi, si tu veux. Mais non, je le sais bien,
Tu ne trahiras pas, quoique nourrice amère,
Celle qui t'a nourri, qui t'a servi de mère.
Et puis la mort n'a rien qui puisse me troubler.

Elle veut passer outre. Il la retient.

OTBERT.

Mais ce n'est pas de moi que je veux te parler.
Dis-moi, toi qui sais tout, Régina...

GUANHUMARA.

Sera morte
Avant un mois.

Elle veut s'éloigner. Il l'arrête encore.

OTBERT.

Peux-tu la sauver?

GUANHUMARA.

      Que m'importe !
  Rêvant et se parlant à elle-même.
Oui, quand j'étais dans l'Inde, au fond des bois j'errais,
J'allais, étudiant, dans la nuit des forêts,
Blême, effrayante à voir, horrible aux lions mêmes,
Les herbes, les poisons, et les philtres suprêmes
Qui font qu'un trépassé redevient tout d'abord
Vivant, et qu'un vivant prend la face d'un mort.

OTBERT.

Peux-tu la sauver, dis ?

GUANHUMARA.
    Oui.

OTBERT.
      Par pitié, par grâce,
Pour Dieu qui nous entend, par tes pieds que j'embrasse,
Sauve-la, guéris-la !

GUANHUMARA.
     Si tout à l'heure ici,
Quand tes yeux contemplaient Régina, ton souci,
Hatto soudain était entré comme un orage,
Si devant toi, féroce et riant avec rage,
Il l'avait poignardée, elle, et jeté son corps
Au torrent qui rugit comme un tigre dehors ;
Puis, si, te saisissant de sa main assassine,
Il t'avait exposé dans la ville voisine,
L'anneau d'esclave au pied, nu, mourant, attaché
Comme une chose à vendre, au poteau du marché ;
S'il t'avait en effet, toi soldat, toi né libre,
Vendu, pour qu'on t'attelle aux barques sur le Tibre !
Suppose maintenant qu'après ce jour hideux
La mort près de cent ans vous oubliât tous deux ;
Après avoir erré de rivage en rivage,

Quand tu reviendrais vieux de ce long esclavage,
Que te resterait-il au cœur? Parle à présent.
OTBERT.
La vengeance, le meurtre, et la soif de son sang.
GUANHUMARA.
Eh bien! je suis le meurtre et je suis la vengeance.
Je vais, fantôme aveugle, au but marqué d'avance;
Je suis la soif du sang! Que me demandes-tu?
D'avoir de la pitié, d'avoir de la vertu,
De sauver des vivants? J'en ris lorsque j'y pense.
Tu dis avoir besoin de moi? Quelle imprudence!
Et si, de mon côté, glaçant ton cœur d'effroi,
Je te disais aussi que j'ai besoin de toi?
Que j'ai pour mes projets élevé ton enfance?
Que je recule, moi, devant ton innocence?
Recule donc alors, enfant que j'ai quitté,
Devant ma solitude et ma calamité! —
Je viens de te conter mon histoire. Est-ce infâme?
Seulement, c'est l'amant qu'on a tué; la femme,
— C'était moi, — fut vendue et survit; l'assassin
Survit aussi; tu peux servir à mon dessein. —
Oh! j'ai gémi longtemps. Toute l'eau de la nue
A coulé sur mon front, et je suis devenue
Hideuse et formidable à force de souffrir.
J'ai vécu soixante ans de ce qui fait mourir,
De douleur; faim, misère, exil, pliant ma tête;
J'ai vu le Nil, l'Indus, l'Océan, la tempête,
Et les immenses nuits des pôles étoilés;
De durs anneaux de fer dans ma chair sont scellés;
Vingt maîtres différents, moi, malade et glacée,
Moi, femme, à coups de fouet devant eux m'ont chassée.
Maintenant, c'est fini. Je n'ai plus rien d'humain,
Mettant la main sur son cœur.
Et je ne sens rien là quand j'y pose la main.

Je suis une statue et j'habite une tombe.
Un jour de l'autre mois, vers l'heure où le soir tombe,
J'arrivai, pâle et froide, en ce château perdu ;
Et je m'étonne encor qu'on n'ait pas entendu,
Au bruit de l'ouragan courbant les branches d'arbre,
Sur ce pavé fatal venir mes pieds de marbre.
Eh bien ! moi, dont jamais la haine n'a dormi,
Aujourd'hui, si je veux, je tiens mon ennemi,
Je le tiens ; il suffit, si je marque son heure,
D'un mot pour qu'il chancelle ; et d'un pas pour qu'il meure !
Faut-il le répéter ? C'est toi, toi seul qui peux
Me donner la vengeance ainsi que je la veux.
Mais, au moment d'atteindre à ce but si terrible,
Je me suis dit : Non ! non ! ce serait trop horrible !
Moi qui touche à l'enfer, je me sens hésiter.
Ne viens pas me chercher ! ne viens pas me tenter !
Car, si nous en étions à des marchés semblables,
Je te demanderais des choses effroyables.
Dis, voudrais-tu tirer ton poignard du fourreau ?
Te faire meurtrier ? — te ferais-tu bourreau ?
Tu frémis ! va-t'en donc, cœur faible, bras débile !
Je ne te parle pas, mais laisse-moi tranquille !

OTBERT, *pâle et baissant la voix.*

Qu'exigerais-tu donc de moi ?

GUANHUMARA.

Reste innocent.

Va-t'en !

OTBERT.

Pour la sauver je donnerais mon sang.

GUANHUMARA.

Va-t'en !

OTBERT.

Je commettrais un crime. Es-tu contente ?

33.

GUANHUMARA.

Il me tente; démons! vous voyez qu'il me tente.
Eh bien! je le saisis! — Tu vas m'appartenir.
Ne perds pas désormais, quoi qu'il puisse advenir,
Ton temps à me prier. Mon âme est pleine d'ombre;
La prière se perd dans sa profondeur sombre.
Je te l'ai dit, je suis sans pitié, sans remord,
A moins de voir vivant celui que j'ai vu mort,
Donato que j'aimais! — Et maintenant, écoute,
Je t'avertis au seuil de cette affreuse route,
Une dernière fois. Je te dis tout. — Il faut
Tuer quelqu'un, tuer comme sur l'échafaud,
Ici, qui je voudrai, quand je voudrai, sans grâce,
Sans pardon! — Vois!

OTBERT.
Poursuis.

GUANHUMARA.
Chaque souffle qui passe
Pousse ta Régina vers la tombe. Sans moi
Elle est morte. Je puis seule la sauver. Voi
Ce flacon. Chaque soir qu'elle en boive une goutte,
Elle vivra.

OTBERT.
Grand Dieu! dis-tu vrai? donne!

GUANHUMARA.
Ecoute.
Si demain tu la vois, grâce à cette liqueur,
Venir, à toi, la vie au front, la joie au cœur,
Ange ressuscité, souriante figure,
Tu m'appartiens!

OTBERT, *éperdu.*
C'est dit.

GUANHUMARA.
Jure-le.

OTBERT.

Je le jure.

GUANHUMARA.

Ta Régina d'ailleurs me répondra de toi.
C'est elle qui paîrait pour ton manque de foi.
Tu le sais, je connais cette antique demeure ;
J'en sais tous les secrets ; partout j'entre à toute heure !

OTBERT, *étendant la main pour saisir la fiole.*

Tu dis qu'elle vivra?

GUANHUMARA.

Oui. Songe à ton serment !

OTBERT.

Elle sera sauvée?

GUANHUMARA.

Oui. Songe qu'au moment
Où tu prendras ceci — je vais prendre ton âme.

OTBERT.

Donne et prends.

GUANHUMARA, *lui remettant le flacon.*

A demain !

OTBERT.

A demain !

Guanhumara sort.

OTBERT, *seul.*

Merci, femme !
Quel que soit ton projet, qui que tu sois, merci !
Ma Régina vivra ! — Mais portons-lui ceci !

Il se dirige vers la porte bâtarde, puis s'arrête un moment et fixe son regard sur la fiole.

Oh ! que l'enfer me prenne, et qu'elle vive !

Il entre précipitamment sous la porte bâtarde, qui se referme derrière lui. Cependant on entend du côté opposé des rires et des chants qui semblent se rapprocher. La grande porte s'ouvre à deux battants.

Entrent, avec une rumeur de joie, les princes et les burgraves, conduits par Hatto, tous couronnés de fleurs, vêtus de soie et d'or, sans cottes de mailles, sans gambessons et sans brassards, et le verre en main. Ils causent, boivent et rient par groupes au milieu desquels circulent des pages portant des flacons pleins de vin, des aiguières d'or et des plateaux chargés de fruits. Au fond, des pertuisaniers immobiles et silencieux. Musiciens, clairons, trompettes, hérauts d'armes.

SCÈNE V.

HATTO, GORLOIS, LE DUC GERHARD DE THURINGE, PLATON, margrave de Moravie; GILISSA, margrave de Lusace; ZOAGLIO GIANNILARO, noble génois; DARIUS, burgrave de Laneck; CADWALLA, burgrave d'Okenfels; LUPUS, comte de Mons (tout jeune homme, comme Gorlois). Autres burgraves et princes, personnages muets, entre autres UTHER, pendragon des Bretons, et les frères de Hatto et de Gorlois. Quelques femmes parées. Pages, officiers, capitaines.

LE COMTE LUPUS, *chantant.*

L'hiver est froid, la bise est forte,
Il neige là-haut sur les monts. —
   Aimons, qu'importe !
   Qu'importe, aimons !

Je suis damné, ma mère est morte,
Mon curé me fait cent sermons. —
   Aimons, qu'importe !
   Qu'importe, aimons !

Belzébuth, qui frappe à ma porte,
M'attend avec tous ses démons. —
   Aimons, qu'importe !
   Qu'importe, aimons !

LE MARGRAVE GILISSA, *se penchant à la fenêtre latérale,
au comte Lupus.*

                                               Comte,
La grand'porte du burg et le chemin qui monte
Se voit d'ici.

LE MARGRAVE PLATON, *examinant le délabrement de la
salle.*

                Quel deuil et quelle vétusté!

LE DUC GERHARD, *à Hatto.*

On dirait un logis par les spectres hanté.

HATTO, *désignant la porte du donjon.*

C'est là qu'est mon aïeul.

LE DUC GERHARD.

              Tout seul?

HATTO.

                          Avec mon père.

LE MARGRAVE PLATON.

Pour t'en débarrasser comment as-tu pu faire?

HATTO.

Ils ont fait leur temps. — Puis ils ont l'esprit troublé.
Voilà plus de deux mois que le vieux n'a parlé.
Il faut bien qu'à la fin la vieillesse s'efface.
Il a près de cent ans. — Ma foi, j'ai pris leur place.
Ils se sont retirés.

GIANNILARO.

           D'eux-mêmes?

HATTO.

                        A peu près.

Entre un capitaine.

LE CAPITAINE, *à Hatto.*

Monseigneur...

HATTO.

Que veux-tu?

LE CAPITAINE.

L'argentier juif Perez
N'a point encor payé sa rançon.

HATTO.

Qu'on le pende.

LE CAPITAINE.

Puis les bourgeois de Linz, dont la frayeur est grande,
Vous demandent quartier.

HATTO.

Pillez! pays conquis.

LE CAPITAINE.

Et ceux de Rhens?

HATTO.

Pillez!

Le capitaine sort.

LE BURGRAVE DARIUS, *abordant Hatto le verre à la main.*

Ton vin est bon, marquis!

Il boit.

HATTO.

Pardieu! je le crois bien. C'est du vin d'écarlate.
La ville de Bingen, qui me craint et me flatte,
M'en donne tous les ans deux tonnes.

LE COMTE GERHARD.

Régina,
Ta fiancée, est belle.

HATTO.

Ah! l'on prend ce qu'on a.
Du côté maternel elle nous est parente.

LE DUC GERHARD.

Elle paraît malade!

HATTO.

Oh! rien.

GIANNILARO, *bas au duc Gerhard.*

Elle est mourante.

Entre un capitaine.

LE CAPITAINE, *bas à Hatto.*

Des marchands vont passer demain.

HATTO, *à haute voix.*

Embusquez-vous.

Le capitaine sort. Hatto continue en se tournant vers les princes.

Mon père eût été là. Moi, je reste chez nous.
Jadis on guerroyait, maintenant on s'amuse.
Jadis c'était la force, à présent c'est la ruse.
Le passant me maudit; le passant dit : — Hatto
Et ses frères font rage en ce sombre château,
Palais mystérieux qu'assiègent les tempêtes.
Aux margraves, aux ducs, Hatto donne des fêtes,
Et fait servir, courbant leurs têtes sous ses pieds,
Par des princes captifs les princes conviés!
Eh bien! c'est un beau sort! On me craint, on m'envie.
Moi je ris! — Mon donjon brave tout. — De la vie,
En attendant Satan, je fais un paradis;
Comme un chasseur ses chiens, je lâche mes bandits;
Et je vis très-heureux. — Ma fiancée est belle,
N'est-ce pas? — A propos, ta comtesse Isabelle,
L'épouses-tu?

LE DUC GERHARD.

Non.

HATTO.

Mais tu lui pris, l'an passé,

Sa ville, et lui promis d'épouser.

LE DUC GERHARD.

Je ne sai... —

Riant.

Ah! oui, l'on me fit jurer sur l'Evangile!
— Bon! je laisse la fille et je garde la ville.

Il rit.

HATTO, *riant*.

Mais que dit de cela la diète? —

LE DUC GERHARD, *riant toujours*.

Elle se tait.

HATTO.

Mais ton serment?

LE DUC GERHARD.

Ah bah!

Depuis quelques instants la porte du donjon à droite s'est ouverte, et a laissé voir quelques degrés d'un escalier sombre sur lesquels ont apparu deux vieillards, l'un âgé d'un peu plus de soixante ans, cheveux gris, barbe grise; l'autre, beaucoup plus vieux, presque tout à fait chauve, avec une longue barbe blanche; tous deux ont la chemise de fer, jambières et brassières de mailles, la grande épée au côté, et, par-dessus leur habit de guerre, le plus vieux porte une simarre blanche doublée de drap d'or, et l'autre une grande peau de loup dont la gueule s'ajuste sur sa tête.

Derrière le plus vieux se tient debout, immobile comme une figure pétrifiée, un écuyer à barbe blanche, vêtu de fer et élevant au-dessus de la tête du vieillard une grande bannière noire sans armoiries.

Otbert, les yeux baissés, est auprès du plus vieux, qui a le bras droit posé sur son épaule, et se tient un peu en arrière.

Dans l'ombre, derrière chacun des deux vieux chevaliers, on aperçoit deux écuyers habillés de fer comme leurs maîtres, et non moins vieux, dont la barbe blanchie descend sous la visière à demi baissée de leurs heaumes. Ces écuyers portent sur des coussins de velours écarlate les casques des deux vieillards, grands morions de forme extraordinaire dont les cimiers figurent des gueules d'animaux fantastiques.

Les deux vieillards écoutent en silence ; le moins vieux appuie son menton sur ses deux bras réunis et ses deux mains sur l'extrémité du manche d'une énorme hache d'Ecosse. Les convives, occupés et causant entre eux, ne les ont pas aperçus.

SCÈNE VI.

Les Mêmes, JOB, MAGNUS, OTBERT.

MAGNUS.
Jadis il en était
Des serments qu'on faisait dans la vieille Allemagne,
Comme de nos habits de guerre et de campagne ;
Ils étaient en acier. — J'y songe avec orgueil. —
C'était chose solide et reluisante à l'œil,
Que l'on n'entamait point sans lutte et sans bataille,
A laquelle d'un homme on mesurait la taille,
Qu'un noble avait toujours présente à son chevet,
Et qui, même rouillée, était bonne et servait.
Le brave mort dormait dans sa tombe humble et pure,
Couché dans son serment comme dans son armure,
Et le temps, qui des morts ronge le vêtement,
Parfois brisait l'armure, et jamais le serment.
Mais aujourd'hui la foi, l'honneur et les paroles
Ont pris le train nouveau des modes espagnoles.
Clinquant ! soie ! — Un serment, avec ou sans témoins,
Dure autant qu'un pourpoint.—Parfois plus, souvent moins !
S'use vite, et n'est plus qu'un haillon incommode

Qu'on déchire et qu'on jette en disant : Vieille mode !

A ces paroles de Magnus, tous se sont retournés avec stupeur. Moment de silence parmi les convives.

HATTO, *s'inclinant devant les vieillards.*

Mon père !...

MAGNUS.

Jeunes gens, vous faites bien du bruit.
Laissez les vieux rêver dans l'ombre et dans la nuit.
La lueur des festins blesse leurs yeux sévères.
Les vieux choquaient l'épée ; enfants ! choquez les verres !
Mais loin de nous !

HATTO.

Seigneur !...

En ce moment il aperçoit les portraits disposés sur le mur la face contre la pierre.

Mais qui donc?

A Magnus.

Pardonnez.

Ces portraits ! mes aïeux ! qui les a retournés ?
Qui s'est permis?...

MAGNUS.

C'est moi.

HATTO.

Vous ?

MAGNUS.

Moi.

HATTO.

Mon père !

LE DUC GERHARD, *à Hatto.*

Il raille !

MAGNUS, *à Hatto.*

Je les ai retournés tous contre la muraille,

Pour qu'ils ne puissent voir la honte de leurs fils.

    HATTO, *furieux*.

Barberousse a puni son grand-oncle Louis
Pour un affront moins grand. Puisqu'à bout on me pousse...

  MAGNUS, *tournant à demi la tête vers Hatto.*

Il me semble qu'on a parlé de Barberousse,
Il me semble qu'on a loué ce compagnon.
Que devant moi jamais on ne dise ce nom!

   LE COMTE LUPUS, *riant.*

Que vous a-t-il donc fait, bonhomme?

     MAGNUS.

       O nos ancêtres!
Restez, restez voilés! — Ce qu'il m'a fait, mes maîtres?
— Ne parlais-tu pas, toi, petit comte de Mons? —
Descends les bords du Rhin, du lac jusqu'aux Sept-Monts,
Et compte les châteaux détruits sur les deux rives!
Ce qu'il m'a fait? — Nos sœurs et nos filles captives,
Gibets impériaux bâtis pour les vautours
Sur nos rochers avec les pierres de nos tours,
Assauts, guerre et carnage à tous tant que nous sommes,
Carcans d'esclave au cou des meilleurs gentilshommes,
Voilà ce qu'il m'a fait! — et ce qu'il vous a fait! —
Trente ans, sous ce César, qui toujours triomphait,
L'incendie et l'exil, les fers, mille aventures,
Les juges, les cachots, les greffiers, les tortures,
Oui, nous avons souffert tout cela! nous avons,
Grand Dieu! comme des Juifs, comme des Esclavons,
Subi ce long affront, cette longue victoire,
Et nos fils dégradés n'en savent plus l'histoire! —
Tout pliait devant lui. — Quand Frédéric Premier,
Masqué, mais couvert d'or du talon au cimier,
Surgissant au sommet d'une brèche enflammée,
Jetait son gantelet à toute notre armée,

Tout tremblait, tout fuyait, d'épouvante saisi.
Mon père seul un jour, —

    Montrant l'autre vieillard.

        mon père, que voici ! —
Lui barrant le chemin dans une cour étroite,
D'un trèfle au feu rougi lui flétrit la main droite ! —
O souvenirs ! ô temps ! tout s'est évanoui !
L'éclair a disparu de notre œil ébloui.
Les barons sont tombés ; les burgs jonchent la plaine.
De toute la forêt il ne reste qu'un chêne,

    S'inclinant devant le vieillard.

Et ce chêne, c'est vous, mon père vénéré !

     Se redressant.

— Barberousse ! — Malheur à ce nom abhorré ! —
Nos blasons sont cachés sous l'herbe et les épines.
Le Rhin déshonoré coule entre des ruines ! —
Oh ! je nous vengerai ! — ce sera ma grandeur ! —
Sans trêve, sans merci, sans pitié, sans pudeur,
Sur lui, s'il n'est pas mort, ou du moins sur sa race,
Rien ne m'empêchera de le frapper ! — Dieu fasse
Qu'avant d'être au tombeau mon cœur soit soulagé,
Que je ne meure pas avant d'être vengé !
Car, pour avoir enfin cette suprême joie,
Pour sortir de la tombe et ressaisir ma proie,
Pour pouvoir revenir sur terre après ma mort,
Jeunes gens, je ferais quelque exécrable effort !
Oui, que Dieu veuille ou non, le front haut, le cœur ferme,
Je veux, quelle que soit la porte qui m'enferme,
Porte du paradis ou porte de l'enfer,
La briser

    Etendant les bras.

   d'un seul coup de ce poignet de fer ! —

  Il s'arrête, s'interrompt, et reste un moment silencieux.

Hélas! que dis-je là, moi, vieillard solitaire!

Il tombe dans une profonde rêverie, et semble ne plus rien entendre autour de lui. Peu à peu la joie et la hardiesse renaissent parmi les convives. Les deux vieillards semblent deux statues. Le vin circule et les rires recommencent.

HATTO, *bas au duc Gerhard en lui montrant les vieillards avec un haussement d'épaules.*

L'âge leur a troublé l'esprit.

GORLOIS, *bas au comte Lupus en lui montrant Hatto.*

Un jour mon père
Sera comme eux, et moi je serai comme lui.

HATTO, *au duc.*

Tous nos soldats leur sont dévoués. Quel ennui!

Cependant Gorlois et quelques pages se sont approchés de la fenêtre et regardent au dehors. Tout à coup Gorlois se retourne.

GORLOIS, *à Hatto.*

Ha! père, viens donc voir ce vieux à barbe blanche!

LE COMTE LUPUS, *courant à la fenêtre.*

Comme il monte à pas lents le sentier! son front penche.

GIANNILARO, *s'approchant.*

Est-il las!

LE COMTE LUPUS.

Le vent souffle aux trous de son manteau.

GORLOIS.

On dirait qu'il demande abri dans le château.

LE MARGRAVE GILISSA.

C'est quelque mendiant!

LE BURGRAVE CADWALLA.

Quelque espion!

LE BURGRAVE DARIUS.

Arrière!

HATTO, *à la fenêtre.*

Qu'on me chasse à l'instant ce drôle à coups de pierre!

LUPUS, GORLOIS *et les pages jetant des pierres.*

Va-t'en, chien!

MAGNUS, *comme se réveillant en sursaut.*

En quel temps sommes-nous, Dieu puissant!
Et qu'est-ce donc que ceux qui vivent à présent?
On chasse à coups de pierre un vieillard qui supplie!

Les regardant tous en face.

De mon temps, — nous avions aussi notre folie,
Nos festins, nos chansons... — On était jeune enfin!
Mais qu'un vieillard, vaincu par l'âge et par la faim,
Au milieu d'un banquet, au milieu d'une orgie,
Vînt à passer, tremblant, la main de froid rougie,
Soudain on remplissait, cessant tout propos vain,
Un casque de monnaie, un verre de bon vin.
C'était pour ce passant, que Dieu peut-être envoie!
Après, nous reprenions nos chants, car, plein de joie,
Un peu de vin au cœur, un peu d'or dans la main,
Le vieillard souriant poursuivait son chemin.
— Sur ce que nous faisions jugez ce que vous faites!

JOB, *se redressant, faisant un pas, et touchant l'épaule de Magnus.*

Jeune homme, taisez-vous. — De mon temps, dans nos fêtes,
Quand nous buvions, chantant plus haut que vous encor,
Autour d'un bœuf entier posé sur un plat d'or,
S'il arrivait qu'un vieux passât devant la porte,
Pauvre, en haillons, pieds nus, suppliant; une escorte
L'allait chercher; sitôt qu'il entrait, les clairons
Eclataient; on voyait se lever les barons;
Les jeunes, sans parler, sans chanter, sans sourire,
S'inclinaient, fussent-ils princes du saint-empire;
Et les vieillards tendaient la main à l'inconnu

En lui disant : Seigneur, soyez le bienvenu !
>A Gorlois.

— Va querir l'étranger !

>HATTO, *s'inclinant.*

Mais...

>JOB, *à Hatto.*

Silence !

>DE DUC GERHARD, *à Job.*

Excellence...

>JOB, *au duc.*

Qui donc ose parler lorsque j'ai dit : Silence !

>Tous reculent et se taisent. Gorlois obéit et sort.

>OTBERT, *à part.*

Bien, comte ! — O vieux lion, contemple avec effroi
Ces chats-tigres hideux qui descendent de toi ;
Mais s'ils te font enfin quelque injure dernière,
Fais-les frissonner tous en dressant ta crinière !

>GORLOIS, *rentrant, à Job.*

Il monte, monseigneur.

>JOB, *à ceux des princes qui sont restés assis.*

Debout !

>A ses fils.

— autour de moi !

>A Gorlois.

Ici !

>Aux hérauts et aux trompettes.

Sonnez, clairons, ainsi que pour un roi !

>Fanfares. Les burgraves et les princes se rangent à gauche. Tous les fils et petits-fils de Job, à droite autour de lui. Les pertuisaniers au fond, avec la bannière haute.

Bien.

>Entre par la galerie du fond un mendiant, qui paraît presque

aussi vieux que le comte Job. Sa barbe blanche lui descend jusqu'au ventre. Il est vêtu d'une robe de bure brune à capuchon en lambeaux, et d'un grand manteau brun troué ; il a la tête nue, une ceinture de corde où pend un chapelet à gros grains, des chaussures de corde à ses pieds nus. Il s'arrête au haut du degré de six marches, et reste immobile, appuyé sur un long bâton noueux. Les pertuisaniers le saluent de la bannière et les clairons d'une nouvelle fanfare. Depuis quelques instants Guanhumara a reparu à l'étage supérieur du promenoir, et elle assiste à toute la scène.

SCÈNE VII.

Les Mêmes, UN MENDIANT.

JOB, *debout au milieu de ses enfants, au mendiant immobile sur le seuil.*

Qui que vous soyez, avez-vous ouï dire
Qu'il est dans le Taunus, entre Cologne et Spire,
Sur un roc, près duquel les monts sont des coteaux,
Un château, renommé parmi tous les châteaux,
Et dans ce burg, bâti sur un monceau de laves,
Un burgrave fameux parmi tous les burgraves?
Vous a-t-on raconté que cet homme sans lois,
Tout chargé d'attentats, tout éclatant d'exploits,
Par la diète à Francfort, par le concile à Pise,
Mis hors du saint-empire et de la sainte Église,
Isolé, foudroyé, réprouvé, mais resté
Debout dans sa montagne et dans sa volonté,
Poursuit, provoque et bat, sans relâche et sans trêves,
Le comte palatin, l'archevêque de Trèves,
Et, depuis soixante ans, repousse d'un pied sûr
L'échelle de l'Empire appliquée à son mur?

Vous a-t-on dit qu'il est l'asile de tout brave,
Qu'il fait du riche un pauvre, et du maître un esclave;
Et qu'au-dessus des ducs, des rois, des empereurs,
Aux yeux de l'Allemagne en proie à leurs fureurs,
Il dresse sur sa tour, comme un défi de haine,
Comme un appel funèbre aux peuples qu'on enchaîne,
Un grand drapeau de deuil, formidable haillon
Que la tempête tord dans son noir tourbillon?
Vous a-t-on dit qu'il touche à sa centième année,
Et qu'affrontant le ciel, bravant la destinée,
Depuis qu'il s'est levé sur son rocher, jamais,
Ni la guerre arrachant les burgs de leurs sommets,
Ni César furieux et tout-puissant, ni Rome,
Ni les ans, fardeau sombre, accablement de l'homme,
Rien n'a vaincu, rien n'a dompté, rien n'a ployé
Ce vieux titan du Rhin, Job l'Excommunié?
— Savez-vous cela?

LE MENDIANT.

Oui.

JOB.

Vous êtes chez cet homme.
Soyez le bienvenu, seigneur. C'est moi qu'on nomme
Job-le-Maudit.

Montrant Magnus.

Voici mon fils à mes genoux,

Montrant Hatto, Gorlois et les autres.

Et les fils de mon fils, qui sont moins grands que nous.
Ainsi notre espérance est bien souvent trompée.
Or, de mon père mort je tiens ma vieille épée,
De mon épée un nom qu'on redoute, et du chef
De ma mère je tiens ce manoir d'Heppenheff.
Nom, épée et château, tout est à vous, mon hôte.
Maintenant, parlez-nous à cœur libre, à voix haute.

LE MENDIANT.

Princes, comtes, seigneurs, — vous, esclaves, aussi ! —
J'entre et je vous salue, et je vous dis ceci :
Si tout est en repos au fond de vos pensées,
Si rien, en méditant vos actions passées,
Ne trouble vos cœurs, purs comme le ciel est bleu,
Vivez, riez, chantez ! — Sinon, pensez à Dieu !
Jeunes hommes, vieillards aux longues destinées,
— Vous, couronnés de fleurs, — vous, couronnés d'années,
Si vous faites le mal sous la voûte des cieux,
Regardez devant vous et soyez sérieux.
Ce sont des instants courts et douteux que les nôtres ;
L'âge vient pour les uns, la tombe s'ouvre aux autres.
Donc, jeunes gens, si fiers d'être puissants et forts,
Songez aux vieux ; et vous, vieillards, songez aux morts !
Soyez hospitaliers surtout ! C'est la loi douce.
Quand on chasse un passant, sait-on qui l'on repousse ?
Sait-on de quelle part il vient ? — Fussiez-vous rois,
Que le pauvre pour vous soit sacré ! — Quelquefois,
Dieu, qui d'un souffle abat les sapins centenaires,
Remplit d'événements, d'éclairs et de tonnerres
Déjà grondant dans l'ombre à l'heure où nous parlons,
La main qu'un mendiant cache sous ses haillons !

DEUXIÈME PARTIE

LE MENDIANT

LA SALLE DES PANOPLIES.

A gauche, une porte. Au fond, une galerie à créneaux laissant voir le ciel. Murailles de basalte nues. Ensemble rude et sévère. Armures complètes adossées à tous les piliers.

Au lever du rideau, le mendiant est debout sur le devant de la scène, appuyé sur un bâton, l'œil fixé en terre, et semble en proie à une rêverie douloureuse.

SCÈNE PREMIÈRE.

LE MENDIANT.

Le moment est venu de frapper ce grand coup.
On pourrait tout sauver, mais il faut risquer tout.
Qu'importe, si Dieu m'aide! — Allemagne! ô patrie!
Que tes fils sont déchus, et de quels coups meurtrie,

Après ce long exil, je te retrouve, hélas!
Ils ont tué Philippe, et chassé Ladislas,
Empoisonné Heinrich! ils ont, d'un front tranquille,
Vendu Cœur-de-Lion comme ils vendraient Achille!
O chute affreuse et sombre! abaissement profond!
Plus d'unité. Les nœuds des Etats se défont.
Je vois dans ce pays, jadis terre des braves,
Des Lorrains, des Flamands, des Saxons, des Moraves,
Des Francs, des Bavarois, mais pas un Allemand.
Le métier de chacun est vite fait, vraiment!
C'est chanter pour le moine et prêcher pour le prêtre,
Pour le page porter la lance de son maître,
Pour le baron piller, et pour le roi dormir.
Ceux qui ne pillent pas ne savent que gémir,
Et, tremblant comme au temps des empereurs saliques,
Adorer une châsse et baiser des reliques!
On est féroce ou lâche; on est vil ou méchant.
Le comte palatin, comme écuyer tranchant,
A la première voix au collége, après Trêve;
Il la vend. Du Seigneur on méconnaît la trêve;
Et le roi de Bohême, un Slave! est électeur.
Chacun veut se dresser de toute sa hauteur.
Partout le droit du poing, l'horreur, la violence.
Le soc qu'on foule aux pieds se change en fer de lance;
Les faux vont à la guerre et laissent la moisson.
L'incendie est partout. En chantant sa chanson,
Tout zingaro qui passe au seuil d'une chaumière,
Cache sous son manteau son briquet et sa pierre.
Les Vandales ont pris Berlin. Ah! quel tableau!
Les païens à Dantzig! les Mogols à Breslau!
Tout cela dans l'esprit en même temps me monte,
Pêle-mêle, au hasard; mais c'est horrible!... — ô honte!
Plus d'argent. Tout est mort, pays, cité, faubourg.
Comment finira-t-on la flèche de Strasbourg?

Par qui fait-on porter la bannière des villes?
Par des juifs enrichis dans les guerres civiles.
Abjection ! — L'empire avait de grands piliers,
Hollande, Luxembourg, Clèves, Gueldres, Juliers...
— Croulés ! — Plus de Pologne et plus de Lombardie !
Pour nous défendre au jour d'une attaque hardie,
Nous avons Ulm, Augsbourg, closes de mauvais pieux !
L'œuvre de Charlemagne et d'Othon le Pieux
N'est plus. Notre frontière à l'Occident s'efface,
Car la Haute-Lorraine est aux comtes d'Alsace,
Et la Basse-Lorraine aux comtes de Louvain.
Plus d'Ordre teutonique. Il ne reste à Gauvain
Que vingt-huit chevaliers et cent valets de guerre.
Cependant le Danois menace; l'Angleterre
Agite gibelins et guelfes; le Lorrain
Trahit; le Brabant gronde; un feu couve à Turin;
Philippe-Auguste est fort; Gênes veut une somme;
L'interdit pend toujours; le saint-père dans Rome
Rêve, assis dans sa chaire, incertain et hautain;
Et pas de chef, grand Dieu ! devant un tel destin !
Les électeurs épars, creusant chacun leur plaie;
Chacun de leur côté, couronnent qui les paie;
Et, comme un patient qui, sanglant, déchiré,
Meurt, par quatre chevaux lentement démembré,
D'Anvers à Ratisbonne, et de Lubeck à Spire,
Font par quatre empereurs écarteler l'empire ! —
Allemagne ! Allemagne ! Allemagne ! hélas...

Sa tête tombe sur sa poitrine; il sort à pas lents par le fond du théâtre. Otbert, qui est entré depuis quelques instants, le suit des yeux. Le mendiant s'enfonce sous les arcades de la galerie.

Tout à coup le visage d'Otbert s'éclaire d'une expression de joie et de surprise. Régina apparaît au fond du théâtre, du côté opposé à celui par lequel le mendiant est sorti Régina radieuse de bonheur et de santé.

SCÈNE II

OTBERT, RÉGINA.

OTBERT.

Quoi!
Régine, est-il possible! est-ce vous que je vois?

RÉGINA.

Otbert! Otbert! je vis, je parle, je respire;
Mes pieds peuvent marcher, ma bouche peut sourire,
Je n'ai plus de souffrance et je n'ai plus d'effroi,
Je vis, je suis heureuse, et je suis toute à toi!

OTBERT, *la contemplant.*

O bonheur!

RÉGINA.

Cette nuit, j'ai dormi, mais — sans fièvre.
Ton nom, si j'ai parlé, seul entr'ouvrait ma lèvre.
Quel doux sommeil! vraiment, non, je n'ai pas souffert.
Quand le soleil levant m'a réveillée, Otbert,
Otbert! il m'a semblé que je me sentais naître.
Les passereaux joyeux chantaient sous ma fenêtre,
Les fleurs s'ouvraient, laissant leurs parfums fuir aux cieux;
Moi, j'avais l'âme en joie, et je cherchais des yeux
Tout ce qui m'envoyait une haleine si pure,
Et tout ce qui chantait dans l'immense nature;
Et je disais tout bas, l'œil inondé de pleurs :
O doux oiseaux, c'est moi! c'est bien moi, douces fleurs!
— Je t'aime, ô mon Otbert!

Elle se jette dans ses bras. Tirant le flacon de son sein.

Cette fiole est la vie.
Tu m'as guérie, Otbert! ami! tu m'as ravie

A la mort. Défends-moi de Hatto maintenant.

OTBERT.

Régina, ma beauté, mon ange rayonnant,
Ma joie! Oui, je saurai terminer mon ouvrage.
Mais ne m'admire pas. Je n'ai pas de courage,
Je n'ai pas de vertu, je n'ai que de l'amour.
Tu vis! devant mes yeux je vois un nouveau jour.
Tu vis! je sens en moi comme une âme nouvelle.
Mais regarde-moi donc! ô mon Dieu, qu'elle est belle!
Vrai, tu ne souffres plus?

RÉGINA.

Non. Plus rien. C'est fini.

OTBERT.

Soyez béni, mon Dieu!

RÉGINA.

Mon Otbert, sois béni!

Tous deux restent un moment silencieux se tenant embrassés.
Puis Régina s'arrache des bras d'Otbert.

Mais le bon comte Job m'attend. — Mon bien suprême!
J'ai voulu seulement te dire que je t'aime.
Adieu.

OTBERT.

Reviens!

RÉGINA.

Bientôt. Mais je cours, il m'attend.

OTBERT, *tombant à genoux et levant les yeux au ciel.*

Merci, Seigneur, elle est sauvée!

Guanhumara apparaît au fond du théâtre.

SCÈNE III.

OTBERT, GUANHUMARA.

GUANHUMARA, *posant la main sur l'épaule d'Otbert.*
Es-tu content?
OTBERT, *avec épouvante.*
Guanhumara!
GUANHUMARA.
Tu vois, j'ai tenu ma promesse.
OTBERT.
Je tiendrai mon serment.
GUANHUMARA.
Sans pitié?
OTBERT.
Sans faiblesse.

A part.
Après, je me tûrai.
GUANHUMARA.
L'on t'attendra ce soir.
A minuit.
OTBERT.
Où?
GUANHUMARA.
Devant la tour du drapeau noir.
OTBERT.
C'est un lieu redoutable, et personne n'y passe.
On dit que le rocher garde une sombre trace...
GUANHUMARA.
Une trace de sang, qui sur le mur descend

D'une fenêtre au bord du torrent.

OTBERT, *avec horreur.*

C'est du sang!
Tu le vois, le sang tache et brûle.

GUANHUMARA.

Le sang lave
Et désaltère.

OTBERT.

Allons! ordonne à ton esclave.
Qui trouverai-je au lieu marqué?

GUANHUMARA.

Tu trouveras
Un homme masqué, — seul.

OTBERT.

Après?

GUANHUMARA.

Tu le suivras.

OTBERT.

C'est dit.

Guanhumara saisit vivement le poignard qu'Otbert porte à sa ceinture, le tire du fourreau, et fixe sur la lame un regard terrible, puis ses yeux se relèvent vers le ciel.

GUANHUMARA.

O vastes cieux! ô profondeurs sacrées!
Morne sérénité des voûtes azurées!
O nuit dont la tristesse a tant de majesté!
Toi qu'en mon long exil je n'ai jamais quitté,
Vieil anneau de ma chaîne, ô compagnon fidèle,
Je vous prends à témoin; — et vous, murs, citadelle,
Chênes qui versez l'ombre aux pas du voyageur,
Vous m'entendez, — je voue à ce couteau vengeur
Fosco, baron des bois, des rochers et des plaines,
Sombre comme toi, nuit; vieux comme vous, grands chênes!

OTBERT.

Qu'est-ce que ce Fosco?

GUANHUMARA.

Celui qui doit mourir

Elle lui rend le poignard.

De ta main. A ce soir.

Elle sort par la galerie du fond sans voir Job et Régina, qui entrent du côté opposé.

OTBERT, *seul.*

Ciel!

SCÈNE IV.

OTBERT, RÉGINA, JOB.

RÉGINA.

Elle entre en courant, puis se retourne vers le comte Job, qui la suit à pas lents.

Oui, je puis courir.

Voyez, seigneur.

Elle s'approche d'Otbert, qui semble écouter encore les dernières paroles de Guanhumara et ne les a pas vus entrer.

C'est nous, Otbert.

OTBERT, *comme éveillé en sursaut.*

Seigneur... comtesse...

JOB.

Ce matin je sentais redoubler ma tristesse.
Ce que ce mendiant, mon hôte, a dit hier
Passait à chaque instant en moi comme un éclair;

A Régina.

Puis je songeais à toi, que je voyais mourante;

A ta mère, ombre triste autour de nous errante... —
>A Otbert.

Tout à coup dans ma chambre elle entre, cette enfant,
Fraîche, rose, le front joyeux, l'air triomphant.
Un miracle! Je ris, je pleure, je chancelle.
— Venez remercier sire Otbert, me dit-elle.
J'ai répondu : Courons remercier Otbert.
Nous avons traversé le vieux château désert...

>RÉGINA, *gaiement.*

Et nous voici tous deux courant!

>JOB, *à Otbert.*

Mais quel mystère?
Ma Régina guérie!... Il ne faut rien me taire...
Comment donc as-tu fait pour la sauver ainsi?

>OTBERT.

C'est un philtre, un secret, qu'une esclave d'ici
M'a vendu.

>JOB.

Cette esclave est libre! je lui donne
Cent livres d'or, des champs, des vignes! Je pardonne
Aux condamnés à mort dans ce burg gémissants!
J'accorde la franchise à mille paysans,
Au choix de Régina.

>Il leur prend les mains.

J'ai le cœur plein de joie!

>Les regardant avec tendresse.

Puis il suffit aussi que tous deux je vous voie!

>Il fait quelques pas vers le devant du théâtre et semble tomber dans une profonde rêverie.

C'est vrai, je suis maudit, je suis seul, je suis vieux!
— Je suis triste! — Au donjon qu'habitent mes aïeux
Je me cache, et là, morne, assis, muet et sombre,

Je regarde pensif autour de moi dans l'ombre.
Hélas! tout est bien noir. Je promène mes yeux
Au loin sur l'Allemagne, et n'y vois qu'envieux,
Tyrans, bourreaux, luttant de folie et de crime;
Pauvre pays, poussé par cent bras vers l'abîme,
Qui va tomber, si Dieu ne fait sur son chemin
Passer quelque géant qui lui tende la main!
Mon pays me fait mal. Je regarde ma race,
Ma maison, mes enfants... — Haine, bassesse, audace!
Hatto contre Magnus; Gorlois contre Hatto;
Et déjà sous le loup grince le louveteau.
Ma race me fait peur. Je regarde en moi-même.
— Ma vie, ô Dieu! — je tremble et mon front devient blême!
Tant chaque souvenir qu'évoque mon effroi
Prend un masque hideux en passant devant moi!
Oui, tout est noir. — Démons dans ma patrie en flamme,
Monstres dans ma famille et spectres dans mon âme! —
Aussi, lorsqu'à la fin mon œil troublé, que suit
La triple vision de cette triple nuit,
Cherchant le jour et Dieu, lentement se relève,
J'ai besoin, en sortant de l'abîme où je rêve,
De vous voir près de moi comme deux purs rayons,
Comme au seuil de l'enfer deux apparitions,
Vous, enfants dont le front de tant de clarté brille,
Toi, jeune homme vaillant; toi, douce jeune fille;
Vous qui semblez, vers moi quand vos yeux sont tournés,
Deux anges indulgents sur Satan inclinés!

OTBERT, *à part.*

Hélas!

RÉGINA.

O monseigneur!

JOB.

Enfants! que je vous serre
Tous les deux dans mes bras!

A Otbert, en le regardant entre les deux yeux avec tendresse.

Ton regard est sincère.
On sent en toi le preux fidèle à son serment,
Comme l'aigle au soleil et le fer à l'aimant.
Tout ce qu'il a promis, cet enfant l'exécute,

A Régina.

N'est-ce pas?

RÉGINA.

Je lui dois la vie.

JOB.

Avant ma chute,
J'étais pareil à lui! grave, pur, chaste et fier
Comme une vierge et comme une épée.

Il va à la fenêtre.

Ah! cet air
Est doux, le ciel sourit et le soleil rassure.

Revenant à Régina et lui montrant Otbert.

Vois-tu, ma Régina, cette noble figure
Me rappelle un enfant, mon pauvre dernier-né.
Quand Dieu me le donna, je me crus pardonné.
Voilà vingt ans bientôt. — Un fils à ma vieillesse!
Quel don du ciel! J'allais à son berceau sans cesse.
Même quand il dormait, je lui parlais souvent;
Car quand on est très-vieux, on devient très-enfant.
Le soir sur mes genoux j'avais sa tête blonde... —
Je te parle d'un temps! tu n'étais pas au monde.
— Il bégayait déjà les mots dont on sourit.
Il n'avait pas un an, il avait de l'esprit;
Il me connaissait bien! je ne peux pas te dire,
Il me riait; et moi, quand je le voyais rire,
J'avais, pauvre vieillard, un soleil dans le cœur!
J'en voulais faire un brave, un vaillant, un vainqueur,
Je l'avais nommé George... — Un jour, — pensée amère! —

Il jouait, dans les champs... — Oh! quand tu seras mère,
Ne laisse pas jouer tes enfants loin de toi!
On me le prit. — Des juifs, une femme! Pourquoi?
Pour l'égorger, dit-on, dans leur sabbat. — Je pleure,
Je pleure après vingt ans comme à la première heure.
Hélas! je l'aimais tant! C'était mon petit roi.
J'étais fou, j'étais ivre, et je sentais en moi
Tout ce que sent une âme en qui le ciel s'épanche,
Quand ses petites mains touchaient ma barbe blanche!
— Je ne l'ai plus revu! Jamais! — Mon cœur se rompt!

   A Otbert.

Il serait de ton âge. Il aurait ton beau front,
Il serait innocent comme toi. — Viens! je t'aime.

Depuis quelques instants Guanhumara est entrée et observe du fond du théâtre sans être vue. — Job presse Otbert dans un étroit embrassement et pleure.

Parfois, en te voyant, je me dis : C'est lui-même!
Par un miracle étrange et charmant à la fois,
Tout en toi, ta candeur, ton air, tes yeux, ta voix,
En rappelant ce fils à mon âme affaiblie,
Fait que je m'en souviens et fait que je l'oublie.
Sois mon fils.

    OTBERT.

  Monseigneur!

    JOB.

     Sois mon fils. — Comprends-tu?
Toi, brave enfant, épris d'honneur et de vertu,
Fils de rien, je le sais, et sans père ni mère,
Mais grand cœur, que remplit une grande chimère,
Sais-tu, quand je te dis : Jeune homme, sois mon fils!
Ce que je veux te dire et ce que je te dis?
Je veux dire...

   A Otbert et à Régina.

  Ecoutez.

... Que passer sa journée
Près d'un pauvre vieillard, face au tombeau tournée,
Du matin jusqu'au soir vivre comme en prison,
Quand on est belle fille et qu'on est beau garçon,
Ce serait odieux, affreux, contre nature,
Si l'on ne pouvait pas, dans cette chambre obscure,
Par-dessus le vieillard, qui s'aperçoit du jeu,
Se regarder parfois et se sourire un peu.
Je dis que le vieillard en a l'âme attendrie,
Que je vois bien qu'on s'aime — et que je vous marie !

RÉGINA, *éperdue de joie.*

Ciel !

JOB, *à Régina.*

Je veux achever ta guérison, moi !

OTBERT.

Quoi ?

JOB, *à Régina.*

Ta mère était ma nièce et t'a léguée à moi.
Elle est morte. — Et j'ai vu, comme elle, disparaître,
Hélas ! sept de mes fils, les plus vaillants peut-être,
Georges, mon doux enfant, envolé pour jamais,
Et ma dernière femme, et tout ce que j'aimais !
C'est la peine imposée à ceux qui longtemps vivent,
De voir sans cesse, ainsi que les mois qui se suivent,
Les deuils se succéder de saison en saison,
Et les vêtements noirs entrer dans la maison !
— Toi, du moins, sois heureuse ! — Enfants, je vous marie !
Hatto te briserait, ma pauvre fleur chérie !
Quand ta mère mourut, je lui dis : — Meurs en paix ;
Ta fille est mon enfant ; et, s'il le faut jamais,
Je donnerai mon sang pour elle ! —

RÉGINA.

O mon bon père !

JOB.

Je l'ai juré!

A Otbert.

Toi, fils, va, grandis! fais la guerre.
Tu n'as rien ; mais pour dot je te donne mon fief
De Kammerberg, mouvant de ma tour d'Heppenheff.
Marche comme ont marché Nemrod, César, Pompée!
J'ai deux mères, vois-tu, ma mère et mon épée.
Je suis bâtard d'un comte, et légitime fils
De mes exploits. Il faut faire comme je fis.

A part.

Hélas! au crime près!

Haut.

Mon enfant! sois honnête
Et brave. Dès longtemps j'arrange dans ma tête
Ce mariage-là. Certe, on peut allier
Le franc-archer Otbert à Job, franc chevalier!
Tu t'étais dit : — Toujours je serai, quelle honte!
Le chien du vieux lion, le page du vieux comte.
Captif, tant qu'il vivra, près de lui! — Sur ma foi,
Je t'aime, mon enfant, mais pour toi, non pour moi.
Oh! les vieux ne sont pas si méchants qu'on le pense!
Voyons, arrangeons tout. Je crains Hatto. Silence!
Pas de rupture ici. L'on joûrait du couteau.

Baissant la voix.

Mon donjon communique aux fossés du château.
J'en ai les clefs. Otbert, ce soir, sous bonne garde,
Vous partirez tous deux. Le reste te regarde.

OTBERT.

Mais...

JOB, *souriant.*

Tu refuses?

OTBERT.

Comte! ah! c'est le paradis
Que vous m'ouvrez!

JOB.

Alors fais ce que je te dis.
Plus un mot. Le soleil couché, vous fuirez vite.
J'empêcherai Hatto d'aller à ta poursuite :
Et vous vous marirez à Caub.

Guanhumara, qui a tout entendu, sort. Il prend leurs bras à tous deux sous les siens et les regarde avec tendresse.

Mes amoureux,
Dites-moi seulement que vous êtes heureux.
Moi, je vais rester seul.

RÉGINA.

Mon père!

JOB.

Il faut me dire
Un dernier mot d'amour dans un dernier sourire.
Que deviendrai-je, hélas! quand vous serez partis?
Quand mon passé, mes maux, toujours appesantis,
Vont retomber sur moi?

A Régina.

Car, vois-tu, ma colombe,
Je soulève un moment ce poids, puis il retombe!

A Otbert.

Gunther, mon chapelain, vous suivra. J'ai l'espoir
Que tout ira bien. Puis vous reviendrez me voir,
Un jour. — Ne pleurez pas! laissez-moi mon courage.
Vous êtes heureux, vous! Quand on s'aime à votre âge,
Qu'importe un vieux qui pleure! — Ah! vous avez vingt ans!
Moi, Dieu ne peut vouloir que je souffre longtemps.

Il s'arrache de leurs bras.

Attendez-moi céans.

A Otbert.
Tu connais bien la porte.
J'en vais chercher les clefs, et je te les rapporte.

Il sort par la porte de gauche.

SCÈNE V.

OTBERT, RÉGINA.

OTBERT, *le regardant sortir avec égarement.*
Juste ciel! tout se mêle en mon esprit troublé.
Fuir avec Régina! fuir ce burg désolé!
Oh! si je rêve, ayez pitié de moi, madame.
Ne me réveillez pas. — Mais c'est bien toi, mon âme!
Ange, tu m'appartiens! fuyons avant ce soir,
Fuyons dès à présent! Si tu pouvais savoir!... —
Là l'Eden radieux, derrière moi l'abîme!
Je fuis vers le bonheur, je fuis devant le crime!

RÉGINA.
Que dis-tu?

OTBERT.
Régina, ne crains rien. Je fuirai.
Mais mon serment! grand Dieu! Régina! j'ai juré!
Qu'importe, je fuirai, j'échapperai. Dieu juste,
Jugez-moi. Ce vieillard est bon, il est auguste,
Je l'aime! Viens, partons! Tout nous aide à la fois.
Rien ne peut empêcher notre fuite...

Pendant ces dernières paroles, Guanhumara est rentrée par la galerie du fond. Elle conduit Hatto et lui montre du doigt Otbert et Régina, qui se tiennent embrassés. Hatto fait un signe, et derrière lui arrivent en foule les princes, les burgraves et les soldats. Le marquis leur indique du geste les deux amants, qui, absorbés dans leur contemplation d'eux-mêmes, ne voient rien et n'entendent rien. Tout à coup, au moment où Otbert se retourne entraînant Régina, Hatto se dresse devant lui. Guanhumara a disparu.

SCÈNE VI.

OTBERT, RÉGINA, HATTO, MAGNUS, GORLOIS. Les Burgraves, les Princes. GIANNILARO. Soldats. Puis le MENDIANT. Puis JOB.

HATTO, *à Otbert.*

Tu crois ?

RÉGINA.

Ciel ! Hatto !

HATTO, *aux archers.*

Saisissez cet homme et cette femme.

OTBERT, *tirant son épée et arrêtant du geste les soldats.*
Marquis Hatto, je sais que tu n'es qu'un infâme.
Je te sais traître, impie, abominable et bas.
Je veux savoir aussi si l'on ne trouve pas
Au fond de ton cœur vil, cloaque d'immondices,
La peur, fange et limon que déposent les vices.
Je soupçonne, entre nous, que tu n'es qu'un poltron ;
Et que tous ces seigneurs, — meilleurs que toi, baron ! —
Quand j'aurai secoué ton faux semblant d'audace,
Vont voir ta lâcheté te monter à la face !
Je représente ici, par son choix souverain,
Régina, fille noble et comtesse du Rhin.
Prince, elle te refuse, et c'est moi qu'elle épouse.
Hatto, je te défie, à pied, sur la pelouse
Auprès de la Wisper, à trois milles d'ici,
A toute arme, en champ clos, sans délai, sans merci,

Sans quartier, réservés d'armet et de bavière,
A face découverte, au bord de la rivière;
Et l'on y jettera le vaincu. Tue ou meurs.

Régina tombe évanouie. Ses femmes l'emportent. Otbert barre le passage aux archers, qui veulent s'approcher.

Que nul ne fasse un pas! je parle à ces seigneurs.

Aux princes.

Ecoutez tous, marquis venus de la montagne,
Duc Gerhard, sire Uther, pendragon de Bretagne,
Burgrave Darius, burgrave Cadwalla :
Je soufflette à vos yeux ce baron que voilà !
Et j'invoque céans, pour châtier ses hontes,
Le droit des francs-archers par-devant les francs-comtes !

Il jette son gant au visage de Hatto. — Entre le mendiant, confondu dans la foule des assistants.

HATTO.

Je t'ai laissé parler!

Bas à Zoaglio Giannilaro, qui est près de lui dans la foule des seigneurs.

Dieu sait, Giannilaro,
Que mon épée en tremble encor dans le fourreau!

A Otbert.

Maintenant je te dis : Qui donc es-tu, mon brave !
Parle, es-tu fils de roi, duc souverain, margrave,
Pour m'oser défier? Dis ton nom seulement,
Le sais-tu? Tu te dis l'archer Otbert.

Aux seigneurs.

Il ment.

A Otbert.

Tu mens. Ton nom n'est pas Otbert. Je vais te dire
D'où tu viens, d'où tu sors, ce que tu vaux! — messire,
Ton nom est Yorghi Spadacelli. Tu n'es
Pas même gentilhomme. Allons! je te connais.

Ton aïeul était Corse et ta mère était Slave.
Tu n'es qu'un vil faussaire, esclave et fils d'esclave
Arrière!

Aux assistants.

Il est, seigneurs, des princes parmi vous.
S'ils prennent son parti, je les accepte tous,
Pied contre pied, partout, ici, dans l'avenue,
Deux poignards dans les mains, et la poitrine nue!

A Otbert.

Mais toi, vil brigand corse, échappé des makis,

Il pousse du pied le gant d'Otbert.

Jette aux valets ton gant!

OTBERT.

Misérable!

LE MENDIANT, *faisant un pas, à Hatto.*

Marquis!

J'ai quatre-vingt-douze ans, mais je te tiendrai tête.
— Une épée!

Il jette son bâton et prend l'épée de l'une des panoplies
suspendues au mur.

HATTO, *éclatant de rire.*

Un bouffon manquait à cette fête.

Le voici, messeigneurs. D'où sort ce compagnon?
Nous tombons du bohême au mendiant.

Au mendiant.

Ton nom?

LE MENDIANT.

Frédéric de Souabe, empereur d'Allemagne.

MAGNUS.

Barberousse!...

Étonnement et stupeur. Tous s'écartent et forment une sorte
de grand cercle autour du mendiant, qui dégage de ses hail-

lons une croix attachée à son cou et l'élève de sa main droite, la gauche appuyée sur l'épée piquée en terre.

LE MENDIANT.

Voici la croix de Charlemagne.

Tous les yeux se fixent sur la croix. Moment de silence.
Il reprend.

Moi, Frédéric, seigneur du mont où je suis né,
Elu roi des Romains, empereur couronné,
Porte-glaive de Dieu, roi de Bourgogne et d'Arles,
J'ai violé la tombe où dormait le grand Charles ;
J'en ai fait pénitence ; et, le genou plié,
J'ai vingt ans au désert pleuré, gémi, prié.
Vivant de l'eau du ciel et de l'herbe des roches,
Fantôme dont le pâtre abhorrait les approches,
Le monde entier m'a cru descendu chez les morts.
Mais j'entends mon pays qui m'appelle ; je sors
De l'ombre où je songeais, exilé volontaire.
Il est temps de lever ma tête hors de terre.
Me reconnaissez-vous ?

MAGNUS, *s'approchant*.

Ton bras, César romain !

LE MENDIANT.

Le trèfle qu'un de vous m'imprima sur la main ?

Il présente son bras à Magnus.

Vois.

Magnus s'incline, examine attentivement le bras du mendiant, puis se redresse.

MAGNUS, *aux assistants*.

Je déclare ici, la vérité m'y pousse,
Que voici l'empereur Frédéric Barberousse.

La stupeur est au comble. Le cercle s'élargit. L'empereur, appuyé sur la grande épée, se tourne vers les assistants et promène sur eux des regards terribles.

L'EMPEREUR.

Vous m'entendiez jadis marcher dans ces vallons,
Lorsque l'éperon d'or sonnait à mes talons.
Vous me reconnaissez, burgraves. — C'est le maître,
Celui qui subjugua l'Europe, et fit renaître
L'Allemagne d'Othon, reine au regard serein;
Celui que choisissaient pour juge souverain,
Comme bon empereur, comme bon gentilhomme,
Trois rois dans Mersebourg et deux papes dans Rome.
Et qui donna, touchant leurs fronts du sceptre d'or,
La couronne à Suénon, la tiare à Victor;
Celui qui des Hermann renversa le vieux trône;
Qui vainquit tour à tour, en Thrace et dans Icône,
L'empereur Isaac et le calife Arslan;
Celui qui, comprimant Gênes, Pise, Milan,
Etouffant guerres, cris, fureurs, trahisons viles,
Prit dans sa large main l'Italie aux cent villes;
Il est là qui vous parle. Il surgit devant vous!

Il fait un pas, tous reculent.

— J'ai su juger les rois, je sais traquer les loups. —
J'ai fait pendre les chefs des sept cités lombardes;
Albert l'Ours m'opposait dix mille hallebardes,
Je le brisai; mes pas sont dans tous les chemins;
J'ai démembré Henri le Lion de mes mains,
Arraché ses duchés, arraché ses provinces;
Puis avec ses débris j'ai fait quatorze princes;
Enfin j'ai, quarante ans, avec mes doigts d'airain,
Pierre à pierre émietté vos donjons dans le Rhin!
Vous me reconnaissez, bandits; je viens vous dire
Que j'ai pris en pitié les douleurs de l'Empire,
Que je vais vous rayer du nombre des vivants,
Et jeter votre cendre infâme aux quatre vents!

Il se tourne vers les archers.

Vos soldats m'entendront! Ils sont à moi. J'y compte.
Ils étaient à la gloire avant d'être à la honte.
C'est sous moi qu'ils servaient avant ces temps d'horreur,
Et plus d'un se souvient de son vieil empereur.
N'est-ce pas, vétérans? N'est-ce pas, camarades?

Aux burgraves.

Ah! mécréants! félons! ravageurs de bourgades!
Ma mort vous fait renaître. Eh bien! touchez, voyez,
Entendez! c'est bien moi!

Il marche à grands pas au milieu d'eux. Tous s'écartent devant lui.

Sans doute vous croyez
Etre des chevaliers! Vous vous dites : — Nous sommes
Les fils des grands barons et des grands gentilshommes.
Nous les continuons. — Vous les continuez?
Vos pères, toujours fiers, jamais diminués,
Faisaient la grande guerre; ils se mettaient en marche,
Ils enjambaient les ponts dont on leur brisait l'arche,
Affrontaient le piquier ainsi que l'escadron,
Faisaient, musique en tête et sonnant du clairon,
Face à toute une armée et tenaient la campagne,
Et, si haute que fût la tour ou la montagne,
N'avaient besoin, pour prendre un château rude et fort,
Que d'une échelle en bois pliant sous leur effort,
Dressée au pied des murs d'où ruisselait le soufre,
Ou d'une corde à nœuds qui, dans l'ombre du gouffre,
Balançait ces guerriers, moins hommes que démons,
Et que le vent la nuit tordait au flanc des monts!
Blâmait-on ces assauts de nuit, ces capitaines
Défiaient l'empereur au grand jour, dans les plaines;
Puis attendaient, debout dans l'ombre, un contre vingt,
Que le soleil parût et que l'empereur vînt!
C'est ainsi qu'ils gagnaient châteaux, villes et terres;

Si bien qu'il se trouvait qu'après trente ans de guerres,
Quand on cherchait des yeux tous ces faiseurs d'exploits,
Les petits étaient ducs, et les grands étaient rois ! —
Vous ! — comme des chacals et comme des orfraies,
Cachés dans les taillis et dans les oseraies,
Vils, muets, accroupis, un poignard à la main,
Dans quelque mare immonde au bord du grand chemin,
D'un chien qui peut passer redoutant les morsures,
Vous épiez le soir, près des routes peu sûres,
Le pas d'un voyageur, le grelot d'un mulet ;
Vous êtes cent pour prendre un pauvre homme au collet ;
Le coup fait, vous fuyez en hâte à vos repaires...
Et vous osez parler de vos pères ! — Vos pères,
Hardis parmi les forts, grands parmi les meilleurs,
Etaient des conquérants ; vous êtes des voleurs !

> Les burgraves baissent la tête avec une sombre expression d'abattement, d'indignation et d'épouvante. Il poursuit.

Si vous aviez des cœurs, si vous aviez des âmes,
On vous dirait : Vraiment, vous êtes trop infâmes !
Quel moment prenez-vous, lâchement enhardis,
Pour faire, vous, barons, ce métier de bandits ?
L'heure où notre Allemagne expire !... Ignominie !
Fils méchants, vous pillez la mère à l'agonie !
Elle pleure, et, levant au ciel ses bras roidis,
Sa voix faible en râlant vous dit : Soyez maudits !
Ce qu'elle dit tout bas, je le crie à voix haute.
Je suis votre empereur, je ne suis plus votre hôte.
Soyez maudits ! je rentre en mes droits aujourd'hui,
Et, m'étant châtié, puis châtier autrui.

> Il aperçoit les deux margraves Platon et Gilissa et marche droit à eux.

Marquis de Moravie et marquis de Lusace.
Vous sur les bords du Rhin ! Est-ce là votre place ?
Tandis que ces bandits vous fêtent en riant,

On entend des chevaux hennir à l'Orient.
Les hordes du Levant sont aux portes de Vienne.
Aux frontières, messieurs! allez! Qu'il vous souvienne
De Henri le Barbu, d'Ernest le Cuirassé.
Nous gardons le créneau, vous, gardez le fossé!
Allez!

Apercevant Zoaglio Giannilaro.

Giannilaro! ta figure me gêne.
Que viens-tu faire ici? Génois, retourne à Gêne!

Au pendragon de Bretagne.

Que nous veut sire Uther? Quoi! des Bretons aussi!
Tous les aventuriers du monde sont ici!

Aux deux marquis Platon et Gilissa.

Les margraves paîront cent mille marcs d'amende.

Au comte Lupus.

Grande jeunesse; mais perversité plus grande.
Tu n'es plus rien! je mets ta ville en liberté.

Au duc Gerhard.

La comtesse Isabelle a perdu sa comté;
Le larron, c'est toi, duc! Tu t'en iras à Bâle;
Nous y convoquerons la chambre impériale,
Et là, publiquement, prince, tu marcheras
Une lieue en portant un juif entre tes bras.

Aux soldats.

Délivrez les captifs! et de leurs mains d'esclaves
Qu'ils attachent leur chaîne au cou de ces burgraves!

Aux burgraves.

Ah! vous n'attendiez point ce réveil, n'est-ce pas?
Vous chantiez, verre en main, l'amour, les longs repas;
Vous poussiez de grands cris et vous étiez en joies;
Vous enfonciez gaîment vos ongles dans vos proies;

Vous déchiriez mon peuple, hélas! qui m'est si cher,
Et vous vous partagiez les lambeaux de sa chair!
Tout à coup... tout à coup dans l'antre inaccessible,
Le vengeur indigné, frissonnant et terrible,
Apparaît; l'empereur met le pied sur vos tours,
Et l'aigle vient s'abattre au milieu des vautours!

Tous semblent frappés de consternation et de terreur. Depuis quelques instants Job est entré et s'est mêlé en silence aux chevaliers. Magnus seul a écouté l'empereur sans trouble, et n'a cessé de le regarder fixement pendant qu'il a parlé. Quand Barberousse a fini, Magnus le regarde encore une fois de la tête aux pieds, puis son visage prend une sombre expression de joie et de fureur.

MAGNUS, *l'œil fixé sur l'empereur.*

Oui, c'est bien lui! — vivant!

Il écarte d'un geste formidable les soldats et les princes, marche au fond du théâtre, franchit en deux pas le degré de six marches, saisit de ses deux poings les créneaux de la galerie, et crie au dehors d'une voix tonnante.

Triplez les sentinelles!
Les archers au donjon! les frondeurs aux deux ailes!
Haut le pont! bas la herse! Armez les mangonneaux!
Mille hommes au ravin! mille hommes aux créneaux!
Soldats, courez au bois! taillez granits et marbres;
Prenez les plus grands blocs, prenez les plus grands arbres,
Et sur ce mont, qui jette au monde la terreur,
Faites-nous un gibet digne d'un empereur!

Il redescend.

Il s'est livré lui-même. Il est pris!

Croisant les bras et regardant l'empereur en face.

Je t'admire!
Où sont tes gens? où sont les fourriers de l'empire?
Entendrons-nous bientôt les trompettes sonner?
Vas-tu, sur ce donjon que tu dois ruiner,

Semer, dans les débris où sifflera la bise,
Du sel comme à Lubeck, du chanvre comme à Pise?
Mais quoi? je n'entends rien. Serais-tu seul ici?
Pas d'armée, ô César! Je sais que c'est ainsi
Que tu fais d'ordinaire, et que c'est de la sorte
Que, l'épée à la main, seul, brisant une porte,
Criant tout haut ton nom, tu pris Tarse et Cori;
Il t'a suffi d'un pas, il t'a suffi d'un cri,
Pour forcer Gêne, Utrecht, et Rome abâtardie;
Iconium plia sous toi; la Lombardie
Trembla quand elle vit, à ton souffle d'enfer,
Frissonner dans Milan l'arbre aux feuilles de fer;
Nous savons tout cela; mais sais-tu qui nous sommes?

Montrant les soldats.

Je t'écoutais parler tout à l'heure à ces hommes,
Leur dire : Vétérans, camarades! — Fort bien! —
Pas un n'a bougé! vois. C'est qu'ici tu n'es rien.
C'est mon père qu'on craint, c'est mon père qu'on aime.
Ils sont au comte Job avant d'être à Dieu même!
L'hôte seul est sacré, César, pour le bandit.
Or, tu n'es plus notre hôte, et toi-même l'as dit.

Montrant Job.

Ecoute, ce vieillard que tu vois, c'est mon père.
C'est lui qui t'a flétri du fer triangulaire,
Et l'on te reconnaît aux marques de l'affront
Mieux qu'à l'huile sacrée effacée à ton front!
La haine entre vous deux est comme vous ancienne.
Tu mis à prix sa tête, il mit à prix la tienne;
Il la tient. Te voilà seul et nu parmi nous.
Fritz de Hohenstaufen! regarde-nous bien tous!
Plutôt que d'être entré, car vraiment tu me touches,
Dans ce cercle muet de chevaliers farouches,
Darius, Cadwalla, Gorlois, Hatto, Magnus,

Chez le grand comte Job, burgrave du Taunus,
Il vaudrait mieux pour toi,—roi de Bourgogne et d'Arles,
Empereur, qui ne sais pas même à qui tu parles,
Que rien qu'à sa folie on aurait reconnu, —
Il vaudrait mieux, plutôt que d'être ici venu,
Etre entré, quand la nuit tend ses voiles funèbres,
Dans quelque antre d'Afrique, et parmi les ténèbres,
Voir soudain des lions et des tigres, ô roi,
Sortir de toutes parts de l'ombre autour de toi.

Pendant que Magnus a parlé, le cercle des burgraves s'est resserré lentement autour de l'empereur. Derrière les burgraves est venue se ranger silencieusement une triple ligne de soldats armés jusqu'aux dents, au-dessus desquels s'élève la grande bannière du burg mi-partie rouge et noire, avec une hache d'argent brodée dans le champ de gueules, et cette légende sous la hache : MONTI COMAM, VIRO CAPUT. L'empereur, sans reculer d'un pas, tient cette foule en respect. Tout à coup, quand Magnus a fini, l'un des burgraves tire son épée.

CADWALLA, *tirant son épée.*

César ! César ! César ! rends-nous nos citadelles !

DARIUS, *tirant son épée.*

Nos burgs, qui ne sont plus que des nids d'hirondelles !

HATTO, *tirant son épée.*

Rends-nous nos amis morts, qui hantent nos donjons
Quand l'âpre vent des nuits pleure à travers les joncs !

MAGNUS, *saisissant sa hache.*

Ah ! tu sors du sépulcre ! eh bien ! je t'y repousse,
Afin qu'au même instant,—tu comprends, Barberousse,—
Où le monde entendra cent voix avec transport
Crier : Il est vivant ! l'écho dise : Il est mort !
— Tremble donc, insensé qui menaçais nos têtes !

Les burgraves, l'épée haute, pressent Barberousse avec des cris formidables. Job sort de la foule et lève la main. Tous se taisent.

JOB, *à l'empereur.*

Sire, mon fils Magnus vous a dit vrai. Vous êtes
Mon ennemi. C'est moi qui, soldat irrité,
Jadis portai la main sur Votre Majesté.
Je vous hais. — Mais je veux une Allemagne au monde.
Mon pays plie et penche en une ombre profonde.
Sauvez-le. Moi, je tombe à genoux en ce lieu
Devant mon empereur que ramène mon Dieu !

Il s'agenouille devant Barberousse, puis se tourne à demi vers les princes et les burgraves.

A genoux tous ! — Jetez à terre vos épées !

Tous jettent leurs épées et se prosternent, excepté Magnus. Job, à genoux, parle à l'empereur.

Vous êtes nécessaire aux nations frappées ;
Vous seul ! Sans vous l'Etat touche aux derniers moments.
Il est en Allemagne encor deux Allemands :
Vous et moi. — Vous et moi, cela suffira, sire.
Régnez.

Désignant du geste les assistants.

Quant à ceux-ci, je les ai laissés dire.
Excusez-les, ce sont des jeunes gens.

A Magnus, qui est resté debout.

Magnus !

Magnus, en proie à une sombre irrésolution, semble hésiter. Son père fait un geste. Il tombe à genoux. Job poursuit.

Toujours barons et serfs, fronts casqués et pieds nus,
Chasseurs et laboureurs ont échangé des haines ;
Les montagnes toujours ont fait la guerre aux plaines ;
Vous le savez. Pourtant, j'en conviens sans effort,
Les barons ont mal fait, les montagnes ont tort !

Se relevant. Aux soldats.

Qu'on mette en liberté les captifs.

Les soldats obéissent en silence et détachent les chaînes des prisonniers, qui, pendant cette scène, sont venus se grouper dans la galerie au fond du théâtre. Job reprend.

        Vous, burgraves,
Prenez, César le veut, leurs fers et leurs entraves.

Les burgraves se relèvent avec indignation. Job les regarde avec autorité.

— Moi d'abord.

Il fait signe à un soldat de lui mettre au cou un des colliers de fer. Le soldat baisse la tête et détourne les yeux. Job lui fait signe de nouveau. Le soldat obéit. Les autres burgraves se laissent enchaîner sans résistance. Job, la chaîne au cou, se tourne vers l'empereur.

      Nous voilà comme tu nous voulais,
Très-auguste empereur. Dans son propre palais
Le vieux Job est esclave et t'apporte sa tête.
Maintenant, si des fronts qu'a battus la tempête
Méritent la pitié, mon maître, écoutez-moi.
Quand vous irez combattre aux frontières, ô roi,
Laissez-nous, — faites-nous cette grâce dernière, —
Vous suivre, troupe armée et pourtant prisonnière.
Nous garderons nos fers ; mais, tristes et soumis,
Mettez-nous face à face avec vos ennemis,
Devant les plus hardis, devant les plus barbares ;
Et, quels qu'ils soient, Hongrois, Vandales, magyares,
Fussent-ils plus nombreux que ne sont sur la mer
Les grêles du printemps et les neiges d'hiver,
Fussent-ils plus épais que les blés sur la plaine,
Vous nous verrez, flétris, l'œil baissé, l'âme pleine
De ce regret amer qui se change en courroux,
Balayer — j'en réponds — ces hordes devant vous,
Terribles, enchaînés, les mains de sang trempées,
Forçats par nos carcans, héros par nos épées !

LE CAPITAINE DES ARCHERS DU BURG, *s'avançant vers Job, et s'inclinant pour prendre ses ordres.*

Seigneur...

Job secoue la tête et lui fait signe du doigt de s'adresser à l'empereur, silencieux et immobile au milieu du théâtre. Le capitaine se tourne vers l'empereur et le salue profondément.

Sire...

L'EMPEREUR, *désignant les burgraves.*

Aux prisons !

Les soldats emmènent les barons, excepté Job, qui reste sur un signe de l'empereur. Tous sortent. Quand ils sont seuls, Frédéric s'approche de Job et détache sa chaîne. Job se laisse faire avec stupeur. Moment de silence.

L'EMPEREUR, *regardant Job en face.*

Fosco !

JOB, *tressaillant avec épouvante.*

Ciel !

L'EMPEREUR, *le doigt sur la bouche.*

Pas de bruit.

JOB, *à part.*

Dieu !

L'EMPEREUR.

Va ce soir m'attendre où tu vas chaque nuit.

TROISIÈME PARTIE

LE CAVEAU PERDU

Un caveau sombre, à voûte basse et cintrée, d'un aspect humide et hideux. Quelques lambeaux d'une tapisserie rongée par le temps pendent à la muraille. A droite, une fenêtre dans le grillage de laquelle on distingue trois barreaux brisés et comme violemment écartés. A gauche, un banc et une table de pierre grossièrement taillés. Au fond, dans l'obscurité, une sorte de galerie dont on entrevoit les piliers soutenant les retombées des archivoltes.

Il est nuit; un rayon de lune entre par la fenêtre et dessine une forme droite et blanche sur le mur opposé.

Au lever du rideau, Job est seul dans le caveau, assis sur le banc de pierre, et semble en proie à une méditation sombre. Une lanterne allumée est posée sur la dalle à ses pieds. Il est vêtu d'une sorte de sac en bure grise.

SCÈNE PREMIÈRE.

JOB, seul.

Que m'a dit l'empereur? et qu'ai-je répondu?
Je n'ai pas compris. — Non. — J'aurai mal entendu.

Depuis hier en moi je ne sens qu'ombre et doute ;
Je marche en chancelant, comme au hasard ; ma route
S'efface sur mes pas ; je vais, triste vieillard ;
Et les objets réels, perdus sous un brouillard,
Devant mon œil troublé, qui dans l'ombre en vain plonge,
Tremblent derrière un voile ainsi que dans un songe.

Rêvant.

Le démon joue avec l'esprit des malheureux.
Oui, c'est sans doute un rêve. — Oui, mais il est affreux !
Hélas ! dans notre cœur, percé de triples glaives,
Lorsque la vertu dort, le crime fait les rêves.
Jeune, on rêve au triomphe, et vieux au châtiment.
Deux songes aux deux bouts du sort. — Le premier ment.
Le second dit-il vrai ?

Moment de silence.

Ce que je sais pour l'heure,
C'est que tout a croulé dans ma haute demeure.
Frédéric Barberousse est maître en ma maison.
O douleur ! — C'est égal ! j'ai bien fait, j'ai raison,
J'ai sauvé mon pays, j'ai sauvé le royaume.

Rêvant.

—L'empereur ! — Nous étions l'un pour l'autre un fantôme ;
Et nous nous regardions d'un œil presque ébloui
Comme les deux géants d'un monde évanoui !
Nous restons en effet seuls tous deux sur l'abîme ;
Nous sommes du passé la double et sombre cime ;
Le nouveau siècle a tout submergé ! mais ses flots
N'ont point couvert nos fronts, parce qu'ils sont trop hauts !

S'enfonçant dans sa rêverie.

L'un des deux va tomber. C'est moi. L'ombre me gagne.
O grand événement ! chute de ma montagne !
Demain, le Rhin mon père au vieux monde allemand
Contera ce prodige et cet écroulement,

Et comment a fini, rude et fière secousse,
Le grand duel du vieux Job et du vieux Barberousse.
Demain, je n'aurai plus de fils, plus de vassaux.
Adieu la lutte immense! adieu les noirs assauts!
Adieu gloire! Demain, j'entendrai, si j'écoute,
Les passants me railler et rire sur la route,
Et tous verront ce Job, qui, cent ans souverain,
Pied à pied défendit chaque roche du Rhin,
— Job qui, malgré César, malgré Rome, respire, —
Vaincu, rongé vivant par l'aigle de l'empire,
Et colosse gisant dont on peut s'approcher,
Cloué, dernier burgrave, à son dernier rocher!

Il se lève.

Quoi! c'est le comte Job! quoi! c'est moi qui succombe!...—
Silence, orgueil! tais-toi du moins dans cette tombe!

Il promène ses regards autour de lui.

C'est ici, sous ces murs qu'on dirait palpitants,
Qu'en une nuit pareille... — Oh! voilà bien longtemps,
Et c'est toujours hier! Horreur!

Il retombe sur le banc de pierre, se cache le visage de ses deux mains et pleure.

                            Sous cette voûte,
Depuis ce jour mon crime a sué goutte à goutte
Cette sueur de sang qu'on nomme le remords.
C'est ici que je parle à l'oreille des morts.
Depuis lors l'insomnie, ô Dieu! des nuits entières,
M'a mis ses doigts de plomb dans le creux des paupières;
Ou, si je m'endormais, versant un sang vermeil,
Deux ombres traversaient sans cesse mon sommeil.

Se levant en s'avançant sur le devant de la scène.

Le monde m'a cru grand; dans l'oubli du tonnerre,
Ces monts ont vu blanchir leur bandit centenaire;
L'Europe m'admirait debout sur nos sommets;

Mais, quoi que puisse faire un meurtrier, jamais
Sa conscience en deuil n'est dupe de sa gloire.
Les peuples me croyaient ivre de ma victoire;
Mais la nuit, — chaque nuit! et pendant soixante ans! —
Morne, ici je pliais mes genoux pénitents!
Mais ces murs, noir repli de ce burg si célèbre,
Voyaient l'intérieur indigent et funèbre
De ma fausse grandeur, pleine de cendre, hélas!
Les clairons devant moi jetaient de longs éclats;
J'étais puissant; j'allais, levant haut ma bannière,
Comte chez l'empereur, lion dans ma tanière;
Mais, tandis qu'à mes pieds tout n'était que néant,
Mon crime, nain hideux, vivait en moi, géant,
Riait quand on louait ma tête vénérable,
Et, me mordant au cœur, me criait : Misérable!

Levant les mains au ciel.

Donato! Ginevra! victimes! ferez-vous
Grâce à votre bourreau, quand Dieu nous prendra tous?
Oh! frapper sa poitrine, à genoux sur la pierre,
Pleurer, se repentir, vivre l'âme en prière,
Cela ne suffit pas. Rien ne m'a pardonné!
Non! je me sais maudit, et je me sens damné!

Il se rassied.

J'avais des descendants et j'avais des ancêtres;
Mon burg est mort; mon fils est vieux; ses fils sont traîtres;
Mon dernier-né! — je l'ai perdu! — dernier trésor!
Otbert et Régina, ceux que j'aimais encor,
— Car l'âme aime toujours, parce qu'elle est divine, —
Sont dispersés sans doute au vent de ma ruine.
Je viens de les chercher, tous deux ont disparu.
C'est trop! mourons!

Il tire un poignard de sa ceinture.

Ici, mon cœur l'a toujours cru,

Quelqu'un m'entend.

Se tournant vers les profondeurs du souterrain.

Eh bien ! je t'adjure à cette heure,
Pardonne, ô Donato ! grâce avant que je meure !
Job n'est plus. Fosco reste. Oh ! grâce pour Fosco !

UNE VOIX, *dans l'ombre, faiblement comme un murmure.*
Caïn !

JOB, *troublé.*

On a parlé, je crois ? — Non, c'est l'écho.
Si quelqu'un me parlait, ce serait de la tombe.
Car le moyen d'entrer dans cette catacombe,
Ce corridor secret, où jamais jour n'a lui,
Aucun vivant, hors moi, ne le sait aujourd'hui ;
Ceux qui l'ont su, depuis plus de soixante années,
Sont morts.

Il fait un pas vers le fond du théâtre.

Mes mains vers toi sont jointes et tournées,
Martyr ! grâce à Fosco !

LA VOIX.
Caïn !

JOB, *se redressant debout épouvanté.*

C'est étonnant !
On a parlé, c'est sûr ! Eh bien donc, maintenant,
Ombre, qui que tu sois, fantôme ! je t'implore !
Frappe ! Je veux mourir plutôt qu'entendre encore
L'écho, l'horrible écho de ce noir souterrain,
Lorsque je dis Fosco, me répondre...

LA VOIX.
Caïn !

S'affaiblissant comme si elle se perdait dans les profondeurs.

Caïn ! Caïn !

JOB.

Grand Dieu! grand Dieu! mon genou plie.
Je rêve... — La douleur, se changeant en folie,
Finit par enivrer comme un vin de l'enfer.
Oh! du remords en moi j'entends le rire amer.
Oui, c'est un songe affreux qui me suit et m'accable,
Et devient plus difforme en ce lieu redoutable.
O sombre voix qui sort du tombeau, me voici.
A quelle question dois-je répondre ici?
Quelle explication veux-tu? Sans m'y soustraire,
Parle, je répondrai!

Une femme voilée, vêtue de noir, une lampe à la main, apparaît au fond du théâtre. Elle sort de derrière le pilier de gauche.

SCÈNE II.

JOB, GUANHUMARA.

GUANHUMARA, *voilée*.

Qu'as-tu fait de ton frère?

JOB, *avec terreur*.

Qu'est-ce que cette femme?

GUANHUMARA.

Une esclave là-haut,
Mais une reine ici. Comte, à chacun son lot.
Tu sais, ce burg est double, et ses tours colossales
Ont plus d'une caverne au-dessous de leurs salles.
Tout ce que le soleil éclaire est sous ta loi;
Tout ce que remplit l'ombre, ô burgrave, est à moi!

Elle marche lentement à lui.

Je te tiens, tu ne peux m'échapper.

JOB.

       Qu'es-tu, femme?

    GUANHUMARA.

Je vais te raconter une action infâme.
C'était... — voilà longtemps! beaucoup depuis sont morts.
Ceux qui comptent cent ans avaient trente ans alors.

   Elle montre un coin du caveau.

Deux amants étaient là. Regarde cette chambre.
C'était, comme à présent, une nuit de septembre.
Un froid rayon de lune, entrant au bouge obscur,
Découpait un linceul sur la blancheur du mur...

  Elle se retourne et lui montre le mur éclairé par la lune.

Comme là. — Tout à coup, l'épée à la main.

    JOB.

        Grâce!

Assez!

    GUANHUMARA.

  Tu sais l'histoire? Eh bien, Fosco! la place
Où Donato tomba poignardé...

   Elle montre le banc de pierre.

     La voici. —

Le bras qui poignarda...

   Elle saisit le bras droit de Job.

     Le voilà.

    JOB.

      Frappe aussi.

Mais tais-toi!

    GUANHUMARA.

  L'on jeta...

   Elle l'entraîne rudement vers la fenêtre.

      — Viens! — par cette fenêtre,
Sfrondati, l'écuyer, et Donato, son maître;

Et pour faire passer leurs corps,

Elle lui montre les trois barreaux rompus.

l'un des bourreaux

Avec sa main d'acier brisa ces trois barreaux.

Elle lui saisit la main de nouveau.

Cette main, aujourd'hui roseau, la voilà, comte!

JOB.

Grâce!

GUANHUMARA.

Quelqu'un aussi demandait grâce. O honte!

Une femme tordant ses bras, criant merci!
L'assassin en riant la fit lier...

Désignant du pied une dalle.

Ici!

Puis lui-même il lui mit au pied l'anneau d'esclave.
Le voici.

Elle soulève sa robe et lui montre l'anneau rivé à son pied nu.

JOB.

Ginevra!

GUANHUMARA.

Front mort, main froide, œil cave.

Oui, mon nom est charmant en Corse, Ginevra!
Ces durs pays du nord en font Guanhumara.
L'âge, cet autre nord, qui nous glace et nous ride,
De la fille aux doux yeux fait un spectre livide.

Elle lève son voile et montre à Job son visage décharné et lugubre.

Tu vas mourir.

JOB.

Merci!

GUANHUMARA.

Vieillard, attends avant

De me remercier. — Ton fils George est vivant.

JOB.

Ciel ! que dis-tu ?

GUANHUMARA.

C'est moi qui te l'ai pris.

JOB.

Par grâce !

GUANHUMARA.

Il avait ce collier au cou.

Elle tire de sa poitrine et lui jette un petit collier d'enfant, en or et en perles, qu'il ramasse et couvre de baisers. Puis il tombe à ses genoux.

JOB.

Pitié ! j'embrasse
Tes pieds ! Fais-le-moi voir !

GUANHUMARA.

Tu vas le voir aussi.
C'est lui qui va venir te poignarder ici.

JOB, *se relevant avec horreur*.

Dieu ! — Mais en as-tu fait un monstre en ta colère,
Pour croire qu'un enfant voudra tuer son père ?

GUANHUMARA.

C'est Otbert !

JOB, *joignant les mains vers le ciel*.

Sois béni, mon Dieu ! Je le rêvais.
Mais en lui tout est noble, il n'a rien de mauvais ;
Tu comptes follement sur mon Otbert...

GUANHUMARA.

Ecoute.
Tu marchais au soleil, j'ai fait la nuit ma route.
Tu ne m'as pas senti m'avancer en rampant.
Eveille-toi, Fosco, dans les plis du serpent ! —
Tandis que l'empereur t'occupait tout à l'heure,

J'étais chez Régina, j'étais dans ta demeure;
Elle a bu, grâce à moi, d'un philtre tout-puissant;
J'étais seule avec elle... — et regarde à présent!

Entrent par le fond de la galerie à droite deux hommes masqués, vêtus de noir et portant un cercueil couvert d'un drap noir, qui traversent lentement le fond du théâtre. Job court vers eux. Ils s'arrêtent.

JOB.

Un cercueil!

Job écarte le drap noir avec épouvante. Les hommes masqués le laissent faire. Le comte lève le suaire et voit une figure pâle. C'est Régina.

Régina!

A Guanhumara.

Monstre! tu l'as tuée.

GUANHUMARA.

Pas encore. A ces jeux je suis habituée.
Elle est morte pour tous; pour moi, comte, elle dort.
Si je veux...

Elle fait le geste de la résurrection.

JOB.

Que veux-tu pour l'éveiller?

GUANHUMARA.

Ta mort.

Otbert le sait. C'est lui qui choisira.

Elle étend sa main droite sur le cercueil.

Je jure,
Par l'éternel ennui que nous laisse l'injure,
Par la Corse au ciel d'or, au soleil dévorant,
Par le squelette froid qui dort dans le torrent,
Par ce mur qui du sang but la trace livide,
Que ce cercueil d'ici ne sortira pas vide!

Les deux hommes porteurs du cercueil se remettent en marche et disparaissent du côté opposé à celui par lequel ils sont entrés. — A Job.

Qu'il choisisse, elle ou toi ! — Si tu veux fuir loin d'eux,
Fuis ! Otbert, Régina, mourront alors tous deux.
Ils sont en mon pouvoir.

JOB, *se cachant le visage de ses mains.*

Horreur !

GUANHUMARA.

Laisse-toi faire,
Meurs ! Régina vivra !

JOB.

Voyons ! une prière !   [sang,
Mourir n'est rien. Prends-moi, prends mes jours, prends mon
Mais ne fais pas commettre un crime à l'innocent.
Femme, contente-toi d'une seule victime.
Un monde étrange à moi se révèle. Mon crime
A fait germer ici dans l'ombre, sous ces monts,
Un enfer dont je vois remuer les démons.
Hideux nid de serpents, né des gouttes fatales
Qui de mon poignard nu tombèrent sur ces dalles !
Le meurtre est un semeur qui récolte le mal ;
Je le sais. — Tu m'as pris dans un cercle infernal.
Que te faut-il de plus ? ne suis-je pas ta proie ?
C'est juste, tu fais bien, je t'accueille avec joie,
Moi, maudit dans mes fils, maudit dans mes neveux !
Mais épargne l'enfant, le dernier ! — Quoi ! tu veux
Qu'il entre ici pur, noble et sans tache, et qu'il sorte
Marqué du signe affreux que moi, Caïn, je porte !
— Ginevra, puisqu'enfin vous avez cru devoir
Me le prendre, à moi vieux dont il était l'espoir,
A moi qui du tombeau sentais déjà l'approche,
Je ne veux point ici vous faire de reproche, —
Enfin, vous l'avez pris et gardé près de vous,
Sans le faire souffrir, ce pauvre enfant si doux,
N'est-ce pas ? Vous avez, ô bonheur que j'envie !
Vu s'ouvrir son œil d'aigle interrogeant la vie,

Et son beau front chercher votre sein réchauffant,
Et naître sa jeune âme!... — Eh bien! c'est votre enfant,
Votre enfant comme à moi! Vraiment, je vous le jure! —
Oh! j'ai déjà souffert beaucoup, je vous assure.
Je suis puni! — Le jour où l'on vint m'annoncer
Que George était perdu, qu'on avait vu passer
Quelqu'un qui l'emportait, je me crus en délire.
— Je n'exagère pas : on a pu vous le dire. —
J'ai crié ce seul mot : Mon enfant enlevé!
Figurez-vous, je suis tombé sur le pavé!
Pauvre enfant! Quand j'y pense! il courait dans les roses,
Il jouait! — N'est-ce pas, ce sont là de ces choses
Qui torturent? jugez si j'ai souffert! — Eh bien!
Ne fais pas un forfait plus affreux que le mien!
Ne souille pas cette âme encor pure et divine!
Oh! si tu sens un cœur battre dans ta poitrine!...

GUANHUMARA.

Un cœur? Je n'en ai plus. Tu me l'as arraché.

JOB.

Oui, je veux bien mourir, dans ce tombeau couché,
— Pas de sa main! —

GUANHUMARA.

   Le frère ici tua le frère,
Le fils ici tûra le père,

JOB, *à genoux, les mains jointes, se traînant aux pieds de Guanhumara.*

  A ma misère
Accorde une autre mort. Je t'en prie!

GUANHUMARA.

      Ah! maudit!
Je te priais aussi, je te l'ai déjà dit,
A genoux, le sein nu, folle et désespérée.
Te souviens-tu qu'enfin, me levant égarée,

Je criai : — Je suis Corse! — et je te menaçai?
Alors, tout en jetant ta victime au fossé,
Me repoussant du pied avec un rire étrange,
Tu me dis ! Venge-toi si tu peux ! Je me venge !

JOB, *toujours à genoux.*

Mon fils ne t'a rien fait! Grâce! Je pleure! Voi!
Songe que je t'aimais ! J'étais jaloux !

GUANHUMARA.

Tais-toi!

Levant les yeux au ciel.

C'est une chose impie entre tant d'autres crimes
Que le couple effrayant, perdu dans les abîmes,
Qui parle en ce tombeau d'épouvante entouré,
Ose encor prononcer, amour, ton nom sacré!

A Job.

Eh bien! j'aimais aussi, moi, dont le cœur est vide !
Rends-moi mon Donato! rends-le-moi, fratricide!

JOB, *se levant avec une résignation sombre.*

Otbert sait-il qu'il doit tuer son père?

GUANHUMARA.

Non.

Pour sauver Régina, sans savoir ton vrai nom,
Il frappera dans l'ombre.

JOB.

Otbert! nuit lamentable!

GUANHUMARA.

Il sait, comme un bourreau, qu'il punit un coupable.
Rien de plus. — Meurs voilé, tais-toi, ne parle pas,
Si tu veux, j'y consens.

Elle détache son voile et le lui jette.

JOB, *saisissant le voile.*

Merci !

GUANHUMARA.

J'entends un pas.
Recommande ton âme à Dieu. — C'est lui. — Je rentre.
J'entendrai tout. Je tiens Régina dans mon antre.
Hâtez-vous d'en finir tous les deux.

Elle sort par le fond à gauche, du côté où ont disparu les porteurs du cercueil.

JOB, *tombant à genoux près du banc de pierre.*

Juste Dieu!

Il se couvre la tête du voile noir et demeure agenouillé, immobile dans l'attitude de la prière. Entre par la galerie à droite un homme vêtu de noir et masqué comme les deux précédents, portant une torche. Il fait signe d'entrer à quelqu'un qui le suit. C'est Otbert, Otbert, pâle, égaré, éperdu. Au moment où Otbert entre, et pendant qu'il parle, Job ne fait pas un mouvement. Dès qu'Otbert est entré, l'homme masqué disparaît.

SCÈNE III.

JOB, OTBERT.

OTBERT.

Où m'avez-vous conduit? Quel est ce sombre lieu?

Regardant autour de lui.

Mais quoi! l'homme masqué n'est plus là? Ciel! où suis-je?
Serait-ce ici? — Déjà! — Je frissonne! Un vertige
Me prend.

Apercevant Job.

Que vois-je là dans l'ombre? Oh! rien; souvent
Il se dirige vers Job dans les ténèbres.
La nuit nous trompe...

Il pose sa main sur la tête de Job.

Dieu! c'est un être vivant!

Job demeure immobile.

Ciel! je me sens glacé par la sueur du crime.
Est-ce ici l'échafaud? Est-ce là la victime? —
Triste Fosco, qu'il faut que je frappe aujourd'hui,
Est-ce vous? répondez!... — Il ne dit rien, c'est lui!
— Oh! qui que vous soyez, parlez-moi, je m'abhorre;
Je ne vous en veux pas, j'ignore tout, j'ignore
Pourquoi vous demeurez immobile, et pourquoi
Vous ne vous dressez pas terrible devant moi!
Je vous suis inconnu comme pour moi vous l'êtes.
Mais sentez-vous qu'au moins mes mains n'étaient pas faites
Pour cela? Sentez-vous que je suis l'instrument
D'une affreuse vengeance et d'un noir châtiment?
Savez-vous qu'un linceul qui traîne en ces ténèbres
Embarrasse mes pieds, pris dans ses plis funèbres?
Dites, connaissez-vous Régina, mon amour,
Cet ange dont le front dans mon cœur fait le jour?
Elle est là, voyez-vous, d'un suaire vêtue,
Morte si je faiblis, vivante si je tue!
— Ayez pitié de moi, vieillard! — Oh! parlez-moi!
Dites que vous voyez mon trouble et mon effroi,
Que vous me pardonnez votre horrible martyre!
Oh! que j'entende au moins votre voix me le dire!
Un seul mot de pardon, vieillard! mon cœur se fend!
Rien qu'un seul mot!

JOB, *se levant et jetant son voile.*

Otbert! mon Otbert! mon enfant!

OTBERT.

Sire Job!

JOB, *le prenant dans ses bras avec emportement.*

Non, vers lui tout mon être s'élance!
C'est trop me torturer par cet affreux silence!
Je ne suis qu'un vieillard faible, en pleurs, terrassé,
Je ne peux pas mourir sans l'avoir embrassé!

Viens sur mon cœur!

> Il couvre le visage d'Otbert de larmes et de baisers.

Enfant, laisse, que je te voie.
Tu ne le croirais pas, quoique j'aie eu la joie
De te voir tous les jours depuis plus de six mois,
Je ne t'ai pas bien vu...

> Il le regarde avec des yeux enivrés.

C'est la première fois!
—Un jeune homme à vingt ans, que c'est beau!—Que je baise
Ton front pur! Laisse-moi te contempler à l'aise!
— Tu parlais tout à l'heure, et moi, je me taisais. —
Tu ne sais pas toi-même à quel point tu disais
Des choses qui m'allaient remuer les entrailles.
Otbert, tu trouveras pendue à mes murailles
Ma grande épée à main; je te la donne, enfant!
Mon casque, mon pennon, tant de fois triomphant,
Sont à toi. Je voudrais que tu pusses toi-même
Lire au fond de mon cœur pour voir combien je t'aime!
Je te bénis.—Mon Dieu! Donnez-lui tous vos biens,
De longs jours comme à moi, moins sombres que les miens!
Faites qu'il ait un sort calme, illustre et prospère;
Et que des fils nombreux, pieux comme leur père,
Soutiennent, pleins d'amour, ses pas fiers et tremblants,
Quand ses beaux cheveux noirs seront des cheveux blancs!

OTBERT.

Monseigneur!

JOB, *lui imposant les mains.*

Je bénis cet enfant, cieux et terre,
Dans tout ce qu'il a fait, dans tout ce qu'il doit faire!
Sois heureux! — Maintenant, Otbert, écoute et voi,
Vois, je ne suis plus père, et je ne suis plus roi;
Ma famille est captive et ma tour est tombée;
J'ai dû livrer mes fils; j'ai, la tête courbée,

Dû sauver l'Allemagne ; oui, — mais je dois mourir.
Or, ma main tremble. Il faut m'aider, me secourir....

Il tire du fourreau le poignard qu'Otbert porte à sa ceinture et le lui présente.

C'est de toi que j'attends ce service suprême.

OTBERT, *épouvanté.*

De moi ! mais savez-vous que je cherche, ici même,
Quelqu'un...

JOB.

Fosco ! c'est moi.

OTBERT.

Vous !

Reculant et promenant ses yeux dans l'ombre autour de lui.

Qui que vous soyez,
Spectre qui m'entourez, démons qui me voyez,
C'est lui ! c'est le vieillard que j'honore et que j'aime !
Prenez pitié de nous dans ce moment suprême !
—Tout se tait !—Oh ! mon Dieu ! c'est Job ! comble d'effroi !

Avec désespoir et solennité.

Jamais je ne pourrai lever la main sur toi,
O vieillard ! demi-dieu du Rhin ! tête sacrée !

JOB.

Mon Otbert ! du sépulcre aplanis-moi l'entrée.
Faut-il te dire tout ? Je suis un criminel.
Ton épouse en ce monde et ta sœur dans le ciel,
Elle est là ! Régina, pâle, glacée et belle,
Celle à qui tu promis de faire tout pour elle,
De la sauver toujours, car l'amour est vertu,
Quand tu devrais, au seuil du tombeau, disais-tu,
Rencontrer le démon ouvrant l'abîme en flamme,
Et lui payer cet ange en lui livrant ton âme !
La mort la tient ! la mort lève son bras maudit,

Dont l'ombre, à chaque instant autour d'elle grandit!
Sauve-la!

OTBERT, *égaré.*

Vous croyez qu'il faut que je la sauve?

JOB.

Peux-tu donc hésiter? D'un côté, moi, front chauve,
Vieux damné, qu'à finir tout semble convier,
Moins héros que brigand, moins aigle qu'épervier,
Moi, dont souvent la vie impure et sanguinaire
A fait aux pieds de Dieu murmurer le tonnerre!
Moi, vieillesse, ennui, crime! et, de l'autre côté,
Innocence, vertu, jeunesse, amour, beauté!
Une femme qui t'aime! un enfant qui t'implore!
O l'insensé! qui doute et qui balance encore
Entre un haillon souillé, sans pourpre et sans honneur,
Et la robe de lin d'un ange du Seigneur!
Elle veut vivre et moi mourir! — Quoi! tu balances!
Quand tu peux d'un seul coup faire deux délivrances?
Si tu nous aimes!...

OTBERT.

Dieu!

JOB.

Délivre-nous tous deux!
Frappe! — Pour le guérir d'un ulcère hideux,
Saint Sigismond tua Boleslas. Qui l'en blâme?
Mon Otbert! le remords, c'est l'ulcère de l'âme.
Guéris-moi du remords!

OTBERT, *prenant le couteau.*

Eh bien!...

Il s'arrête.

JOB.

Qui te retient?

OTBERT, *remettant le poignard au fourreau.*

Savez-vous une idée affreuse qui me vient? —

Vous eûtes un enfant qu'une femme bohême
Vola. — Vous l'avez dit ce matin. — Mais, moi-même
Une femme me prit tout enfant. Nous voyons
Se faire en ce temps-ci d'étranges actions!
— Si j'étais cet enfant? Si vous étiez mon père?

JOB, *à part.*

Dieu!
Haut.

La douleur, Otbert, t'égare et t'exaspère.
Tu n'es pas cet enfant! Je te le dis!

OTBERT.

Pourtant,

Souvent vous m'appelez mon fils!

JOB.

Je t'aime tant!

C'est l'habitude; et puis, c'est le mot le plus tendre.

OTBERT.

Je sens là quelque chose...

JOB.

Oh! non!

OTBERT.

Je crois entendre

Une voix qui me dit...

JOB.

C'est une voix qui ment.

OTBERT.

Monseigneur! monseigneur! si j'étais votre enfant!

JOB.

Mais ne va pas au moins croire cela, par grâce!
J'eus la preuve...— O mon Dieu! que faut-il que je fasse!—
Que des Juifs ont tué l'enfant dans un festin.
Son cadavre me fut rapporté. Ce matin
Je te l'ai dit.

OTBERT.

Non.

JOB.

Si, rappelle ta mémoire.
Non, tu n'es pas mon fils, Otbert! tu dois m'en croire.
Sans les preuves que j'ai, c'est vrai, je conviens, moi,
Que l'idée aurait pu m'en venir comme à toi !
— Certe ! un enfant que vole une main inconnue... —
Je suis même content qu'elle te soit venue
Pour pouvoir à jamais l'arracher de ton cœur !
Si, quand je serai mort, quelqu'un, quelque imposteur,
Te disait, pour troubler la paix de ta pauvre âme,
Que Job était ton père... Oh! ce serait infâme !
N'en crois rien! Tu n'es pas mon fils, non, mon Otbert!
Vois-tu, quand on est vieux, le souvenir se perd ;
Mais la nuit du sabbat, tu le sais, on égorge
Un enfant. C'est ainsi qu'on a tué mon George.
Des Juifs. J'en eus la preuve. Otbert! rassure-toi,
Sois tranquille, mon fils! — Eh bien, encore! Voi,
Je t'appelle mon fils. Tu vois bien. L'habitude !
Mon Dieu! crois-moi, la lutte à mon âge est bien rude,
Ne garde pas de doute, obéis-moi sans peur !
Vois, je baise ton front, je presse sur mon cœur
Ta main qui va frapper et qui restera pure !
Toi, mon fils ! — Ne fais pas ce rêve ! — Je te jure...
— Mais voyons, réfléchis, toi qui penses beaucoup,
Toi qui trouves toujours le côté vrai de tout,
Je me prêterais donc à ce mystère horrible?
Il faudrait supposer... — Est-ce que c'est possible !
— Enfin, j'en suis bien sûr, puisque je te le dis ! —
Otbert, mon bien-aimé, non, tu n'es pas mon fils !

LA VOIX, *dans l'ombre.*

Régina ne peut plus attendre qu'un quart d'heure.

OTBERT.

Régina !

JOB.

Malheureux ! tu veux donc qu'elle meure ?

OTBERT.

Dieu puissant ! Aussi, moi, mon Dieu ! j'ai trop lutté !
Je me sens ivre et fou ! Dans ce lieu détesté,
Où les crimes anciens aux nouveaux se confrontent,
Les miasmes du meurtre à la tête me montent !
L'air qu'ici l'on respire est un air malfaisant.

Egaré.

Est-ce que ce vieux mur veut boire encor du sang ?

JOB, *lui remettant le couteau dans la main.*

Oui !

OTBERT.

Ne me poussez pas !

JOB.

Viens !

OTBERT.

Je glisse dans l'abîme !
Je ne me retiens plus qu'à peine aux bords du crime.
Je sens qu'en ce moment je puis faire un grand pas,
Faire une chose horrible !... — Oh ! ne me poussez pas !

JOB.

Donc sauve l'innocent et punis le coupable !

OTBERT, *prenant le couteau.*

Mais ne voyez-vous pas que j'en serais capable !
Savez-vous que je n'ai qu'à demi ma raison ?
Qu'ils m'ont fait boire là je ne sais quel poison,
Eux, ces spectres masqués, pour me rendre la force ?
Que ce poison m'a mis au cœur une âme corse ?
Que je sens Régina qui se meurt ? et qu'enfin
La louve est là dans l'ombre et la tigresse a faim !

JOB.

Il est temps ! il est temps que mon crime s'expie,
Donato m'implorait ici. Je fus impie.
Otbert, sois sans pitié comme je fus sans cœur !
Je suis le vieux Satan, sois l'archange vainqueur !

OTBERT, *levant le couteau.*

De ma main, malgré moi, Dieu! le meurtre s'échappe!

JOB, *à genoux devant lui.*

Vois quel monstre je suis! Je le poignardai! Frappe!
Je le tuai! c'était mon frère!

Otbert, comme fou et hors de lui, lève le couteau. Il va frapper.
Quelqu'un lui arrête le bras. Il se retourne et reconnaît l'empereur.

SCÈNE IV.

Les Mêmes, L'EMPEREUR, puis GUANHUMARA,
puis RÉGINA.

L'EMPEREUR.

C'était moi!

Otbert laisse tomber le poignard. Job se lève et considère l'empereur. Guanhumara avance la tête derrière le pilier à gauche et regarde.

JOB, *à l'empereur.*

Vous!

OTBERT.

L'empereur !

L'EMPEREUR, *à Job.*

Le duc, notre père et ton roi,
M'avait caché chez toi. Dans quel but? Je l'ignore.

JOB.

Vous, mon frère !

L'EMPEREUR.

Sanglant, mais respirant encore,
Tu me tins suspendu hors des barreaux de fer,
Et tu me dis : A toi la tombe! à moi l'enfer!
Seul, j'entendis ces mots prononcés sur l'abime.
Puis je tombai.

JOB, *joignant les mains.*

C'est vrai! le ciel trompa mon crime!

L'EMPEREUR.

Des pâtres m'ont sauvé.

JOB, *tombant aux pieds de l'empereur.*

Je suis à tes genoux!
Punis-moi! venge-toi!

L'EMPEREUR.

Mon frère! embrassons-nous!
Qu'a-t-on de mieux à faire aux portes de la tombe?
Je te pardonne!

Il le relève et l'embrasse.

JOB.

O Dieu puissant!

GUANHUMARA, *faisant un pas.*

Le poignard tombe;
Donato vit! Je puis expirer à ses pieds.
Reprenez tous ici tout ce que vous aimiez,
Tout ce qu'avait saisi ma main froide et jalouse,

A Job.

Toi, ton fils George!

A Otbert.

Et toi, Régina, ton épouse!

Elle fait un signe. Régina, vêtue de blanc, apparaît au fond de la galerie à gauche, chancelante, soutenue par les deux hommes masqués et comme éblouie. Elle aperçoit Otbert et vient tomber dans ses bras avec un grand cri.

RÉGINA.

Ciel!

Otbert, Régina et Job se tiennent éperdument embrassés.

OTBERT.

Régina! mon père!

JOB, *les yeux au ciel.*

O Dieu!

GUANHUMARA, *au fond du théâtre.*

Moi, je mourrai!
Sépulcre, reprends-moi!

Elle porte une fiole à ses lèvres. L'empereur va vivement à elle.

L'EMPEREUR.

Que fais-tu?

GUANHUMARA.

J'ai juré
Que ce cercueil d'ici ne sortirait pas vide.

L'EMPEREUR.

Ginevra!

GUANHUMARA, *tombant aux pieds de l'empereur.*

Donato! ce poison est rapide...
Adieu!

Elle meurt.

L'EMPEREUR, *se relevant.*

Je pars aussi! — Job, règne sur le Rhin!

JOB.

Restez, sire.

L'EMPEREUR.

Je lègue au monde un souverain.
Tout à l'heure là-haut le héraut de l'empire
Vient d'annoncer qu'enfin les princes ont à Spire
Elu mon petit-fils Frédéric, empereur.
C'est un vrai sage, pur de haine, exempt d'erreur.

Je lui laisse le trône et rentre aux solitudes.
Adieu ! Vivez, régnez, souffrez. Les temps sont rudes.
Job, avant de mourir, courbé devant la croix,
J'ai voulu seulement, une dernière fois,
Etendre cette main suprême et tutélaire
Comme roi sur mon peuple, et sur toi comme frère,
Quel qu'ait été le sort, quand l'heure va sonner,
Heureux qui peut bénir !

  Tous tombent à genoux sous la bénédiction de l'empereur.

   JOB, *lui prenant la main et la baisant.*
     Grand qui sait pardonner !

FIN DES BURGRAVES.

LE POETE

Suis Barberousse, ô Job! Frères, allez tout seuls.
De vos manteaux de rois faites-vous deux linceuls.
Ensemble, l'un sur l'autre appuyant votre marche,
De la vieille Allemagne emportez tous deux l'arche!
O colosses! le monde est trop petit pour vous.
Toi, solitude, aux bruits profonds, tristes et doux,
Laisse les deux géants s'enfoncer dans ton ombre!
Et que toute la terre, en ta nuit calme et sombre,
Regarde avec respect, et presque avec terreur,
Entrer le grand burgrave et le grand empereur!

NOTES

La scène des esclaves, qui forme l'exposition de cet ouvrage, ne contient pas, il est aisé de s'en convaincre à la lecture, un détail qui ne soit essentiel. Cependant, à la représentation, quelques abréviations peuvent, dans les premiers temps du moins, sembler utiles. Nous croyons donc devoir donner ici, pour ceux de messieurs les directeurs de province qui voudraient monter les *Burgraves*, la scène des esclaves telle qu'elle est jouée au Théâtre-Français :

SCÈNE II.

LES ESCLAVES.

Haquin et Jossius entrent ensemble, et semblent continuer une conversation déjà commencée. Les autres les suivent à pas lents.

JOSSIUS.
C'est dans ces guerres-là que Barberousse un jour,
Masqué, mais couronné, seul, au pied d'une tour,
Lutta contre un bandit qui, forcé dans son bouge,

Lui brûla le bras droit d'un trèfle de fer rouge,
Si bien que l'empereur dit au comte d'Arau :
— Je le lui ferai rendre, ami, par le bourreau.

GONDICARIUS.

Cet homme fut-il pris?

JOSSIUS.

Non, il se fit passage.
Sa visière empêcha qu'on ne vît son visage,

Ils passent.

TEUDON, *sur le devant du théâtre.*

C'est l'heure du repos! — Enfin! — Oh! je suis las.

KUNZ, *agitant sa chaîne.*

Quoi! j'étais libre et riche, et maintenant!

GONDICARIUS, *adossé à un pilier.*

Hélas!

CYNULFUS, *à Swan, montrant Guanhumara.*

Je voudrais bien savoir qui cette femme épie.

SWAN.

L'autre mois, par les gens du burg, engeance impie,
Elle fut prise avec des marchands de Saint-Gall.
Je ne sais rien de plus.

CYNULFUS.

Oh! cela m'est égal;
Mais tandis qu'on nous lie, on la laisse libre, elle!

SWAN.

Elle a guéri Hatto d'une fièvre mortelle,
L'aîné des petits-fils.

HAQUIN.

Le burgrave Rollon,
L'autre jour fut mordu d'un serpent au talon;
Elle l'a guéri.

CYNULFUS.

Vrai?

NOTES. 467

HAQUIN.

Je crois, sur ma parole,
Que c'est une sorcière !

HERMANN.

Ah bah ! c'est une folle.

SWAN.

Elle a mille secrets. Elle a guéri, ma foi,
Non-seulement Rollon et Hatto, mais Eloi,
Knüd, Azzo, ces lépreux que fuyait tout le monde.

TEUDON, *assis sur les degrés du vieux donjon.*

Cette femme travaille à quelque œuvre profonde.
Elle a, soyez-en sûrs, de noirs projets noués
Avec ces trois lépreux qui lui sont dévoués.
Partout, dans tous les coins, ensemble on les retrouve.
Ce sont comme trois chiens qui suivent cette louve.

HAQUIN.

Hier, au cimetière, au logis des lépreux,
Ils étaient tous les quatre, et travaillaient entre eux.
Eux, faisaient un cercueil et clouaient sur des planches ;
Elle, agitait un vase en relevant ses manches,
Chantait bas, comme on chante aux enfants qu'on endort,
Et composait un philtre avec des os de mort.

KUNZ.

Ici dans les caveaux ils ont quelque cachette.
J'ai vu les trois lépreux et la vieille sachette
S'enfoncer sous un mur près du Caveau Perdu.
J'en suis sûr.

HERMANN.

Ces lépreux servent, et c'est bien dû,
Celle qui les guérit. Rien de plus simple, en somme.

SWAN.

Mais, au lieu des lépreux, de Hatto, méchant homme ;
Kunz, celle qu'il faudrait guérir dans ce château,
C'est cette douce enfant, fiancée à Hatto ;

La nièce du vieux Job.

KUNZ.

Régina! Dieu l'assiste!

Celle-là, c'est un ange.

HERMANN.

Elle se meurt.

KUNZ.

C'est triste.

Oui, l'horreur pour Hatto, l'ennui, poids étouffant,
La tue. Elle s'en va chaque jour.

TEUDON.

Pauvre enfant!

Guanhumara reparaît au fond du théâtre, qu'elle traverse.

HAQUIN, *la montrant.*

Elle encor!

GONDICARIUS.

Maudit soit ce burg!

TEUDON.

Paix! je te prie.

GONDICARIUS.

Mais jamais on ne vient dans cette galerie;
Nos maîtres sont en fête, et nous sommes loin d'eux;
On ne peut nous entendre.

TEUDON, *désignant la porte du donjon.*

Ils sont là tous les deux!

GONDICARIUS.

Qui?

TEUDON.

Les vieillards. Le père et le fils. Paix! vous dis-je;
Excepté, — je le tiens de la nourrice Edwige, —
Madame Régina, qui vient près d'eux prier;
Excepté cet Otbert, ce jeune aventurier,

Arrivé l'an passé, bien qu'encor fort novice,
Au château d'Heppenheff pour y prendre service,
Et que l'aïeul, puni dans sa postérité,
Aime pour sa jeunesse et pour sa loyauté, —
Nul n'ouvre cette porte et personne ici n'entre.
Le vieil homme de proie est là seul dans son antre.
Naguère au monde entier il jetait ses défis,
Vingt comtes et vingt ducs, ses fils, ses petits-fils,
Cinq générations dont la montagne est l'arche,
Entouraient comme un roi ce bandit patriarche.
Mais l'âge enfin le brise. Il se tient à l'écart.
Il est là, seul, assis sous un dais de brocart.
Son fils, le vieux Magnus, debout, lui tient sa lance.
Durant des mois entiers il garde le silence ;
Et la nuit on le voit entrer, pâle, accablé,
Dans un couloir secret dont seul il a la clé.
Où va-t-il ?

SWAN.

Ce vieillard a des peines étranges.

HAQUIN.

Ses fils pèsent sur lui comme les mauvais anges.

KUNZ.

Ce n'est pas vainement qu'il est maudit.

GONDICARIUS.

Tant mieux !

SWAN.

Il eut un dernier fils étant déjà fort vieux.
Il aimait cet enfant. Dieu fit ainsi le monde ;
Toujours la barbe grise aime la tête blonde.
A peine âgé d'un an, cet enfant fut volé...

KUNZ.

Par une égyptienne.

HAQUIN.

Au bord d'un champ de blé.

SWAN, *à Kunz.*

As-tu remarqué, fils, au bas de la tour ronde,
Au-dessus du torrent qui dans le ravin gronde,
Une fenêtre étroite, à pic sur les fossés,
Où l'on voit trois barreaux tordus et défoncés?

KUNZ.

C'est le Caveau Perdu. J'en parlais tout à l'heure.

HAQUIN.

Un gîte sombre. On dit qu'un fantôme y demeure.

HERMANN.

Bah!

GYNULFUS.

L'on dirait qu'au mur jadis le sang coula.

KUNZ.

Le certain, c'est que nul ne saurait entrer là.
Le secret de l'entrée est perdu. La fenêtre
Est tout ce qu'on en voit. Nul vivant n'y pénètre.

SWAN.

Eh bien! le soir, je vais à l'angle du rocher,
Et là, toutes les nuits, j'entends quelqu'un marcher!

KUNZ, *avec une sorte d'effroi.*

Etes-vous sûr?

SWAN.

Très-sûr.

TEUDON.

Kunz, brisons là. Nous taire
Serait prudent.

HAQUIN.

Ce burg est plein d'un noir mystère.
J'écoute tout ici, car tout me fait rêver.

TEUDON.

Parlons d'autre chose, hein? ce qui doit arriver,
Dieu seul le voit.

Il se retourne vers un groupe qui n'a pas encore pris part à ce qui

se passe sur le devant de la scène, et qui paraît fort attentif
à ce que dit un jeune étudiant.

Tiens, Karl, finis-nous ton histoire.

KARL.
Oui. Mais n'oubliez point que le fait est notoire,
Que c'est le mois dernier que l'aventure eut lieu,
Et qu'il s'est écoulé...

Cherchant dans sa mémoire.

près de vingt ans, pardieu!
Depuis que Barberousse est mort à la croisade.

HERMANN.
Soit. Ton Max était donc dans un lieu fort maussade!...

KARL.
Un lieu lugubre, Hermann. Un endroit redouté.
Un essaim de corbeaux, sinistre, épouvanté,
Tourne éternellement autour de la montagne.
Le soir, leurs cris affreux, lorsque l'ombre les gagne,
Font fuir jusqu'à Lautern le chasseur hasardeux.
Des gouttes d'eau, du front de ce rocher hideux,
Tombaient, comme les pleurs d'un visage terrible.
Une caverne sombre et d'une forme horrible
S'ouvrait dans le ravin. Le comte Max Edmond
Ne craignit pas d'entrer dans la nuit du vieux mont.
Il s'aventura donc sous ces grottes funèbres.
Il marchait. Un jour blême éclairait les ténèbres.
Soudain, sous une voûte au fond du souterrain,
Il vit dans l'ombre, assis sur un fauteuil d'airain,
Les pieds enveloppés dans les plis de sa robe,
Ayant le sceptre à droite, à gauche ayant le globe,
Un vieillard effrayant, immobile, incliné,
Ceint du glaive, vêtu de pourpre, et couronné.
Sur une table faite avec un bloc de lave,
Cet homme s'accoudait. Bien que Max soit très-brave

Et qu'il ait guerroyé sous Jean le Bataillard,
Il se sentit pâlir devant ce grand vieillard
Presque enfoui sous l'herbe, et le lierre, et la mousse,
Car c'était l'empereur Frédéric Barberousse !
Il dormait, — d'un sommeil farouche et surprenant.
Sa barbe, d'or jadis, de neige maintenant,
Se répandait à flots sur la table de pierre ;
Ses longs cils blancs fermaient sa pesante paupière ;
Un cœur percé saignait sur son écu vermeil.
Par moments, inquiet, à travers son sommeil,
Il portait vaguement la main à son épée.
De quel rêve cette âme était-elle occupée?
Dieu le sait.

HERMANN.

Est-ce tout?

KARL.

Non, écoutez encor.
Aux pas du comte Max dans le noir corridor,
L'homme s'est réveillé ; sa tête morne et chauve
S'est dressée, et, fixant sur Max un regard fauve,
Il a dit, en rouvrant ses yeux lourds et voilés :
— Chevalier, les corbeaux se sont-ils envolés?
Le comte Max Edmond a répondu : — Non, sire.
A ce mot, le vieillard a laissé sans rien dire
Retomber son front pâle, et Max, plein de terreur,
A vu se rendormir le fantôme empereur !

HERMANN, *éclatant de rire.*

Le conte est beau !

HAQUIN, *à Karl.*

S'il faut croire la renommée,
Frédéric s'est noyé devant toute l'armée
Dans le Cydnus.

HERMANN.

C'est sûr.

KARL.
        Cela ne prouve pas
Que son spectre n'est point dans le val du Malpas.
                SWAN.
Moi! l'on m'a dit, — la fable est un champ sans limite! —
Qu'échappé par miracle il s'était fait ermite,
Et qu'il vivait encor.
            GONDICARIUS.
            Plût au ciel! et qu'il vînt
Délivrer l'Allemagne avant douze cent vingt;
Fatale année, où doit, dit-on, crouler l'Empire!
                SWAN.
Déjà de toutes parts notre grandeur expire.
                KUNZ.
Mais, hélas! Barberousse est mort, — bien mort, Suénon!
        SWAN, *à Jossius.*
A-t-on dans le Cydnus retrouvé son corps?
                JOSSIUS.
                            Non.
Les flots l'ont emporté.
                TEUDON.
            Swan, as-tu connaissance
De la prédiction qu'on fit à sa naissance?
— « Cet enfant, dont le monde un jour suivra les lois,
« Deux fois sera cru mort et revivra deux fois. » —
Or, la prédiction, qu'on raille ou qu'on oublie,
Une première fois semble s'être accomplie.
            HERMANN.
Barberousse est l'objet de cent contes.
                TEUDON.
                        Je dis
Ce que je sais. J'ai vu, vers l'an quatre-vingt-dix,
A Prague, à l'hôpital, dans une casemate,
Un certain Sfrondati, gentilhomme dalmate.

40.

Fort vieux, et qu'on disait privé de sa raison.
Cet homme racontait tout haut dans sa prison,
Qu'étant jeune, à cet âge où tout hasard nous pousse,
Chez le duc Frédéric, père de Barberousse,
Il était écuyer. Le duc fut consterné
De la prédiction faite à son nouveau-né.
De plus, l'enfant croissait pour une double guerre ;
Gibelin par son père et guelfe par sa mère,
Les deux partis pouvaient le réclamer un jour.
Le père l'éleva d'abord dans une tour,
Loin de tous les regards, et le tint invisible,
Comme pour le cacher au sort le plus possible.
Il chercha même encore un autre abri plus tard.
D'une fille très-noble il avait un bâtard
Qui, né dans la montagne, ignorait que son père
Etait duc de Souabe et comte de Bavière,
Et ne le connaissait que sous le nom d'Othon.
Le bon duc se cachait de ce fils-là, dit-on,
De peur que le bâtard ne voulût être prince,
Et d'un coin du duché se faire une province.
Le bâtard par sa mère avait, fort près du Rhin,
Un burg dont il était burgrave et suzerain,
Un château de bandit, un nid d'aigle, un repaire.
L'asile parut bon et sûr au pauvre père.
Il vint voir le burgrave, et, l'ayant embrassé,
Lui confia l'enfant sous un nom supposé,
Lui disant seulement : Mon fils, voilà ton frère !
Puis il partit. — Au sort nul ne peut se soustraire.
Certes, le duc croyait son fils et son secret
Bien gardés, car l'enfant lui-même s'ignorait. —
Le jeune Barberousse, ainsi recouvert d'ombre,
Atteignit ses vingt ans. Or, — ceci devient sombre. —
Un jour, dans un hallier, au pied d'un roc, au bord
D'un torrent qui baignait les murs d'un château fort.

Des pâtres qui passaient trouvèrent à l'aurore
Deux corps sanglants et nus qui palpitaient encore,
Deux hommes poignardés dans le château sans bruit,
Puis jetés à l'abîme, au torrent, à la nuit,
Et qui n'étaient pas morts. Un miracle! vous dis-je.
Ces deux hommes, que Dieu sauvait par un prodige,
C'était le Barberousse avec son compagnon,
Ce même Sfrondati, qui seul savait son nom.
On les guérit tous deux. Puis, dans un grand mystère,
Sfrondati ramena le jeune homme à son père,
Qui pour paîment fit mettre au cachot Sfrondati.
Le duc garda son fils, c'était le bon parti,
Et n'eut plus qu'une idée, étouffer cette affaire.
Jamais il ne revit son bâtard. Quand ce père
Sentit sa mort prochaine, il appela son fils,
Et lui fit à genoux baiser un crucifix.
Barberousse, incliné sur ce lit funéraire,
Jura de ne se point révéler à son frère,
Et de ne s'en venger, s'il était encor temps,
Que le jour où ce frère atteindrait ses cent ans.
— C'est-à-dire jamais; quoique Dieu soit le maître! —
Si bien que le bâtard sera mort sans connaître
Que son père était duc et son frère empereur.
Sfrondati pâlissait d'épouvante et d'horreur
Quand on voulait sonder ce secret de famille.
Les deux frères aimaient tous deux la même fille;
L'aîné se crut trahi, tua l'autre, et vendit
La fille à je ne sais quel horrible bandit,
Qui, la liant au joug sans pitié, comme un homme,
L'attelait aux bateaux qui vont d'Ostie à Rome.
Quel destin! — Sfrondati disait : C'est oublié!
Du reste, en son esprit tout s'était délié.
Rien ne surnageait plus dans la nuit de son âme;
Ni le nom du bâtard, ni le nom de la femme.

Il ne savait comment. Il ne pouvait dire où. —
J'ai vu cet homme à Prague enfermé comme fou.
Il est mort maintenant.

HERMANN.

Tu conclus ?

TEUDON.

Je raisonne.
Si tous ces faits sont vrais, la prophétie est bonne.

KUNZ.

On m'a jadis conté ce conte. En ce château
Frédéric Barberousse avait nom Donato.
Le bâtard s'appelait Fosco. Quant à la belle,
Elle était Corse, autant que je me le rappelle.
Les amants se cachaient dans un caveau discret.
Dont l'entrée inconnue était leur doux secret;
C'est là qu'un soir Fosco, cœur jaloux, main hardie,
Les surprit, et finit l'idylle en tragédie.

GONDICARIUS.

Que Frédéric, du trône atteignant le sommet,
N'ait jamais recherché la femme qu'il aimait,
Cela me navrerait dans l'âme pour sa gloire,
Si je croyais un mot de toute votre histoire.

TEUDON.

Il l'a cherchée, ami. De son bras souverain
Trente ans il a fouillé les repaires du Rhin.
Le bâtard...

KUNZ.

Ce Fosco !

TEUDON, *continuant*.

Pour servir en Bretagne,
Avait laissé son burg et quitté la montagne.
Il n'y revint, dit-on, que fort longtemps après.
L'empereur investit les monts et les forêts,

Assiégea les châteaux, détruisit les burgraves,
Mais ne retrouva rien.

> Entre le capitaine du burg, le fouet à la main.

LE CAPITAINE.

Allons ! c'est l'heure, esclaves,
Au travail ! hâtons-nous. Les convives ce soir
Vont venir visiter cette aile du manoir ;
C'est monseigneur Hatto, le maître, qui les mène.
Qu'il ne vous trouve point ici traînant la chaîne.

NOTE II.

Page 15.

. . . . . C'est du vin d'écarlate.

Scarlachwein.

NOTE III.

Page 27.

Haut le pont ! bas la herse ! armez les mangonneaux !

L'acteur fait sagement de dire : *armez les fauconneaux.*
On ne connaissait pas les fauconneaux au treizième siècle ;

mais qu'importe! il y a encore dans le public, quoiqu'il devienne de jour en jour plus sympathique et plus intelligent, beaucoup de braves gens qui n'admettraient pas les mangonneaux. Mangonneaux! qu'est cela, je vous prie? Mangonneaux! voilà un mot bien ridicule et bien singulier! Fauconneaux! à la bonne heure!

NOTE IV.

On croit devoir indiquer ici aux théâtres de province de quelle façon se disent à la représentation les vers qui terminent la pièce :

GUANHUMARA, *à l'empereur*.

Adieu !

Elle meurt.

L'EMPEREUR, *la soutenant dans ses bras, à Job*.

Je pars aussi.

Il se relève.

Job, règne sur le Rhin.

JOB.

Restez, sire !

L'EMPEREUR.

Je lègue au monde un souverain,
Frédéric Deux, mon fils, qu'on vient d'élire à Spire.

Jetant un regard douloureux à Guanhumara, étendue à ses pieds.

Je rentre dans ma nuit, et lui laisse l'empire.

JOB.

Sire !...

L'EMPEREUR.

Avant de mourir, courbé devant la croix,
J'ai voulu seulement, une dernière fois,
Étendre cette main suprême et tutélaire,
Comme roi sur mon peuple, et sur toi comme frère.
Quel qu'ait été le sort, quand l'heure va sonner,
Heureux qui peut bénir !

Tous s'inclinent sous la bénédiction de l'empereur.

JOB, *lui baisant les mains.*

Grand qui sait pardonner !

NOTE V.

Si l'auteur pouvait penser que ces notes tiendront une place, si petite qu'elle soit, dans l'histoire littéraire de notre temps, il leur donnerait des développements qui ne seraient pas inutiles peut-être à l'art théâtral. Il expliquerait, par exemple, dans tous ses détails, cette belle mise en scène des *Burgraves*, qui a fait tant d'honneur à la Comédie-Française. Jamais pièce n'a été montée avec plus de soin et représentée avec plus d'ensemble. On a remarqué avec quelle intelligence vive et adroite ont été dites par tous la scène des esclaves et la scène des burgraves. M. Drouville s'est particulièrement distingué dans le rôle de Hatto. Mesdemoiselles Brohan et Garrique ont su, à force de grâce et d'esprit, convertir en des figures animées et vivantes les silhouettes à demi entrevues de Lupus et de Gorlois. Mademoiselle Denain, qui a su rendre d'une manière si complète, et sous son double aspect, le rôle de Régina, a été pleine de charme dans sa mélancolie et pleine de charme dans sa joie.

M. Geffroy, qui, comme peintre et comme comédien, est deux fois artiste et artiste éminent, a imprimé au personnage d'Otbert cette physionomie fatale que les poëtes comme Shakspeare savent rêver et que les acteurs comme M. Geffroy savent réaliser.

Les trois vieillards, Job, Barberousse et Magnus, ont été admirablement représentés par MM. Beauvallet, Ligier et Guyon. M. Guyon, qui est un artiste de haute taille par l'intelligence comme par la stature, a puissamment personnifié Magnus. Quand il apparaît au seuil du donjon avec sa belle et noble tête, son habit de fer et sa grande peau de loup sur les épaules, on croirait voir sortir de l'église de Fribourg en Brisgau le vieux Berthold de Zæhringen, ou de la collégiale de Francfort le formidable Gunther de Schwarzbourg. M. Ligier, qui a reproduit avec une si haute poésie la figure impériale de Barberousse, a su dans ce rôle, qui restera comme une de ses plus belles créations, être tour à tour simple et grand, paternel et pensif, majestueux et formidable. Au deuxième acte, dans son apostrophe aux burgraves, il soulève des acclamations enthousiastes et unanimes. M. Beauvallet, qui a une grande puissance parce qu'il a un grand talent, a déployé dans Job toutes les nuances de son intelligence si riche, si étendue et si complète. Il a été patriarche au premier acte, héros au deuxième, père au dernier. M. Beauvallet a été partout superbe et dramatique. Ajoutons qu'il y a dans le rôle de Job, au deuxième acte, par exemple, des moments de bonhomie et de familiarité que ce rare et excellent acteur a su rendre avec une sorte de grâce sénile pleine de grandeur. M. Beauvallet et M. Ligier, en représentant les deux frères, se sont montrés frères par le talent et ont été frères par le succès.

Pour exprimer le personnage de Guanhumara, il fallait

tout à la fois une composition savante et une inspiration profonde. Madame Mélingue a eu ce double mérite au degré le plus éminent. Imposante sous ses cheveux blancs, magnifique sous ses haillons, pathétique, et on pourrait presque dire intéressante dans sa haine, elle a réalisé merveilleusement l'idéal de l'auteur, la statue qui marche et qui regarde avec un regard de vipère. Madame Mélingue n'a reculé devant aucune des difficultés de son rôle. Toute jeune comme elle est, elle a pourtant pris hardiment et franchement l'âge de Guanhumara; mais, dans cette transformation même, elle a su conserver les lignes les plus sculpturales et les plus pures. En renonçant pour un moment à être jolie, elle a su rester belle.

FIN DES NOTES DES BURGRAVES.

TABLE

Préface de Hernani..................... 5
HERNANI........................... 11
Notes de Hernani...................... 145
Préface du Roi s'amuse.................. 165
LE ROI S'AMUSE....................... 197
Note du Roi s'amuse.................... 319
Préface des Burgraves................... 347
LES BURGRAVES....................... 361
Notes des Burgraves.................... 465

Paris. — Imp. Simon Raçon & Cⁱᵉ, rue d'Erfurth, 1.

www.ingramcontent.com/pod-product-compliance
Lightning Source LLC
Chambersburg PA
CBHW050240230426
43664CB00012B/1773